中公文庫

カーネギー自伝

新版

アンドリュー・カーネギー
坂西志保訳

中央公論新社

アンドリュー・カーネギー（1835-1919）

目次

新版付録

新版解説

序文

いそがしい実業界から隠退いたしましてから、私の夫は、アメリカとイギリスの友人たちの熱心な勧めに動かされまして、時々筆をとって幼時からの思い出を書き始めました。しかし、十分ひまがあると思っていましたのに反して、主人の生活は以前にもまして、いそがしくなり、少しの余暇もないようになりました。したがって、思い出の記を綴るのは、スコットランドに静養している時にだけ限られるようになりました。毎夏、数週間、私たちは、オールトナガの高原にある小さなバンガローに引きこもり、まことに質素な生活を営むことになっていました。この自叙伝の大部分は、ここで書かれたのであります。主人は、この本に書かれている青年時代のことに思いをはせるのがほんとうに愉《たの》しいようで、筆をとりながら、もう一度そのころを身近なものとして生きていたようでありました。

ヨーロッパの政界の雲行があやしくなって来た一九一四年七月に、主人はこのようにして思い出を書いていたのでございます。あの八月四日の悲しいニュースが、高原の私たちの家にとどいた時、私たちは急いで山を下り、スキボーに帰り、情勢を注視するようにいたしました。

思い出はここで終っているのであります。その後、主人はもう再び、自分の私生活に関心をもつことができなかったのであります。幾度も、また筆をとって書き続けようとしたのでありますが、むだでした。それまで主人は、中年の人といってもよい日常の生活をいたしておりました。中年と申しましても、気持の上では壮年とでも申しましょうか、毎日、ゴルフをやり、釣を楽しみ、泳いだりして、時にはこの三つを全部、一日のうちにやるのでございました。天性の楽天家でありましたから、自分の希望がうちくだかれた最悪の事態に直面いたしましても、望みを失わないよう努めたのでありましたが、大戦争という世界的な惨事は、あまりにも大きな打撃でありました。主人は完全に打ちのめされてしまったのでございます。インフルエンザに罹《かか》りまして、引きつづき二回にわたって重い肺炎におそわれましたが、なにしろ、老齢なので、手の打ちようがございませんでした。

主人がなくなります数か月前に逝《い》かれた方について、世人は「あの人はとうてい老齢の重荷を背負うことはできない」と申したのを、私はききました。主人に関する限り、この「老齢の重荷」によく耐えて、最後まで勇敢に生きてくれました。これは主人をよく知っていて下さる方々はご存じでございますし、私たち残されたものにとっては、せめてもの慰めとなっているのでございます。主人はいつも忍耐深く、思いやりがあり、陽気で、はたの人がしてくれる心づかいやサービスに対して、心から感謝し、けっして自分のことは考えていないようでございました。病が重くなるにつれ、主人の気持はますます明るく、光り輝き、神のお召しにしたがって、この世を去るまで、光をはなっていたのでございます。

主人が残した原稿の第一ページの裏に、自分の手でつぎのように書いてありました。

「この私の思い出から、小さな一巻にまとめられるだけの資料があるかもしれない。それは、一般読者に興味があるかもしれない。私の親戚や友人たちのためには全部まとめて、限定版を出したらよいであろう。折に触れて書いたこの思い出の中の多くは、当然省略すべきだ、と思う。この編集に当たってくれる人が誰であっても、いらぬことで読者を煩わせぬよう気をくばってほしい。頭脳の明晰な人であると同時に、繊細な心の持主でなければならない。」

主人のこのような気持をよく理解し、それを実現して下さる方は、私たちの友人であるジョン・C・ヴァン・ダイク教授を除いて他にはございません。原稿をお目にかけますと、まだ主人が書き残しましたノートをお読みにならないのに、「これを出版できるよう整理するのは、愛の仕事であります」といって下さいました。これで、問題は片づき、お引き受け下さいましたが、ほんとうに美しい友情の現われとして、深く感謝している次第でございます。

一九二〇年四月十六日　ニューヨークにて

ルウィーズ・W・カーネギー

編集者のノート

一人物の生涯の物語は、編集者がやたらに手を加えるべきものではない。とくに、それを本人が書いた場合には、なおさらのことである。彼は、自我流に、自分の思うままに語るのを許さるべきで、そこに現われる情熱はもちろん、誇張さえも、物語の一部として受けとるべきである。誇張や自慢と思われるような中に、実はその人の本質的なものが含まれているかもしれないからである。したがって、この原稿を整理するに当たって、編者は単に資料を年代順に、また事実を起こった順に配置しただけで、それ以外には何も手を加えていない。このように配置したのは、読者が混乱せずに終りまで、物語の筋を追っていけるようにするためであった。

「この不思議な、また多彩な歴史」をつくった人物について、格付けしたり、賛辞を送ったりするのは、ここでは場ちがいであり、またそのような時でもない。しかし、この歴史はじつに重大なできごとに満ちたものであったということは認めてよいであろう。また、じつに不思議である。アメリカに渡り、あらゆる困難に打ち勝って勝利を占め、大企業家となって世界最大の鉄鋼業をつくりあげ、巨大な産をなし、それから、その財産を人類の福祉改善のために組織的に、計画的に分け与えてしまったという、スコットランドの貧しい一少年の物語は、『アラビア夜話』に出て来る話よりももっともっと不思議なものである。彼は、人類が忘れることも、無視することもできない富の福音をもたらしたのである。そして、それを分配する歩調の範を示し、その後は世間の大富豪が、彼の前例にしたがったのである。ながい生涯を通じて、彼は国家の建設者であり、思想界の指導者であり、作家、演説家、働く人々、教職にある人々、政治家の友であり、貧しい人々や高貴な人たちの同僚であった。しかし、このようなことは表面に表われたことのほんの一部にすぎず、彼のほんとうの偉大さは、彼の富の分配、世界平和に対する彼の熱情、また彼の人類愛とはくらべものにならないのである。

今日ではまだあまり時間がたっていないので、適切な批判を下すことは不可能であろう。しかし、時がたつうちに正しい見通しが育って、将来の世代はこの人物の偉大さを認めるようになると思う。そのためにだけでも、カーネギー自身のことばが、彼自身の溌剌《はつらつ》とした文体で残されたということは幸せであった。これはほんとうに珍しい記録で、このような記録がまたと再び現われるとは考えられないのである。

一九二〇年八月　ニューヨークにて

ジョン・C・ヴァン・ダイク

カーネギー自伝

新版

1　両親と幼少時代

どんな人の終生の物語であっても、ほんとうのことが語られているなら、面白いに相違ない、と古人がいっている。それで、私の近親や親しい友人たちが、私の歩んで来た道について書くよう強く勧めたのであるが、でき上ったものについて、がっかりしなければよいと思っている。私としては、この物語が少なくとも私を知っている人たちには興味あると考えて自分を慰め、そう考えながら筆を進めていったのである。

数年前に私の友人で、ピッツバーグ市のメロン判事がこのような本を書かれたが、私はそれを実に興味深く読んで、先に挙げた古人の言を改めて確認したのであった。判事の伝記は、友人たちをたいそう喜ばせたのであるが、また同時に、彼の子孫に正しく生きるよう長く影響をあたえるに相違ない。また、それだけではない。この本は、身近な人たちの間だけでなく、広く大衆に愛読され、彼は著者としても人気がある。なぜかというと、伝記の重要な要素である人柄をよくあらわしているからである。大衆の興味をひくなどという考えは毛頭《もうとう》なく、ただ家族のためにだけ書かれたものであった。

自叙伝を書くにあたって私は同じような心がまえで、大衆の前に気取るなどまったく考えず、家族と友人たちの間で語るような気持で筆をとるつもりでいる。家族や友人たちは、長い間私と苦労をともにし、私に忠実であった。私は、彼らの間にあって自由に語ることができるし、つまらないできごとでさえ、彼らにとってはまったく意味のないものだとは思われないのである。

私は、一八三五年十一月二十五日、スコットランドのダムファームリン町に生まれた。ムーディ通りとプライオリー街の角にある平屋建の小さな家で、私はその屋根裏の部屋で誕生した。両親は、よく世間でいう貧乏ではあるが正直者で、善良な親戚や縁者も多かった。町は、スコットランドの麻織物の中心地として広く知られていた。私の父ウィリアム・カーネギーは、アンドリュー・カーネギーの息子で、手織工であった。私は祖父の名をもらったのである。

祖父は機知に富み、ユーモアをよく解し、明るい性格となにごとにも屈しない魂をもっていたので、この地域では顔が広く親しまれていた。私の楽天的な性質と、困ったことに出会ってもそれにこだわらず、一生笑顔で暮らすことができたのも、この愉快な祖父の性格を受けついだからであろう。私の友人たちは「あひるをみんな白鳥にしてしまう」この楽天的な性格を笑っている。私は祖父を自慢し、また彼の名をついだことを誇りとしている。

明るい性格は、財産よりももっと尊いものである。若い人たちは、性格というものは養成することができるし、人間の心も体と同様に、日蔭から日光の照る場所に移るべきであるということを憶えておいていただきたい。陽の当たる場所へ出ようではないか。できるなら困ったことも笑いでふっ飛ばしてしまおう。人間は少しばかりでも考えることができる人であるなら、そうすることができるのである。もちろん、自分の誤った行為から出たものであるなら、自責の念が笑ってすませはしないであろう。それから逃れることはできない。そのような「汚点」をぬぐい去ることはできない。自分のうちにある裁判官は裁きの座に坐《すわ》って、彼をあざむくことはできないのである。スコットランドの偉大な詩人ロバート・バーンスは「汝の良心の声のみを恐れ、それに従え」といっているが、これは人生のすばらしい法則である。私は若いころからこれを自分の生涯の金言として採用したが、一生のうちにきいた数えきれないほどのたくさんの説教より、私にとって意義があった。

母方の祖父トマス・モリソンはもっと特徴のある人物だった。トマス祖父は、当時スコットランドの有力紙であった「レジェスター」紙によく投稿し、進歩的な意見を発表していた。私は彼の書いたものを後日読んだことがあるが、時代にさきんじた卓見をもっていた。たとえば、彼は技術教育の重要さに気がつき、「頭の教育か手の教育か」と題したパンフレットを出版し、後者の重大なことを強調したのであった。祖父は技術教育の先駆者であり、パンフレットをつぎのようなことばで結んでいる。「私は青年時代に靴をつくり、またその修繕をする技術を学んだことを感謝している」と。

このパンフレットは、革新系の「レジェスター」紙社が出版してくれたのであるが、主筆はこれについて社説で採り上げ、その重要性を強調してくれた。このようにして物を書くというのは遺伝といってもよく、父方と母方の両方から私は受け継いでいるようであった。ともかく、カーネギー家は広く読んでいたと同時に、考える人たちでもあったということができる。

祖父のモリソンは、天性の雄弁家であり、また才知にたけた政治家で、長い間、地区の革新政党の旗頭として活躍し、息子で、私の伯父に当たるベーリー・モリソンが後をついで政治活動をしていた。私がアメリカに行ってからも、スコットランドから来た人たちによく「あなたがトマス・モリソンのお孫さんなのか」といわれて、親交を結んだのであった。

私はよく「昔のトマス・モリソンの生き写しだ」といわれたが、祖父の顔を憶えていない。しかし、二十七歳の時、はじめて故郷に帰り、伯父のベーリー・モリソンを訪ね、長椅子《いす》にすわった時、伯父の大きな黒い眼が急に涙でいっぱいになった。口がきけなくて、部屋から急に出ていってしまった。しかしすぐ帰って来て、私が、自分のなくなった父を思い出させて、たまらなくなったのだ、と説明した。身振り、口のきき方、表情などちょっと現われて、またすぐ消えてしまうので、的確になにとはいわれないが、とにかく私は祖父に似ているようである。私の母はたえず、なにか祖父の特徴を見つけてなつかしがっていた。遺伝の法則は不思議なもので、身体を超えたところでいろいろ子孫に伝わっているということを私はつくづく感じたのである。

祖父のモリソンは、エジンバラ市のホッジ嬢と結婚したが、彼女は教育、教養、社会的地位において、申し分のない女性であったが、不幸にもまだ子供たちが幼いうちになくなった。当時祖父はダムファームリンでなめし皮業をやりながら革商人として裕福な暮らしをしていた。しかし、ウォータールー大戦の後、講和が締結されてから、たくさんの人たちが遭遇したように、彼の家運もかたむいて来た。したがって長男であったベーリー伯父は豪奢《ごうしゃ》な暮らしのなかに育って来て、小馬を持って乗りまわしたりしていたが、弟や妹たちはかなり苦しい生活の中で育って来たのであった。

次女のマーガレットが私の母なのであるが、この本のなかに彼女はたびたび登場することになるであろう。母は、私の祖母から威厳と教養と、育ちのよい女性のもつ優雅さとを受けついでいた。いつか私は、このすばらしい女丈夫といってもよい母について語ることができるかもしれないが、どうもそれはできそうにも思われない。母は私にとって神聖な人物で、他の人たちには知ってもらいたくない。またじっさい、彼女を知ることはできないであろう。知っているのは私だけである。父が早く死んでしまったので、その後、母は私の独占となったのである。私のはじめての著書の献辞に「私の最愛のヒロインである母へ」とあるが、これは私の心情をよく語っているのである。

よい先祖をもって私は非常に運がよかったが、私はまた故郷についても同様運がよかった。人間にとって生まれ故郷はたいへん重大で、環境と伝統は、子供に強い影響をあたえ、その子のうちにあるまだ表面にあらわれて来ない傾向を刺激するのである。イギリスの文豪ラスキンは、エジンバラ市の聡明な子はみな、城の雄姿によって感化されるといっている。ダムファームリンの子は、気高い寺院によって影響されているが、これは、スコットランドのウェストミンスター大寺院と呼ばれ、一〇七〇年にマルコム・キャンモアとマーガレット女王によって築かれたものであった。マーガレット女王は、スコットランドの守護神なのである。雄大な寺院と、たくさんの国王が誕生した宮殿の廃墟は、こんにちでも残っている。そこにはまだピッテンクリフの谷があって、マーガレット女王の宮殿とマルコム王の塔の廃墟がある。

町の北には遠くフィルス河が流れ、南にはエジンバラ市をのぞみ、北にはオチルス連山がそびえている。ここにはロマンスがあり、詩があり、国家の歴史と宗教のたどった跡がここに強く印象づけられている。あたりを見回す子供に高い理想と夢をあたえ、後日、彼らが厳しい現実の世界で殺風景な仕事に従事している時に、ふたたび心の中に再生され、思いを高め、人生にあじわいをもたらすのである。私の両親がこのような精神的に豊かな環境の下に生まれたということはまことに幸運なことであって、二人が多分にもっていたロマンティックで、詩的な情緒は健全に育っていったのであった。

父が織物業を継いでから私たちはムーディ通りからリード公園の近くにあるもっと広い家に移ることになった。父の四、五台の機織《はたおり》機械が階下にならんでいた。私たちは二階に住んでいたが、古いスコットランドの住宅の型にしたがって、この家も外に階段がついていて、私たちはそれを使って出入りしていた。私の最初の思い出はこの家で始まるのであるが、不思議なことには記憶の跡をたどってみると、その第一は、私が小さなアメリカの地図を見ていたその日にさかのぼるのである。それは巻いてあって、五十センチぐらいのものであった。父と母、ウィリアム伯父とエートケン伯母が、この地図をのぞいてピッツバーグ市をさがし、エリー湖とナイアガラ瀑布を指さしていた。その後まもなく伯父と伯母は、約束の地へ旅立ったのである。

このころであったが、従兄弟《いとこ》のジョージ・ラウォダーと私は、屋根裏にかくしてあった条令が禁止している旗を見つけて、なにか危険が身に迫るような感じがしてひどく興奮したのを憶えている。それは担いで歩くように作ってあって、手描きであった。それはたぶん穀物条令反対の行列に、父か伯父か、または家族の革新系の人のうちだれかがもって、行進したものだと思う。政府が穀物の輸入に重税を課した法律が十五世紀以降数回にわたって発布されたが、十九世紀には民衆の強い反対に遭って、一八四六年にとうとう廃止されたのである。当時、町には暴動が起きていて、騎兵部隊が町の集会所に駐屯していた。父方と母方の両方とも、祖父と伯父たち、それに私の父とが、集会で演説し、先頭に立っていたので、全家族がそれに捲《ま》き込《こ》まれていた。

私はあたかも昨日起こったことのようにはっきりと憶えているのであるが、ある夜おそく、数名の人たちが裏の窓をたたいて、伯父のベーリー・モリソンが牢獄《ろうごく》にほうり込まれたと、私の両親に知らせに来たのであった。伯父は、条令によって禁じられていた集会を開くという大胆な行動に出たのである。警官は、軍の援《たす》けをかりて、町から数マイル離れたところで集会を開いている時に彼をつかまえて、夜のうちに町に連れ帰ったのであるが、たくさんの人がついて来た。

群衆が伯父を援け出そうとしていたため、騒ぎが大きくなりそうで、私たちはたいへん心配した。しかし、後できいたところによると、伯父は、町長の懇請により、ハイ通りに面した窓から首を出して、群衆に引きさがってくれるよう頼んだのである。伯父は「もし今夜、ここに大義のために忠誠を誓う人がいるならば、どうか腕をおさめていただきたい」といったのである。群衆はふりあげた手を下げた。それから伯父はちょっと時をおいて「ではみなさんはおだやかに解散していただきたい」といった。伯父は、他のすべての家族と同様、道義心の強い人で、法には絶対にしたがうのを信条としていたが、心髄は底の底まで進歩的で、民主主義国アメリカの熱烈な賛美者であった。

公共の場でこのようなことが起こっている時に、個人の間にかわされる会話というものがどんなに激しく、また痛烈であったか、想像がつくと思う。君主制と貴族政治、あらゆる形の特権組織に対する非難、それと対照して共和制の偉大さ、アメリカの優越性、自分たちと同じ民族によってしめられている新大陸、あらゆる市民の権利は彼らにあたえられた基本的な人権であるという自由人の天地――私はこのような刺激的な話題が戦わされているそのなかで育って来たのであった。少年として私は、王侯貴族を暗殺するのは自分の義務で、そうすることこそ国家にとっての奉仕であり、したがって、英雄的な行為である、と考えるようになったのであった。

このような幼時の最初の環境と生活に影響された結果として、私は長い間、どの種の特権階級にも、またなにか自分のしたことにより名声を獲得し、公共の尊敬を勝ちとった人でないなら、だれであっても、礼をつくし、丁重に話すことができなかった。いまでもまだ単に毛並みがいいというだけであったら、私は侮蔑《ぶべつ》をもっている――「この人物はなにも内容がない。なにもせず、ただ偶然の機会によって、借り物の羽根を頭に飾って、威張《いば》って闊歩《かっぽ》しているにせ物なのだ。彼が自分のものといえるものはみな、たまたまよい境遇に生まれたということである。彼の家族の最も良い部分は、馬鈴薯《ばれいしょ》と同じように、地下に眠っているのである」と、私は自分にいってきかせたのである。知性のある人であったら、生まれがよいというだけで特権をほしいままにし、自分たちはその特権から生まれが悪いために除外されているというその社会に住むことができるであろうか、と私は考えた。もちろん、このような考えは、私が他の人々から受けついだもので、私は家庭できいたことを反映していたにすぎなかった。

私の生まれたダムファームリンは、スコットランドで最も進歩的な町として長く知られていた。もちろん、ペーズレー町も自分たちこそ最も進歩的だといっているのを、私は知っている。それはともかくとして、町の人口の大部分は小規模の織物業者からなりたっていて、彼らは各自、一台か二、三台の機織機械を持っていたにすぎなかったのであるから、革新的な目的にそって立ちあがったということは重大な意味がある。住民は手間取仕事に従事していたので、時間にしばられていなかった。大きな製造業者から糸をもらって、仕事は各自の家庭でしていたのであった。

時々、街は緊張した政治問題に捲き込まれ、昼食後、しばらくの間、男の人たちが町のあちこちに数名ずつかたまって、前掛をしめたまま立って国の政治を論じているのが見うけられた。ヒューム、コブデン、ブライトなどの名がみんなの口にのぼっている。幼い私も、幼いながらこのようなサークルにひきつけられて、大人の会話に熱心に耳を傾けたのであるが、議論はもちろん一方的なかたよったものであった。

当時、一般に考えられていたことは、一つ変革が起こらなければならないという結論であった。町の人々はクラブをつくり、ロンドンの新聞紙を購読した。毎晩、主な社説を町の人たちに読んでやるのであるが、面白いことにはそのために教会の祭壇を使ったということである。伯父のベーリー・モリソンがよく選ばれて朗読の役を引き受け、読んだ後で伯父や他の人たちがそれを批判し、会合はなかなか活気があった。

このような政治的な集会はたびたび開かれたが、私は家族と同様、たいへん興味をもって、よく出かけて行った。私の伯父のだれかひとり、あるいは父がだいたいいつも発言していた。私はいまでもよくおぼえているが、ある晩、父が四つ角の屋外集会の大衆に話しているところに出かけて行った。私は聴衆の股の間をくぐって割り込んで行ったが、私は特に大きな声で声援を送っているひとりの人にひどくひかれて、彼の熱心さに感染してしまった。私は、股の間にもぐり込んで、押し合っている群衆から守ってもらっている人を見上げて、演説しているのは私の父であるというのを告げた。その人は私を肩車にのせて、演説が終るまでのせておいてくれた。

手織機から蒸気ばた機にかわったことは、私の家族にとってひどい打撃であった。父はさし迫った革命の意味を理解せず、古いやり方にしがみついて苦労していた。製品の値段はひどく下ってしまい、とうとういつも危機に直面した時、脱出する力となる母の援けが必要となった。母が舵《かじ》をとって、家運を盛り返す工作をしなくてはならなかった。彼女はムーディ通りに小さな店を開いて、細々ではあるが、その売上げから入る収益でなんとか家計をまかない、「世間体」をつくろってゆくことができた。

このようなことがあってまもなく、私は貧乏とはどんなものであるか知るようになったのを憶えている。父が織物を持って大きな問屋に出かけた日、私たちはもうどうにもならぬどん底の生活に落ちていた。母は心配そうに父の帰りを待っていたのであるが、もし新しい糸をもらうことができないなら、家業は停止してしまうのであった。私はバーンスの、

どうか働かしてくれと
ひとりの男が泣きすがる

という詩の一句を胸に焼きつけるような思いでくりかえした。バーンスの詩に現われる男は落ちぶれた卑《いや》しい人物であったが、私の父はまったくその反対である。それにもかかわらず、仕事をもとめて誰かにすがらなければならないのだ。私はその時その場で、自分が大人になった時、このような事態をなくするのだ、と固い決意をしたのであった。しかし、私たちの近所の人たちとくらべたら、私の家族はまだ極貧というところまでは追いつめられてはいなかった。母は、二人の息子に大きな白いカラーをつけたさっぱりした身なりをさせておいたが、それもいつまでつづくかわからなかった。母はあらゆるものを切りつめても、子供が肩身のせまい思いをしないよう努めてくれたのであった。

私は、学校へ行かしてくれと自分から頼むまでやらないでくれと両親に頼み、彼らもうかつに私に約束してしまったのである。私は大きくなっても少しも学校へやってくれと頼むような気配を見せなかったので、両親はたいへん心配し、この約束を気にしはじめた、ということを、私は後になって知ったのである。両親は、ロバート・マーティン先生という校長に頼んで、なんとかして私を説得してくれるよう申し出た。校長はある日、学校へ行っている子を数名誘って、私を遠足に連れていってくれた。その後まもなく、私はマーティン先生の学校へ行かしてくれと申し出たので、両親はやっと胸をなでおろしたのであった。もちろん、彼らは喜んで許可をあたえてくれた。私はその時満八歳になったばかりであったが、その後の経験から見て幼児が学校へ行きはじめるのはこのくらいの年齢でよいのだ、と考えるようになった。

私にとって学校はまことに楽しかったので、もしなにか起こって欠席しなければならなくなると、私はほんとうにみじめであった。このようなことはたびたび起きたが、それは、私の朝のつとめが、ムーディ通りの先にある井戸から水を運ぶことであったからである。水は量が少なくて出かたも不規則であった。時には朝おそくまでくむのを許されなかった。十数名の主婦たちが井戸のまわりに坐っているのであるが、前の晩から空鑵をならべて自分の番を確保するという戦術に出るのである。もちろん、こんなことで黙って引込む私ではないから、老練な主婦たちを相手に論争が始まるのであった。その結果として私は「悪いガキ」という汚名をきせられるようになった。たぶんこのようにして議論好きの傾向というか、闘争意識が私のうちに育っていったのであろうが、それはいつまでも私の身についてしまった。

このような用事をしなければならなかったので、私はしばしば遅刻したが、校長は理由を知っているので、いつも大目に見ていてくれた。これと関連して、私は放課後、たびたび店の使いに走り回らなければならなかったのもつけくわえておこう。振り返って見ると、まだ十歳に満たないころから私は両親の手伝いができたということが、一種の満足感をあたえてくれるのである。それからまもなく、私は、店と取引きしている客の勘定書の処理をまかせられることになったので、幼児のころから、ごく小規模ではあるが、商業の問題と取り組むことができた。

しかし、学校生活の経験で一つ、私をひどくみじめにしたことがある。少年たちは私に「マーティンのお気に入り」というあだ名をつけて、私が町を歩いていると時々、大きな声でそのいやなあだ名で私に呼びかけるのであった。私にはそれがなにを意味するのかよくわからなかったけれども、なにかひどく不名誉なことのように思われて、あの立派な先生のご好意に自由に、こころおきなくむくいるのを避けるような行動をとった。私の一生のたったひとりの先生に、あんなにご恩を受けながら、おなくなりになる前になにもできなかったことを私は今でも残念に思っている。

私の生涯に計り知ることのできないほど大きな影響をあたえた人を、ここで挙げておきたい。それはラウォダー伯父で、ジョージ・ラウォダーの父である。私の父はいつも機場でいそがしく働いていたので、昼間は私などにかかり合っているひまはなかった。伯父はハイ町で商店を経営していたので、時間的にしばられていなかった。ハイ町という位置を考えていただきたい。商人の間にもいろいろ階級の差があったが、ハイ町の商人はいわば町の貴族であった。

私が学校へ行くようになってまもなく、伯母が死んだので、伯父はひどく気を落し、ひとり息子のジョージと私がたった一つの憩《いこい》となって、私たちはよく一緒にいた。伯父は子供のあつかい方をよく心得ていて、私たちにいろいろのことを教えてくれた。そのなかに一つ強く私の印象に残っているのは、英帝国の歴史であった。国王のひとりびとりに部屋のどこか一つの場所を指定して与え、それからその王の最も大きな功績を劇的にやってみせてくれるのであった。であるから、私にとってジョン王は炉辺の棚の上に坐って大憲章に署名し、ヴィクトリア女王は戸の後ろで膝《ひざ》の上にお子さんたちを載せてあやしている姿が、今日でも眼に浮かぶのである。

スコットランドの初期の歴史を教えてくれたのも、この伯父であった。十三世紀に英国王に反抗し、スコットランドの独立のために戦い、後捕えられて殺されたウォーレス、独立のために戦って英軍を破り、祖国の独立を確保したブルース王、それに詩人のバーンスなどからはじまって、盲人ハリーの物語、小説家のスコット、ラムゼー、フォッグ、ファーガソンなどの英雄の物語であった。バーンスのことばを借りるなら、伯父はこのようにして私の血の中にスコットランドへの愛情と忠誠を育ててくれたので、それは私が生きている間は私の血のなかを流れているであろう。ウォーレスはもちろん、私の英雄であった。彼は英雄のあらゆる要素を一身にそなえていた。ある日学校で、意地悪の上級生が、イギリスはスコットランドの数倍あるといったので、私はすっかり悲しくなってしまった。私は伯父に訴え出た。

「そんなことないよ。英国のようにスコットランドを平たくのばしてごらん。スコットランドの方が数倍あるんだ。だがね、この国の高原地帯を平ったくのばしてしまってよいものだろうか」と伯父はいった。

そんなことは絶対にいやだ。これで傷つけられた若い愛国者の誇りはまったくいやされた。その後またイギリスの人口問題で、私は再度行きづまった。また私は、伯父のところに走って行った。

「その通り、七対一なんだよ。スコットランドの人口はたしかに少ない。しかしね、ブルース王が、バンナックバーンでイングランドの大軍を破って、祖国の独立を確保したのを憶えているだろう。ブルースの軍はひどく少なかったんだよ」

私はまたたいへん嬉しくなった。

ここで一つ考えてみなければならぬ重大なことがある。それは、戦争が戦争を生み、戦争が起こるたびに将来に多くの戦争の種子がまかれ、そのようにして国家は伝統的に仇《きゅう》敵《てき》となってしまうということである。アメリカの少年の経験は、スコットランドの少年のと少しも変わりがない。彼らはワシントン大統領、独立戦争の際激戦のあったヴァレー・フォージ、同じ戦争で英軍が雇って来たヘッセ人の兵隊はアメリカ人をひとり残らず殺してしまうためであったと読んだり、聞いたりして、イギリス人ときいただけでも憎むようになるのである。私のアメリカで生まれた甥《おい》たちは、このような考え方をつぎ込まれている。私たちは、スコットランドはいいんだが、スコットランドと戦ったイングランドは悪い、とたたき込まれた。このような偏見は大人になるまでぬけきれないでいる。いや、成人してもある点まで終生つきまとうのである。

ハイ通りの伯父の家で私はよく夜遅くなるまで語り合って、ジョージとは終生固く結ばれるようになった。伯父の家から町はずれのムーディ通りの自分の家まで帰るのに二つ道があった。一つは、寺院の不気味な墓場を通りぬけるもので、そこには街燈がなかった。もう一つは、メー・ゲートを通る道で、こちらは明るかった。家へ帰る時間になると、からかうのが好きな伯父は、どっちの道を通って行くのかよくきいた。ウォーレスならどうするか考えて、私はいつも寺院の道をと答えるのであった。私はただの一回も誘惑に敗けて、ランプのともっているメー・ゲートの通りを選ばなかったのをこんにちでも誇りとしている。墓地を通って、寺院の暗い門を過ぎるころに、私の心臓はどきどきして足を速めるのであった。口笛を吹いたり、手を振って勇気を出そうとして暗闇の中をとぼとぼ足許《あしもと》に注意して歩くのであるが、人間であろうと幽霊であろうと、敵が現われた時にそなえて、私はウォーレスの英雄ぶりを参考にして、危機に対処しようと考えていた。

ブルース王は、幼時の私たちからは正当な評価を得ていなかった。彼が国王であるということが邪魔になったのであるが、ウォーレスは大衆の英雄として崇拝のまとになった。このようにして育った私は、熱烈な祖国愛を植えつけられ、これが終生私の心のささえとなった。それをもっとしぼって見ると、勇気ということになるので、その象徴となった人物はスコットランドの英雄ウォーレスであった。少年にとって英雄を崇拝するということは、大きな力となるのである。

私はアメリカに渡って、なにも誇りとするものを持っていない国があるというのを発見してひどく心をいためたのであった。ウォーレスやブルース、それにバーンスのいない国なんて考えられるであろうか、こんにちでも、まだ外国に旅したことのないスコットランド人は、こんな考えをもっているようである。どんな国家であっても英雄があり、ロマンスと伝統をもち、すばらしい業績をもっているのだというのを知るのは、成人して広い知識を身につけてはじめてわかることとなるのである。

忠誠なスコットランド人は、後年、少年時代にもっていた自国の評価と、世界の大国の中にあってのその地位を引き下げる必要は少しもない。しかし、他国に対してこの自分の評価は改める必要がある。なぜなら、どんな国でも誇るに足るものをたくさんもっているからで、自分たちの子供にこのような刺激をあたえ、各自が自分の生まれた国の名誉を汚さないために、自分の最善をつくすという心構えを養うことが重要なのである。

私が新大陸に移住するようになってから、ここは一時的に居をかまえるにすぎないのだという気持から脱出するまでには、長い年月がかかっている。私の心はスコットランドに残されていたのであった。私の場合は、ピータソン校長の話に出て来る少年のあの気持そっくりなのであった。スコットランドからカナダに移住して来た少年に、校長はカナダが好きかという問を発した。少年は「訪ねて来るのはいいんです。しかし、ブルースやウォーレスの遺跡のある私の国からあんまり長く離れていることはぜったいにできません」と答えている。

2　故郷の生活とアメリカ

伯父のラウォダーは、少年の教育に朗吟が非常に重要な役割をはたすと固く信じていた。それで従兄弟と私は、朗吟でよく伯父からお小遣いをもらった。シャツと半ズボンを着て、袖をまくりあげ、顔に化粧して、紙のかぶとを被《かぶ》り、剣のかわりに木片を腰に差し、私たち二人は学友を集め、また時には大人の前で、勇ましい中世の英雄詩を朗吟するのにいそがしかった。

伯父のこのような教育方針にしたがって、私の記憶力はたいへんに強化された。この方法は若い人たちを訓練する最もよい手段で、自分の好きな詩を暗誦させ、それをたびたび人の前で語らせることである。私は自分が好きだと思ったものであったら、すぐ暗誦してしまうので、この速さが私の友人たちを驚かせたのである。好きでなくても私はすぐ暗誦することができるが、自分に強く訴えるものがないなら、数時間後にはすっかり忘れてしまうのであった。

宗教の問題について私たちはあまりわずらわされることがなかった。学友の少年少女たちはみな「教義問答」を強制的に学ばなければならなかったのに、従兄弟と私はどういう工作がされたのか、くわしいことはわからなかったけれども、とにかく免除されていた。私たちの親類縁者はみな、モリソン家でも、ラウォダー家でも、政治的見解と同様、信仰の問題についても進歩的な考え方をしていたので、教義問答に反対であったのは明らかであった。家族の中には正統派の長老教会に属している人はひとりもいなかった。父も、伯父や伯母たちもみな、カルヴィン主義の教義から離れてしまっていた。後日、彼らはしばらくの間、スウェーデンボルグの学説に傾倒したこともある。私の母は宗教の問題に関してはあまり多く語らなかった。私には宗教についてなにもいわなかったし、教会に行きもしなかった。というのは、このころ母は家事の手伝いをしてくれる人を雇っていなかったので、家の仕事をいっさい自分でやっていた。日曜の昼食も母が用意しなければならなかった。いつも読書を好んで、当時はユニティリアン派のチャニングの書いたものを愛読していた。母はほんとうにすばらしい人であった。

私の幼少時代、周囲の環境は、神学や政治の問題に関してひどく動揺し、不安な状態にあった。特権階級の打倒、市民の平等、共和主義など当時としては最も革新的な思想によって、政界はいつも騒乱をきわめていたが、宗教の問題についても異論百出で、感受性の強い少年は、大人が想像しないほどおおくそれを受けいれて、幼い胸にきぎみこんでいたのであった。カルヴィニズムのきびしい教義は、おそろしい悪夢のように私のうえにおもくのしかかって来たのを、私はよく憶えている。しかし、さきにのべたように外部からの多くの刺激によって、そのような心境からまもなく脱出することができた。ある日、牧師が、幼児も死ぬと地獄の罰から逃れることができないと説教したのをきいた父は憤然として席を立ち、長老教会から籍をぬいてしまったのであるが、私はこれを尊いものとして胸におさめて成長したのであった。これは、私が生まれてからまもなく起こったことであった。

父はこのような教義を許すことができなかった。「もしそれがあなたの宗教で、またあなたの神であるならば、私はもっとよい宗教ともっと崇高な神をもとめて他へ行く」といって、教会を離れた。父はふたたび長老教会に帰らなかったが、他の宗派の教会に行くのはやめなかった。私は、父が毎朝、大きな戸だなに入って祈っているのを見たが、これは強く私の印象に残っている。父はほんとうに聖人のような人で、終生信仰心の篤い人であった。彼にとってあらゆる宗派は善を行なうための機関であると考えていたのである。彼は、神学にはいろいろ学派があるが、宗教は一つであるのを発見したのである。私は、父が牧師より真理をよく知り、天の父を旧約聖書が描いている残酷な復讐の神と見なさなかったのを非常に満足に思っていた。幸いこのような残酷な神の観念はもう過去のできごととなってしまった。

少年時代の重要な楽しみの一つは、鳩《はと》と兎《うさぎ》を飼うのを許されたことであった。私がかわいがっている動物のために、多忙な父がわざわざいい小屋をつくってくれたのを、私はいまでも思いだすたびにありがたいと思って感謝している。私の家は、幼い遊び友達の本拠となった。母はいつも家庭の影響こそ二人の息子を正しい人生のみちに進ませる最上の場であると考えていた。この方向に進む第一歩は、家庭を楽しい場所にすることだ、とよくいっていた。それで、父と母は、私たちと、私たちを中心に集まって来る隣近所の子供たちをたのしく遊ばせるようにするために、どのような労もいとわなかったのである。

私の実業界への最初の試みは、雇い主として一季、仲間のサービスを確保したことであった。報酬として、子兎が生まれた時、仲間の名前をつけるのを約束したのであった。土曜日は学校が休みであったから、私の仲間はだいたい一日じゅう、兎のえさを集めるのにいそがしかった。ふりかえってみてこんにち、私はひどく良心にとがめられるのであるが、若い遊び仲間を動員して、ひどく相手に不利な取引きを結んでやったのであるけれども、友達はほとんどみな、夏じゅう一生懸命になってタンポポやクローバを集めてくれた。報酬ときたらまことに珍無類のもので、労働に対してこんなひどい報酬はいまだになかったろうと思う。悲しいことには、私は他になにもみんなにあげるものがなかったのである。一銭の金もなかったのだ。

この計画の思い出は、私のうちにあった組織力の最初の現われで、これを発展させていったのが後年、私の物質的な成功にかかっていたと見て、私は大切にしているのである。この成功は、私が物ごとを知っていたからとか、私自身でやったとかに帰すべきものではなく、むしろ、私よりものごとをよく知っている相手を見つけ、そのような人たちを選ぶ才能に帰すべきなのである。これは誰にとっても持っていて欲しい貴重な知識なのである。私は蒸気機関についてなんの知識ももっていなかった。しかし、私はそれよりももっと複雑な機械——人間——を知るように努めたのであった。

一八九八年、馬車で私たちがスコットランドの高原を旅していた時、小さな宿屋で休んでいた。その時一人の紳士が近づいて来て、自己紹介をした。この人はマッキントッシュといって、スコットランドの大きな家具製造業に従事していた。立派な人格者であるのが後でわかった。マッキントッシュ氏は、あの一夏、私の兎のためにえさを集めた仲間のひとりで、一匹の兎は彼の名をもったのであった。私はこのめぐり合いを非常にうれしく思った。あの仲間で後日、出会ったのはこの人ひとりであった。

蒸気機械の出現とその改良によって、ダムファームリンの小企業者の商売はだんだん悪化するばかりであった。それでとうとうピッツバーグ市にいる母の二人の姉妹に手紙を書いて、私たちもアメリカへ行くのを真剣に考えているといってやったのである。私が憶えているところによると、両親は自分たちの生活状態をよくするためというよりは、むしろ幼い二人の息子のためである、といっていた。返事をもらったが、手紙はみな早く来るようにということであった。それで機織機《はたおりき》と家具を競売にすることにきめた。父はやさしい声で、母と弟と私のために次の歌をうたっていたのを私はよく憶えている。

西へ、西へ、自由の地へ、
雄大なミズーリ川は大海にそそぎ、
労働者も人間は人間として尊ばれ、
極貧の人も地のみのりを収める――
その自由の天地へ。

競売から得た金額は、私たちをがっかりさせてしまった。機織機はほとんどただみたいなもので、家族がアメリカに渡る旅費としては二十ポンド足りないという結果になった。ここで私は、母の終生の親友であった女性の友情の現われを記録しておかなければならない。彼女の名はミセス・ヘンダーソンといったが、私たちの間では結婚前の名であるエラ・ファーガソンと呼ばれていた。母は信念の人であったから、彼女のまわりにはたくさんの誠実な人たちが友達として集まっていた。エラ・ファーガソンもその一人であったが、彼女は、私たちが必要とした二十ポンドを貸してくれると、申し出てくれたのであった。ラウォダーとモリソン伯父たちが保証人となってくれた。ラウォダー伯父はいろいろ細かい手続きなどを全部やってくれ、よい忠言をあたえて私たちを援けてくれた。そして、一八四八年五月十七日、私たちは故郷のダムファームリンを発った。父はその時四十三歳、母は三十四歳であった。私は十三歳で、弟のトムは五歳であった。彼は、輝いた黒い眼をした美しい銀髪の子で、どこに行ってもみんなの注意をひいた。

これで私の学業に永久に終止符をうつことになったが、アメリカへ行ってから一冬、夜学に通い、また一時、夜、フランス語の先生についたのは例外といってよかろう。もう一つおかしいと思われるかもしれないが、私は一時、演説法の教師について、演説する技術を学んだことがある。私はすでに読み書き算数を習得していたし、また代数とラテン語を始めたところであった。ラウォダー伯父に航海中に書いた手紙を見ると、当時私は今よりも字が上手であったのがわかる。私は英文法に取り組んだが、なにをいったい教えようとしているのかわからなかったが、これは多くの子供たちの経験でもあるらしい。ウォーレス、ブルース、それにバーンスのほかは、私はあまり本を読んだことがなかった。しかし、なじみ深いたくさんの詩を暗誦していた。それに私は、幼時にきかされたおとぎ話をくわえるべきであろう。とくに少年時代に読んだ『アラビア夜話』は、私を新しい世界に運んでくれた。私はこの話を読みながら、夢の国へと誘い入れられたのであった。

なつかしい故郷を後に出発した朝、チャールストンへ行く石炭を運ぶ鉄道の車に乗って、私は涙でくもった眼で窓ごしにダムファームリンの景色が消えて行くのを見守ったが、最後に視界から消え失せたのは神聖な古い寺院の姿であった。それから十四年間、故郷から離れて私の思いは毎朝、この光景を心の中にくり広げ「いつまたあい見ることができるのであろうか」と自分に問うのであった。寺院の塔に刻んである「ロバート・ブルース国王」という文字を心の眼に描かない日はなかったといってよい。少年時代のあらゆる思い出、私が知っているすべての妖精の国は、あの古い寺院と夕べをつげる鐘の音に結びついているのであった。鐘は毎夕八時に鳴って、それは私に寝床に入る時を告げるので、鐘が鳴りやむ前に私は頭を枕につけていたのであった。私は、一八八三年に書いた『アメリカ人の馬車の旅』と題した本でこの鐘について語っているので、ここに引用することにしよう。

「私たちはベンズ街をドライブしていたが、ウォールス学長と私は馬車の前の席に腰かけていた。その時、帰って来てはじめて寺院の鐘の鳴るのを聞いたのであるが、これは母と私を迎えるためにとくに打ち鳴らされたものなのであった。私の膝はがくがくして来て、気がつく前に私の眼は涙であふれてしまった。私は横を向いて、学長にお許しを乞《こ》うた。一瞬、私は気が遠くなるのではないかと思った。さいわい、私たちの周囲には誰も見受けられなかった。私はすぐ自分の感情を抑えることができたので、血がにじみ出るほどきつく自分の唇をかんで〝かまわない、冷静に、こらえなければならないのだ〟と自分にいいきかせた。しかし、この地上でこのような美しい鐘の音が私の耳に入り、私の心を完全に捉え、その音がいつまでも私の心の奥深くしみ込むことはまたとないであろう。

あの夕べの鐘の音で、私は自分の小さな寝床にねかされ、幼児の無邪気な眠りについたのであった。父と母、ある時は父がひとり、ある時は母だけが、夜ごと私の上にかがんで、あの鐘の音が何を物語っているのか、愛情をこめて語ってくれたのであった。鐘は私に有益なことばをたくさん語ってくれた。あの天の偉大な父のみ声が私の心に語っている間、私はまちがったことができなかった。こんにちふたたびあの鐘の音を聞くとき、もう一度昔のように私に語ってくれるのである。それは私に神の使命を告げてくれる。そして今亡命した母と子を迎えるために打ち鳴らされ、再びその尊い庇護《ひご》のもとにおいてくれるのである。

寺院の鐘は私たちを迎えるために鳴っているのであるが、世の中のどんなこともこのようなすばらしい報酬を与えることはもちろん、考えることもできないであろう。私の弟トムもまた一緒にいてくれたら、と思わずにはいられない。私たちが新しい地に移って行く前に、幼い彼もこの鐘の偉大さを知るようになっていた。

ルソーは、美しい音楽の伴奏に耳を傾けながら死にたい、といった。もし私に選択が許されるなら、私はこの寺院の鐘を聞きながらあの世へと旅立ちたい。鐘の音は、この世においての私の仕事の終りをつげ、幼時に私を眠りに誘ったように、私を最後の眠りに導いてくれるのであろう」

私の本を読んで下すった方々から私はたくさん手紙をいただいたが、とくにこの鐘の思い出が印象にのこり、読んでいて涙がこぼれた、と書いて来た方がある。私は心の叫びを書き綴ったので、それが読者の共感をよんだのではないかと思う。

私たちはフィルス河を小舟で渡り、それから蒸気船でエジンバラに向かった。小舟から蒸気船に移るとき、私は、ラウォダー伯父のところに走って行き、首にぶら下って「別れるのはいや、別れるのはいや」といって泣き叫んだ。親切な船員が私をひきはなし、蒸気船の甲板に抱きあげてくれた。私が初めて故郷に帰って来た時、愛する伯父が会いに来てくれたが、あんな悲しい別れをしたことはない、と語ってくれた。

私たちは、グラスゴーのブルーミロー岸壁からウィスカセット号という八百トンの帆船で出発した。七週間の航海で私は乗組員とすっかり仲よくなり、航海の作業を学び、船員が客を呼んで手伝いを頼む時に、私は船客を指揮して敏速にことを運ぶことができた。乗組員が不足していたので、乗客の手を借りなければならなかったからである。そのごほうびとして私は、日曜日には乗組員の食堂に招かれて干しぶどう入りプディングをご馳走になることができた。私は、船を離れるのがほんとうに残念であった。

ニューヨークに着いて、私はとほうにくれた。女王の行啓を拝むため、私はエジンバラに連れて行かれたことがあった。しかし、新大陸に移住するまで、それ以外は旅に出たことがなかった。出帆する前に、グラスゴー市を見物する時間がなかった。であるから、ニューヨークは私が生まれて初めて遭遇《そうぐう》した大きな人間の集合であって、あのざわめきと興奮に私は眼を回してしまった。ニューヨーク市に滞在しているまに起こったことで私の印象に残ったことは、ある日私が波止場の近くのボーリング・グリーンをひとりで歩いていると、急に腕をつかまえられたことであった。ウィスカセット号の船員の一人であるロバート・バリーマンが、上陸するときの紺のジャケツと白いズボンという晴着で歩いて来たのであった。私は今までにこんな美男子を見たことがないと思って、ただただ感激した。

彼は近くの屋台に私を連れて行き、サルサ炭酸水を一杯ふるまってくれたが、私はそれを神々の飲む美味でもあったかのようにおいしくいただいて飲んだ。こんにちでも私は、あの泡だって流れ出る清涼飲料水が入っていたすばらしい飾りのついた真鍮《しんちゅう》の器を忘れることができない。その後たびたび私はあの同じところを通る時、サルサ炭酸水を売っていた老婦人を思い出し、あの親切な船員はどうしたであろうと考えるのである。私はなんとかして彼を探し出そうとしたが、ぜんぜん手がかりがない。もう年とって、楽な隠居生活をしているのかもしれないが、彼の老後の楽しみになにか自分にできることがあったらとよく考えるのである。

ニューヨークの移民局の役人は、父にエリー運河をさかのぼってバファロー市とエリー湖に出て、クリーヴランド町を通り、また運河を下ってビーバーに出るようにすすめた。この旅は三週間かかったが、こんにちでは鉄道でたった十時間しかかからない。当時、東部とピッツバーグ市をつなぐ鉄道はなかった。いや、西部の都市はどれも鉄道の連絡はなかった。エリー鉄道は当時建設中で、私たちが通った街道にはたくさんの工夫がはたらいていた。

少年にとってあらゆるものはめずらしく、運河を走る船の客としての三週間は、ほんとうに楽しいものであった。私が経験した不愉快なことは、長い年月の間にみんな消え失せ、楽しい思い出だけが残っている。しかし、一夜、ビーバー町でオハイオ川を下ってピッツバーグへ行く蒸気船を待つために、波止場の小舟に泊らなければならなくなった。私たちははじめて恐ろしい蚊の大群の襲撃をうけた。母がいちばんひどく刺されて、次の朝、眼が開けられないほどひどかった。私たち一行はまことにみじめなありさまであった。しかし、そんなにひどく刺されても、その夜私はぐっすりとよく眠った。私はいつでもよく眠ることができるので、眠られないで困ったという経験はかつてない。

ピッツバーグの友人たちはみな心配しながら待っていてくれたので、彼らの温かい愛情のこもった歓迎は、それまでの私たちの苦労をすっかり忘れさせてくれた。私たちはアリゲニー・シティに落ち着くことになった。ホーガン叔父の弟が、リベッカ町の裏通りに地所を見つけ、そこに小さな織物工場を建てていた。この建物の二階に二部屋あったので、私の両親はここで新世帯をもつことになった。叔母が建物を所有していたので、家賃はただであった。まもなく叔父が織物をやるのをやめてしまったので、父がその後を受けつぎ、テーブル掛を織り始めた。父は機を織るだけではなく、自分のつくった品物をもって歩き回り、売る仕事までやらなければならなかった。商人は誰も引き受けてくれなかったからである。一軒一軒売りに歩くのはたいへんな仕事で、収入はほんとうにわずかなものであった。

さいわい、いつものように母が危機を切りぬける工作をしてくれた。なにものにも屈しないのが私の母なのである。母は少女時代に小遣いかせぎに自分の父の仕事を手伝って、靴を縫うのをおぼえたのであった。そして、これが今度大いに役に立った。父の友人であったヘンリー・フィップスさんは、私の祖父と同様、腕ききの靴職人で、この人がアリゲニー・シティで私たちの隣人であった。母は、この人から仕事を分けてもらって靴縫いを内職として週四ドルかせぐことができた。

家事万端を切り回しながら、内職をするのであるから、これは母にとってたいへんな労働で、夜中までよく仕事をしていた。夜も昼も、家事のあいまに、幼い弟が針に糸を通し、糸に蠟を塗っている時、母は、故郷で私にしてくれたように、スコットランドの民謡を歌い、昔の物語を語ってくれるのであったが、それはみななにか教訓をふくんだものであった。

清貧の家に育った子供は、裕福な家庭の子たちとくらべて、なにものにもかえることのできない尊い宝を与えられている。母親は乳母《うば》、料理人、家庭教師、先生、守護の天使と、ひとりであらゆる役割を引き受けてくれるのである。父親は模範《モデル》であり、指導者、忠言者、またよい友人なのである。このようにして私と弟は生い立《おた》ったのである。百万長者や貴族の子は、このような尊い遺産をあたえられた私たちにくらべて、なにを挙げることができるであろうか。

母はほんとうにいそがしかった。しかし、あらゆることを一手に引き受けていながら、隣近所の人たちは彼女が賢明な、また親切な女性であるのを知って、困難な問題に直面するとすぐ相談に来たり、たすけをもとめるのであった。たくさんの人たちが、後日、私に母がしてくれたいろいろのことを語ってくれた。どこに住んでも母は、みんなの力となり、助けとなった。貧しい人たちも、お金持も、いろいろの悩みや心配ごとを母にうったえ、知恵を貸してもらったのであった。近隣の間で、どこへ行っても、母は輝かしい存在であった。

3　勇敢な母と私の就職

いちおう落ち着いて、つぎに来た大きな問題は、なにか私にできる仕事を探すことであった。私は満十三歳の誕生日を迎えたばかりであったが、新しい大陸で家計の助けになることをなにかしなければと、ひどくあせっていた。貧困の生活を将来も続けなければならないのかと考える時、私は恐ろしい悪夢に襲われるのであった。当時、家族は月二十五ドル、年三百ドルどうしても必要とするので、これをどうして生み出すかということで、私は、頭がいっぱいになっていた。他人に頼らず、幾分でも貯蓄するためには、これだけはぜったいに必要なのであった。このころは日常必需品はたいへん安かったので助かった。

ホーガン叔父の弟はたびたび両親に、私をどうするのかときいていた。そして、ある日、私が一生のうちにこんなつらい思いをしたことがないほどの大事件が起こったのである。私はけっしてこれを忘れることができない。彼はほんとうに善意で、私の母に私が聡明な子で、なんでも早くおぼえるから、かごにこまごましたものを買い集め、波止場で売り歩いたら、かなりかせげるのではないか、といった。これはまったく、彼の親切な思いやりのある案で、そのほかのなにものでもなかった。私はそれまで、怒りに燃えた女性とはどんなものか知らなかった。母はその時、針仕事をしていたのであったが、急に飛び上って、両手をぐっとひろげそれを彼の顔の前に激しく振った。

「なんですって！　私の息子が、波止場の荒くれ者の間に立ちまじって、物売りをするんですって。そんなことをする前に、私は息子をアリゲニー河に突き落しちゃいますよ。さあ、出て行って下さい」母はそう叫んで、扉を指さした。ホーガンさんはすごすごと出て行った。

一瞬、彼女は悲劇の女王のようにそこにつっ立っていた。つぎの瞬間、彼女はくずおれて、さめざめと泣いた。しかしすぐ、涙にぬれた顔をあげ、二人の息子を両腕にしっかりとかかえ、自分が取り乱したのを気にかけてはいけない、といった。世の中には私たちにできるたくさんのことがある。私たちは有用な、また世人から尊敬される人にならなければいけない。そのためにはいつも正しいことをすることである、と語った。なぜ母があんなに怒ったかというと、それは私がはたらくということではなかった。私たちは怠惰は恥であると教えられていた。申し出された仕事がなにかまともなものではなく、これが彼女のカンにひどくさわったのである。そんな不名誉なことをするより死んだほうがよい。息子たちがまだ年端《としは》もゆかぬうちに、卑しい仲間の間に立ちまじるなど考えられず、二人を腕にかかえて死んだほうがましだと思ったのであった。

あの初期の苦しい生活を振り返って見て、私はこういうことができる。この国にあんなに高い誇りをもって生きていた家族はなかった、と。名誉を重んじ、独立心と自尊心は、家庭全体にみなぎっていた。低俗な卑しいこと、ごまかし、だらしなさ、奸策《かんさく》を弄《ろう》したり、人の噂《うわさ》をしたりするのは、私たちの間にはぜんぜん見られなかった。このような両親のもとに育ったトムと私は、まともな正しい社会人になるほか道がなかったのである。母はもちろん立派であったが、父もまた自然が稀《まれ》に生む高貴の人で、みんなに愛される聖人であった。

こんなことがあってまもなく、父は手機織《てばたおり》をやめ、私たちが住んでいたアリゲニー・シティでブラックストックというスコットランド人が経営している綿織工場に入ることになった。父は、この工場で私のために糸巻の仕事を見つけてくれた。このようにして私は、週一ドル二十セントではじめて職につくことができたのであった。

これは辛い仕事であった。父と私はまだ暗いうちに起きて朝食をとり、まだ夜が明けない前に工場に着き、短かい昼休みのほかは、暗くなるまで働いた。労働時間が長いのも私にとって辛かったが、仕事それ自体も私にはなんの興味もなかった。しかし、暗い雲にもまた明るい面もあるので、私は自分の世界――家族――のためになにか貢献しているというのが慰めになった。それで、最初の給料をもらった時のあの喜びは、後に私は何百万ドルという金をつくったが、それにくらべることもできないほど大きなものであった。私は今、家計を助けているかせぎ手で、もはや両親に扶養されているのではなかった。

その後まもなく、同じ町で、やはりスコットランド人で、ボビン糸巻を製造していたジョン・ヘエーさんが少年がいるというので、私に来ないかときいてくれた。私はすぐその招きに応じ、週二ドルもらうことになった。最初仕事は先の工場でのよりももっと辛かった。私は小型の蒸気機関を操作し、ボビン工場の地下にあった釜《かま》の火たきをしなければならなかった。仕事は私に重すぎた。来る夜も、来る夜も、私はがばっと床の上に起き上り、蒸気圧力計をいじくっている動作をくりかえすのであった。ある時は蒸気の圧力が低すぎて、職工が階上で仕事ができないといって叱られる夢を見るかと思うと、今度は蒸気が上りすぎて、釜が破裂した夢にうなされるのであった。

しかし、このようなことはみな自分の名誉にかけても、両親に知らせてはならない、と私は考えていた。彼らには自身の心配ごとがたくさんあり、それを胸に秘めているのだ。私は希望を高くもって、毎日なにかよいことが起き、事情はかわるであろうと楽観していた。それがどんなことであるかはまったく見当がつかなかったが、ただ忠実に自分の仕事を続けていればたしかに来ると信じ込んでいた。

ある日、そういう機会がめぐって来た。ヘエーさんは請求書をつくらなければならなかった。事務員はいなかったし、彼は字がひどく拙《まず》かった。彼は、私に字が上手かどうかときいて、少し書くものを渡してくれた。彼は私の書いたものを見てたいへんよろこび、その後は私に勘定書をつくらせることにした。私はまた計算も得意であったので、まもなくこの仕事も担当させてくれた。もちろん、ヘエーさんは自分にとって便利であったから私にやらせてくれたのではあったが、同時にまた、彼はたいへん親切な人で、この銀髪の少年をつらい機関室から救い出してやりたいと考えたからでもあった。これはよかったが、ひとつ困ったことがあった。

こんど私の仕事は、新しくできあがった糸巻を、油の壺《つぼ》につけることであった。さいわい、このために一つ室が別にとってあって、私はひとりであった。しかし、私はどんなに自分にいってきかせ、そんなに弱くてはいけないと叱っても、胸がむかむかして、吐気をもよおすのをどうにもできなかった。油の臭気で吐気が来るのは、私がどんなにがんばっても、どうにも処置なしであった。私の英雄であるウォーレスやブルース王に呼びかけても、助けをあたえられなかった。しかし、朝食か昼食をむだにしてしまえば、夕食には食欲が出るので、とにかく私は自分にあたえられた仕事を完全にやってのけた。ウォーレスやブルースの弟子は、自分の仕事をなげ出す前に、死んだであろう。私は師をはずかしめてはならない。

ヘエーさんのところでの私の仕事は綿織工場のよりはたしかに前進であった。たまに私は親切な雇い主と親しく接する機会をあたえられた。ヘエーさんは、単式簿記法を使用していたので、私はそれを扱うことができた。しかし、大きな商社はみな複式簿記を使っているときいて、私は同僚と話し合い、冬のうちに夜学に通って、新しい簿記法を学ぼうと決心した。そこで私たち四名の少年は、ピッツバーグ市のウィリアム先生という人の塾に通って、複式簿記を学んだ。

一八五〇年の初期であったが、ある夜、仕事から帰って来ると、市の電信局の局長であったデーヴィッド・ブルックスさんが、ホーガン叔父に、電報配達夫になるよい少年を知らないか、と問われたのだ、と告げられた。ブルックスさんと叔父は熱心なチェスの仲間で、チェスをやっていながら、この重大な問が発せられたのであった。このようなごく些《さ》細《さい》なことに、人間の運命をきめる最も重要なことがかかっているかもしれないのである。ひとつのことば、一瞥《いちべつ》、あるいは声の調子が、個人だけでなく、国家の運命をきめることになるかもしれない。どんなことであっても、つまらないといってかたづけてしまう人は大胆な人である。誰であったか記憶していないが「つまらないことは見逃してしまったほうがよい」といわれて、彼は、つまらぬこととはいったいなになのかはっきりさせてくれるなら、自分はいつでも喜んでそうするであろう、と答えている。青年たちは、いわゆるつまらぬということによく、神々の最高の贈物があるのを憶えておくべきである。

叔父は私の名を挙げ、引き受けるかどうか話してみようといったとのことであった。この問題についてすぐ家族会議が開かれたのを私はよく憶えている。もちろん、私は躍りあがって喜んだ。かごに入れられた鳥で、私ほど自由をあこがれていたものは一羽もないであろう。母はすぐ賛成したが、父はどうも私の希望をかなえてくれそうにもなかった。あまりに荷が勝ちすぎる、と父はいうのであった。私はまだあまりにも年がゆかず、体も小さすぎる。週二ドル五十セントの給料を出すということから判断すると、相手はもっと大きな少年を希望しているかのようにみうけられた。夜おそく、田舎に電報を配達するのに走らなければならぬかもしれないし、そんなことがあれば危険に出会うおそれもある。結局、現在の職にとどまるのが一ばんよい、というのが父の考えであった。しかし、少したって父は反対をひっこめて、まあやって見るのもよかろうというところまで譲歩してくれた。そして、父はヘエーさんのところへ行き、相談して来た。ヘエーさんは、新しい仕事は私のためになるだろうと考え、自分にとっては工合が悪いが、それでもとにかくやってみたらどうか。もし採用されなかったら、私の席はあけておくから帰って来なさい、と親切にいってくれた。

このようにきまったので、私は河を渡ってピッツバーグ市へ行き、ブルックスさんに会うことになった。父は私といっしょに行くといってくれたが、私は、電信局のある第四街とウッド通りの四つ角までついて来てくれるように話をきめた。その日は晴れた輝かしい朝で、私はさいさきがいいと思った。父と私は、アリゲニーからピッツバーグまで、私の家から約二マイルあるところを歩いた。電信局の入口で、私は、父に外で待ってくれと頼んだ。私は、ひとりで階段を登って、二階の事務室兼電信室に行き、自分の運命を決しようときめたのであった。なぜこのようなことをしたかといえば、たぶん私はこのころまでに、自分はアメリカ人であると考えはじめていたからであろう。最初、遊び仲間は私のことを「スコッチー、スコッチー」と呼んでからかったので「そう、僕はスコットランド人だ、そしてそれを自慢にしているんだ」と答えた。しかし、話しことばに、また人とあいさつする時など、あのスコットランドの訛《なま》りをかなり捨ててしまうことができた。そんなわけで、善良な、また純粋なスコットランド人である父に付きそわれて行くよりも、自分ひとりでブルックスさんにお目にかかったほうが、なにかにつけてスマートに見えるのではないか、と考えたのである。いわゆる少年らしい見栄《みえ》を張りたかったのである。

私は一張羅《いっちょうら》の白い麻のシャツを着ていたが、これはいつも日曜日のために大切にとってあったものであった。それに紺の短いジャケツにズボンという出で立ちで、これもたった一つの日曜の晴着であったのだ。当時、そして電信局に勤めるようになってからも数週間、麻の夏のスーツ一着しか持っていなかった。であるから、毎土曜日の夜、私は夜勤で、夜中過ぎまで家に帰ることができなくても、母はそれを洗濯してアイロンをかけ、日曜の朝、私は洗濯したてのさっぱりした服装でいることができた。このようにしてあのすばらしい女丈夫である私の母は、私たちが新しい世界で生活の基礎を築く苦悩を続けている間に、自分のできるかぎりのことをしてくれたのであった。父も、長時間の重労働でくたくたに疲れはててはいたが、それでも、英雄のように勇敢に闘って、私を激励するのを忘れなかった。

この面接は成功であった。私は慎重に最初から自分はピッツバーグ市を知らないこと、しかし、できるだけ早く学ぶつもりであること、またこのようなことが障害になるかもしれないが、とにかくやってみたいことなど、つつましやかに話した。ブルックスさんは、いつから仕事にかかれるのかときいた。そこで、私はもしご希望なら、今からすぐ始めることができると答えた。それでこの場合を回顧して、私の答えは、青年たちの参考になるのではないかと思う。機会をその場で捉えないのはまちがいである。この地位は私にあたえられた。しかし、なにか起きるかもしれない。たとえば、誰か他の少年が現われるかもしれない。私は職をあたえられたのであるから、できればすぐその仕事にかかりたいと申し出たのである。ブルックスさんは、すぐもう一人の少年をよんでくれた。すでにひとり配達夫がいて、私は新しく雇い入れられることになったのであった。ブルックスさんは、彼に、私に仕事の様子を見せて、いっしょに連れて歩き、仕事に親しませるようにいいつけた。私はすぐ階下に降りて行き、町角に走って、父に万事うまくいったのを告げ、早く家に帰って、私が採用されたことを、母に知らせてくれるように頼んだ。

このようにして一八五〇年に、私は本格的に人生の第一歩に旅立ったのであった。一週二ドルで、暗い地下室で蒸気釜と取り組んで、石炭の塵《ちり》でまっくろになり、人生の向上をはかるような刺激は露《つゆ》ほどもない私が、急に天国へ引きあげられたのであった。私にとっては、ここはほんとうに天国であった。私の周囲には、新聞、ペン、鉛筆、それに日光がある。一分としてなにかを学べないということはないし、また学ぶべきことが多いこと、また自分がなにもしらないことなどを、身にしみて感じた。私は、自分の足を梯子《はしご》にかけて、もういやでも応でも登らなければならない、と思うようになった。

しかし、一つ心配なことがあった。それは電報を配達しなければならないたくさんの商社の住所を速く憶えられないのではないかということであった。であるから、私はまず通りの片側の看板や標札を手帳に書きつけ、つぎに反対側のを書きとめた。夜、たくさんの商社を順ぐりに正しく口に出して読みあげ、暗誦するのであった。つぎに私は眼をつぶって、商店街の下のほうからはじめて一軒ずつ順に名をあげ、それからまた頭の中で向こう側に渡って、同じようなことをするのであった。

つぎの段階は、人を知ることであった。もし商社のメンバーや社員を知っていると、配達夫にたいへん都合がよく、またとどける時間を節約することができるかもしれない。事務所へまっすぐ行く社長に道で会うかもしれない。通りで相手に電報を手渡しできるのは、少年にとってたいへんな勝利であると見られていた。それだけではなく、偉い人（配達する少年にとって誰でも偉く見えるのではあるが）を町で呼びとめ、電報を手渡しすると、彼らはいつもその少年に注目し、褒《ほ》めてくれるので、これがまたひどく嬉しかった。

一八五〇年のピッツバーグは、その後の発達にくらべてたいへん違ったものであった。市は、まだ一八四五年四月十日の大火から回復していなかった。この火事は、町の繁華街を全部焼いてしまったのである。家屋はほとんどみな木造で、煉瓦《れんが》の建物は少なく、耐火建築などぜんぜんなかった。ピッツバーグとその近郊の人口は全部入れても四万を少し超したばかりであった。町の商店街はまだ五番街まで伸びず、静かな通りで、劇場が一つあったのが人目についた。フェデラル通りとアリゲニー・シティは、また商社がところどころにぽつりぽつりとあり、その間には広い空地があった。こんにちの五番街のまん中で、私はスケートをしたのを憶えている。私たちのユニオン鉄工所のあるところは、当時、またその後長い間、キャベツ畑であった。

私がよく電報を届けたロビンソン将軍は、オハイオ川の西で生まれた最初の白人の子であった。私は、その後、町に東部から電信線が引き込まれ、オハイオ・ペンシルヴァニア鉄道会社の最初の機関車が、フィラデルフィアから運河で運ばれ、アリゲニー・シティに平底のはしけから下されるのを見た。鉄道による東部への連絡はなかった。客は、運河でアリゲニー連山の麓《ふもと》まで運ばれ、そこから約三十マイルばかり鉄道でハラデースバーグまで行き、そこからまた運河でコロンビアに出る。そして、最後の八十マイルを鉄道でフィラデルフィアに到着するのである。この旅はまる三日かかった。

電報配達夫としての私の生活は、あらゆる面でまことに楽しいものであった。そして、ここで私は終生の多くの友情の基礎を築きあげたのであった。主席の配達夫が昇格し、新しい少年が入って来たが、デーヴィッド・マッカーゴといって、後年彼はアリゲニー渓谷鉄道会社の総務主任として有名になった。彼は私の相棒であって、私たち二人が、東部から来る電報を全部配達しなければならなかった。社にはもう二人少年がいて、彼らが西部からのを受け持っていた。そのころ、東部と西部電信会社の二つにわかれていた。しかし、二社とも同じ建物を使っていた。デーヴィーと私はすぐ親友となったが、その大きな理由は彼がスコットランド系であったからである。デーヴィーはアメリカ生まれであったが、彼の父は、私の父とまったく同じで、ものの考えかたも、訛りも、完全なスコットランド人であった。

デーヴィーが入社してからまもなく、もう一人採用しなければならないということになって、今度は私が誰か適当な少年を見つけてくれと頼まれた。これはたやすいご用で、私は親友のボッブ・ピットケーレンを連れて来た。彼は後日、私の後を継いで、ペンシルヴァニア鉄道会社のピッツバーグの総務と監督となった。ボッブは私と同じようにスコットランド人であったばかりでなく、スコットランド生まれであった。したがって、デーヴィー、ボッブ、アンディという三人のスコットランドの少年が、当時としてはすばらしい給料である週二ドル五十セントで、東部電信会社の電報をみんな配達していたのであった。

少年たちの仕事の一つは、毎朝、事務所の掃除をすることで、私たちは順番でやることにした。であるから、私たちはみんな下からたたきあげたのである。オリバー兄弟商会の社長H・W・オリバー氏は、アメリカ有数の製造業者であるが、彼はまた私たちと同じにどん底からたたきあげたのである。市の顧問弁護士であったW・C・モーランド氏も、私たちの仲間であった。成功をめざして奮闘を続けている青年が人生の競争場裡で警戒しなければならないのは金持の息子や、甥《おい》や、従兄弟《いとこ》ではない。むしろ、事務所の拭き掃除から始める少年の中に「ダークホース」としての強力な競争相手がいるので、用心したほうがよいであろう。

あのころの少年配達夫は、楽しみが多かった。果実の問屋があって、電報を早く届けると、ときどきポケットにいっぱいリンゴをくれた。パン屋や菓子商へ行くと、店にあるおいしいケーキをもらった。親切な人たちに出会うことも多く、少年は敬意の念をもって見あげるのであった。彼らは親しげに話しかけ、敏速な配達をほめ、時には返電を頼まれて局に持ち帰るのであった。少年にとって人の注意をひく機会に恵まれたこのような仕事はまたとないといってもよく、聡明なすべての少年にとって前進するためには、このように他人に認めてもらうことが大切なのである。賢明な人たちはいつもかしこい少年たちを探しているのである。

このような生活で一つの大きな刺激は、十セント余分の料金がもらえることで、一定の距離を超えた地域に電報をとどけると、これを徴収してよいことになっていた。このような「十セント電報」は当然みんなに眼をつけられていて、それを配達する権利について、時にはけんかが起きることもあった。時によると、誰かが順番でもないのに「十セント電報」を横取りしてしまうのである。こんなことになると、問題はなかなか困ったことになる。調停するために私は、この特別電報の料金を合同資金としてため、毎週週末に現金を平等に分ける案を出した。私は会計に指名された。その後は平和と秩序が保たれるようになった。このように特別料金を、技巧的につりあげたり、奪い合いをしないため共同資金として貯めるというのは、実際一種の会社組織であった。これは、私の最初の金融組織についての試みであった。

少年たちはこのような配当を、自分勝手に使う権利をもっていると考えていたのであるから、少年たちの多くは隣りにある菓子屋につけで取引きする交渉をした。時には収入以上に勘定がたまってしまうことになった。そこで、会計は菓子屋に、正式の書式にしたがって通告を出し、いつもお腹を空かし、食欲の旺盛な少年たちがする借金の責任を負うことができないと声明した。借金の最大の犯人はボッブ・ピットケーレンで、よく甘党は甘い歯を一本もっているというが、彼の場合、歯は全部甘くできているようである。ある日、私が彼を叱ると、ボッブは腹の中に何か生物がいて、甘い物をあてがうまで内臓を嚙《か》むので仕方がないのだ、と内緒で話してくれた。

4　最初の図書館

愉しいこともたくさんあったが、配達の少年たちはいまから考えると、酷使されていた。一晩おきに事務所が閉じるまで勤務しなければならなかった。そのような夜、私が家に帰るのに十一時前ということはめったになかった。その他の日には六時に仕事が終った。そんなぐあいであったから、自分で勉強して教養を積むなどという時間はほとんどないし、また家族が貧しかったから本を買うお金もなかった。しかし、天からの恵みが私の上に下されて、文学の宝庫が私のために開かれたのであった。

ジェームス・アンダソン大佐——どうぞ神の祝福がありますように——が、四百巻の自分の図書を少年たちのために開放すると発表した。青年は誰でも、土曜日に一冊借り出し、つぎの土曜日に他の本と交換して持ち帰ることができるというのであった。大佐は最初「働く少年」のためにという条件をつけていた。それで問題は、手で働いていない配達の少年、事務員その他は、本を借りることができるかどうかということであった。私が新聞に短かい一文を送ったのはこれがはじめてであった。「ピッツバーグ・ディスパッチ」紙に私たちを除外しないようにと訴えたのであった。私たちはいま手で働いてはいないけれども、私たちのなかにはかつて職工であったものもあるし、じっさい働いているのである。私は「働く少年」と署名した。図書部員がこれに答えて「働く少年というのは手の職についているもの」のことをいうので、規則は曲げられないという投書を送った。私はまたこれに答えて「職をもたない働く少年」と署名した。それから一日か二日たってから、「ディスパッチ」紙の社説の頁に小さな記事が載って「職をもたない働く少年は、どうぞこの事務所に訪ねて下さい」と書いてある。大佐は、少年たちの職による分類を拡張してくれた。このようにして、私の投書家としての最初の登場は成功であった。

私の親しくしていた友人トム・ミラーは、アンダソン大佐の近くに住んでいたので、大佐に私を紹介してくれた。このようにして、私の牢獄の壁に窓が開かれ、知識の光が流れこんで来たのであった。毎日の労苦も、夜勤の長い時間でさえも、私がいつも肌身を離さず持ち歩き、仕事のひまに一時でも盗んで読んでいた本のために、たいへん軽くなった。それに、土曜日が来ると、新しい本を一巻手に入れることができるのを考える時に、将来に光明を見出すのであった。

このようにして、私はマコーレーの論文と歴史に親しむことができた。また、バンクロフト著の『合衆国の歴史』を、それまでにないほど、注意力を集中して勉強した。ラムの随筆は、ことに私をたのしませてくれた。彼の『シェークスピア物語』は、私を喜ばせてくれた。私はそれまでこの文豪について教科書に引用してある少しばかりの文章しかしらなかった。私が、彼の作品をほんとうに鑑賞するようになったのは、これからしばらくたって古いピッツバーグ劇場においてであった。私たちの仲間にとってアンダソン大佐の図書館は、まことにかけがえのない尊いものであった。ほかではどうしても手に入れることのできない本が、彼の賢明な、また寛大な措置によって、私の手がとどくところにおかれたのであった。私が文学を愛好するようになったのは彼のおかげで、これはなにものにもかえることができない尊いものである。本を手にせず私は生きることができない。私の仲間と私を低級なやからと悪い習慣から守ってくれたのは大佐であった。後日、幸運が私の上にほほえんでくれた時、私が最初の義務であると考えたのは、この恩人のために記念碑を建設することであった。碑は公会堂と公共図書館の前にたっている。

これはもちろん、大佐が私たちのためにして下さったことに対するほんとうにささやかなお礼のしるしにほかならない。自分の若いころの経験に照して、私は、能力があり、それを伸ばそうとする野心をもった少年少女のためにお金でできる最もよいことは、一つのコミュニティに公共図書館を創設し、それを公共のものとして盛り立ててゆくことであると確信するようになった。私はアメリカ全土にたくさんの図書館を創設する喜びをあたえられたが、これは私の考えがまちがっていないのを証拠だててくれると思う。このような図書館の一つ一つで、ひとりの少年が、私がアンダソン大佐の手垢《てあか》のついた四百巻の図書から受けた、あの恩恵の半分でも受けてくれるのであったら、私は自分の仕事がむだでなかったと考えるであろう。

「枝を曲げると、木が傾く」という諺《ことわざ》がある。本が秘蔵している世界の宝庫は、ちょうどよい時期に私のために開放されたのであった。図書の根本的にすぐれている点は、なにもただであたえてくれないということである。青年は、知識をみずからもとめなければならない。これは真実である。それにつけても、後年、父はダムファームリンに最初の巡回図書部を創設した五人の織工の一人であったということを発見して、私は非常に嬉しかった。彼らは町にあったわずかばかりの本を集めて、この仕事を開始したのであった。

その図書館は面白い歴史をもっている。それはだんだん大きくなって、一つの場所から他へと七回移動したのである。最初に図書館を移した時には、五人の創設者たちが本を前掛に入れ、二つの石炭入れにつめて、織物工場から新しい部屋に運んでいった。私の父が生まれ故郷の最初の図書館の創設者の一人であり、彼の息子である私がここに半永久的な公共図書館を建てたということは、まことにうれしいことで、思い出すたびに私の心は温まるのである。私はたびたび、講演するときにこの問題にふれるのであるが、図書館を創設した一織物工の後を継いだのを、私は、なにものにもかえることのできない誇りとしているのである。私はほとんど無意識のうちに父の後を継いだのであるが、時々、これには神のご指示があったのではないかと思っている。

さきに私は、シェークスピアを愛読するようになったのは芝居の影響によるものだ、とのべた。電報配達夫であったころ、昔のピッツバーグ劇場ではフォスターさんという支配人がいて、はなやかにやっていた。電信会社は通信を無料で扱ってあげたので、その報酬として電信技手たちは無料入場の権利をあたえられていた。この特権はあるていど、配達の少年たちにも及んでいたので、時々、午後おそく電報が来ると、少年たちはひけ時間になるまで配達を待つことにした。そして、配達した後、おそるおそる二階の立見席に入ってもよいかとうかがいを立てるのであるが、いつもこころよく許してくれた。少年たちは、この特権を順ぐりにまわして、大いに愉しんだのであった。

このようにして、私は緑色の緞帳《どんちょう》の背後に秘められている世界に親しむことができた。芝居はだいたいみんな、見世物式のけばけばしいものであった。文学的な価値はゼロに近かったとしても、十五歳の少年の眼を楽しませてくれるよう巧妙にしくまれていた。それまで私はあんな豪華なものを見たことがなかったし、またその後もあのような光景を目撃したことがなかった。私はそれまで劇場に入ったことがなかったし、音楽会も知らず、正直なところ、どんな娯楽も経験したことがなかったのである。同僚のほかの少年たちも同様で、私たちはフットライトに完全に魅せられてしまって、劇場に行く機会を首を長くして待っていたのであった。

しかし、芝居に関しての私の鑑賞も、エドウィン・アダムズという有名な悲劇役者が、ピッツバーグ劇場でシェークスピア物を上演するようになってからかわって来た。その後は、シェークスピア物でなければ私は感心することができなかった。私は、努力せずに台詞《せりふ》を暗記することができた。それまで私はことばのなかにある不思議な力をしらなかった。リズムとメロディはみな、私の心の中にそれぞれ安置され、一つの大きなかたまりとなって、いつでも私が呼べばすぐそれに答えて飛び出してくれるのであった。私は新しいことばを使いこなすことができるようになった。とくに『マクベス』の上演を見てからは、私の関心はいちだんと強められていった。『ローエングリン』の歌劇を通じて私が、ワグナーに親しむようになったのは、それからずっと後のことであった。これをきいたのはニューヨークの音楽協会の演奏会であって、これは私の眼を開いてくれた。この天才の作品を通じて、シェークスピアの場合と同様、私は新しい友を発見し、また新しい梯子を登りはじめたのであった。

この時代の私の生活について、もう一つ書きとめておきたいことがある。アリゲニーの町で少数の人たちといっても、たぶん全部合わせても百名を超えなかったかもしれないが、スウェーデンボルグ協会を組織し、私のアメリカに住んでいた親戚たちは、その有力なメンバーであった。父は長老教会を脱退してから、この協会が建てていた教会に出席していたので、もちろん私はよく連れて行かれた。しかし、私の母は、スウェーデンボルグの教えになんの関心も示していなかった。あらゆる形の宗教に深い尊敬の念をいだき、神学的な論争は避けて、宗教を宗教として認めていた母は超然とした態度をとっていた。彼女の立場は、孔子のつぎの有名な格言でよく言い表されていると思う。

「この人生のつとめによくいそしみ、他人のことに口を出さないのが、最高の知恵である」

母は、息子たちが教会と日曜学校に行くのをすすめた。しかし、スウェーデンボルグの著書や、新旧約聖書の大部分は神のことばをそのまま書き写したもので、人間の行為の最高の権威であるなどと考えていなかったのは明らかであった。しかし、私は、スウェーデンボルグの神秘的な教義にひどくひかれ、熱心な信者であったエートケン伯母に、師のいう「精神の価値」をよく理解しているといってほめられたことがある。この私をたいそうかわいがってくれた伯母は、いつか将来私が新しいもとの都エルサレムの輝く光となる日をのぞんでいたようであった。それだけではない。彼女はひそかに、私が「神のことばを説く人」となって社会に貢献する日を夢に描いているようであった。

私が人間のつくりあげた神学に深入りすればするほど、伯母の念願は影がうすれて来るのであった。しかし、伯母は自分の最初の甥《おい》で、スコットランドで膝にのせてあやしたことのある私についての関心と愛情は深まり、終生消え去ることがなかった。

私の従兄弟のリアンダー・モリソンに伯母は望みをかけ、スウェーデンボルグの啓示にしたがって、彼の魂を救おうと考えていたらしいが、彼はバプテスト教会に入って、伯母をひどく失望させてしまった。この宗派はあまりに復興運動的な気配が濃すぎて、伯母はついてゆけなかったのであった。そんなわけで、従兄弟は彼女の愛情から脱落してしまった。しかし、私はまだどの宗派にも属していなかったので、彼女は、まだ救うみこみがあると考えていた。

スウェーデンボルグ協会に関係していたため、私の音楽の趣味が発達するようになった。教会の賛美歌の付録として、聖書の物語を主題とした聖譚曲《せいたんきょく》の短い選集が載っていた。私の関心はほとんど本能的といってもよいほどこれにひかれ、私は本来声というほどのも指導者は、いつも合唱隊の練習に出かけていった。私があまり熱心なので、調子をはずしても許してくれた。後日、たくさんの聖譚曲を知るようになった時、私が少年時代にあんなに強くひかれた曲の多くは、ほとんどみなヘンデルの作曲であったことを発見して嬉しかった。まったく音楽については無知な少年も、最高の曲を選んだのである。このようにして私の最初の音楽教育は、ピッツバーグのスウェーデンボルグ協会のささやかな合唱隊ではじまったのである。

しかし、音楽に対するよい基礎は、幼時、父が故郷でスコットランドのすばらしい民謡を歌ってくれたあの美しい音《ね》によって培われたものであるということを忘れてはならない。スコットランドの民謡で、歌詞も曲も、私になじみのなかったものはないといってよかった。民謡は、ベートーベンやワグナーの最高の曲を鑑賞するための一番よい基礎をつくってくれるといってよい。父は、私が今までにきいたうちで最も美しく、また哀調のこもった歌い手であって、歌や音楽の趣味は、たぶん父から受けついだものであろう。不幸にも、私は、父の声をうけついではいなかった。孔子の「神の聖なることばである音楽よ、私はそなたの呼び声を聞いて、馳せ参ずる」という有名なことばが、私と音楽の関係をよく表わしていると思う。

当時、私の両親がどのような寛容の態度を保持していたか、一つ例をあげておこう。電報配達の少年として、年一回、夏に二週間の休暇があったほか、休日はぜんぜんなかった。夏休みは、オハイオ州の東リバプール町に住んでいた叔父の従兄弟と、河で舟をこいで遊んだ。私はスケートが大好きで、電信局に勤めた最初の年、家の向かい側のちょろちょろ流れている河の水がすっかり凍ったことがあった。氷の状態はとてもよかったので、ある土曜の夜おそく家に帰った私が、つぎの朝早く起きて、教会へ行く前にスケートに行ってよいかどうかが問題になった。日曜を安息日と考えていた普通一般のスコットランドの家庭にとって、これは重大な問題であった。母の考えは最初からきまっていた。私のおかれた立場から見て、好きなだけいつまでもすべっていい、それが当然だと考えていた。父はスケートに行くのはいいと思うが、自分といっしょに教会に行く時間までには帰って来て欲しいというのであった。

こんにちでは、アメリカの一千の家庭のうち九百九十九までは、私の家族と同じ結論に到達するであろう。たぶん英国の家庭の大部分も同様であろうが、スコットランドは例外である。ただし、現在では日曜日はあらゆる意味で人間のために定められたもので、この日博物館や美術館を開けておき、大衆の娯楽に便宜をあたえようとしている。しかし、私が少年であったころには、日曜日といえばまるでおとむらいの日で、一週間のうちに犯した罪を悔い改めることとなっていたのである。私の両親は時代にさきんじていた。彼らは、スコットランド人の家庭では許されないことになっていた当時の正統派の考えかたを超越していたのであった。日曜日といえば娯楽のために散歩することはできず、読書も聖書かほかの宗教書を読むことだけで、ほかは厳禁されていたのであった。

5　電信局にて

電信局に配達夫として一年ばかり勤めたころ、ジョン・P・グラス大佐が時々、外出に際して私に事務室の留守番をしてくれと頼むようになった。グラスさんは、地階の事務所の主任で、客を扱う仕事に従事していた。グラスさんは町の人気者で、また政治的野心をもっていたので、たびたび留守にすることが多く、また出かけると長い間帰って来なかったので、私はすぐこの人の仕事を憶えて、てきぱきやれるようになった。私は来る客から通信文を受けとり、電信室から来たものをすぐ配達するよう少年たちに適当に割り当てる仕事にいそがしかった。

これは年端のゆかぬ少年にとって辛い仕事であった。それに当時、私は仲間の間であまり評判がよくなかった。というのは、彼らは、私が自分の正規の勤務から免除されているのが気にくわなかった。それに、私はお金の使いかたについても仲間から悪くいわれていた。少年たちは、私がけちだというのである。私は臨時収入の十セントを使わなかったが、彼らはなぜか、その理由をしらなかった。一セントであっても、私の手に入るものは家でいるので、私は貯めなければならなかったのであった。

私の両親は賢明で、なにも私にかくしておかなかった。毎週、父と母、それに私と三名の働いているものの収入を、私は知っていた。わずかばかりしかない家具や衣類を少しずつ買い足してゆくのであるが、私たちはよく相談し、どんな小さなものであっても、私たちにとってはたいへん嬉しかった。これほど強固に団結していた家族はなかったであろう。

毎日、母は五十セントの銀貨を一つ生活のなかから節約して、それをたいせつに古い靴下に入れ、誰も知らないところにかくしておいた。このようにして私たちはとうとう二百ドル貯蓄することができて、私は、母の友人で、こころよく二十ポンド貸して下さったヘンダーソン夫人にお返しするために送金小切手を作ってもらった。その日、私たちはお祝いをした。カーネギー一家は、借金から解放されたのである。なんと幸福な日であったことか！　負債はとうとうかたづいた。しかし、受けたご恩の負債はどんなことをしてもお返しすることはできない。年とったヘンダーソン夫人はこんにちでも元気である。私は故郷に帰るたびに、お宮にお参りするような気持で彼女を訪れ、慰めている。どんなことがあっても、彼女を忘れるようなことはない。

私の電報配達夫としての生活に一つ忘れられないことが起き、私は一足飛びに第七天国へはね上ってしまった。それは、ある土曜日の夕方、グラス大佐が私たち少年をみんな呼び集めて、月給を払う時のできごとであった。私たちはカウンターの前に一列にならんで、グラスさんがひとりびとり順に給料を渡すことになっていた。私が列の先頭に立っていて、グラスさんが十一ドル二十五セントかぞえてカウンターにおいた時、私は手を出した。ところが驚いたことには、彼は私をぬかして、それをつぎの少年に渡してしまったのである。私は、彼がなにかカンちがいをしたにちがいないと思った。なぜなら、いつも私が最初に支払を受けるのであったからである。ところが、彼はつぎからつぎへと、ほかの少年たちに払っている。私はなんともいえない暗い気持になってしまった。なにかひどく面目《めんぼく》を失うようなことがつぎに起こるに相違ない。いったい私はなにをしたのであろう。なにかしなかったのかもしれない。もうお前に用はないといわれるに相違ない。私は家族の恥となるのだ。それが私の心を最もいためた。少年たちがみな給料をもらって出ていってしまってから、グラスさんは私をカウンターの中に入れて、私が他の少年たちよりもっと働きがあるので、月十三ドル五十セント支払うことにきめたのだ、と話してくれた。

私は目まいがした。いま耳に入ったことがほんとうなのかどうか疑った。グラスさんはお金をかぞえて渡してくれたが、私はお礼をいったかどうか憶えていない。たぶんいわなかったのであろう。私はお金を受け取って、戸口へと突進した。そして、家へたどりつくまで走り続けたのであった。私は、アリゲニー河にかかっている橋の一方から向かい側まで、走るというよりは飛んでいったのをよく憶えている。橋の歩道はあまりに狭いので、車道を駈《か》けて行ったのである。

土曜日であったから、私は、家族の会計係をしていた母に十一ドル二十五セントを渡し、残りの二ドル二十五セントについてはなにもいわなかった。私のポケットにかくしておいたこのお金は、後日、私が自分で得た何百万ドルのお金よりも、もっともっと価値があったのである。

弟のトムは九歳の少年であったが、私たち二人は屋根裏の部屋にいっしょにねていた。二人が寝床にもぐり込んで落ち着いてから、私は、かわいい弟に秘密をうち明けた。まだ幼い弟は、それがどのような意義をもっているのか、よく解っていた。私たちは将来のことを語りあった。私は、いまに二人が成長した時、実業界に乗り出す計画を語ってきかせた。『カーネギー兄弟商会』を立派なものにすることだ。父と母は四頭立の馬車に乗ることができるのだ。当時の私にとってお金持になるということはそれだけの意味しかなかったのであるが、それは精魂をつくして努力する価値があるように思われたのである。

それについても、私が思い出すのは、スコットランドの老婦人の話である。娘がロンドンの商人にかたづいて、国の母に「ロンドンに来て、いっしょに住むように」といってやった。「自分の夫はお母さんを馬車に乗せてあげる」とつけ加えた。すると、母は「ロンドンへ行って馬車に乗ったってしかたがない。故郷の村の人たちは私が乗っているのを見ることができないではないか」と返事をよこした。私の父や母はピッツバーグ市で馬車に乗っているのを人に見られるだけではなく、彼らの故郷のダムファームリンに錦《にしき》を飾って帰るのである。

日曜の朝、父と母と弟のトムが朝飯を食べている時、私はかくしておいた二ドル二十五セントを出して、彼らの前においた。みんな驚いて、なんだか狐《きつね》につままれたような様子であったが、すぐわかってくれた。そして、父の愛情と誇りのこもったまなざしと、母の情熱に輝いた眼はすぐ涙に曇って、彼らがどんなに感激したかを語っていた。自分たちの息子の最初の勝利であり、またこの少年が昇給に値するという具体的な証拠を見せられたからである。その後の私の成功も、またいろいろの表彰もこの時ほど私を感激させたものはない。これこそ地上の天国であった。

毎朝、電信室の掃除をしなければならなかったので、少年たちは、通信技手たちが来る前に、電信機で練習するひまがあった。これは、私にとって新しい機会であった。私はすぐキーを操作して、私と同じような目的で機械をいじくっている他の局の少年たちと通信を始めたのである。なにか新しいことを学ぶ機会があるなら、それをとらえて逃がさず、自分の知識を試してみるということは大切である。

ある朝、ピッツバーグ局がしきりと呼んでいるのが聞こえた。誰か至急通信を送ろうとしているのだということが、私によくわかった。私はそれに答えて、テープを流した。フィラデルフィア局からで、ピッツバーグ局に至急「死亡通知」を送りたいのであるが、受け取ってくれるか、ときいて来た。私は、もしゆっくりと打ってくれるなら、自分がやって見ると答えた。私は通信を受け、すぐにそれを配達した。それでも私はなにか心配で、ブルックスさんが出勤するのを待って、すぐ自分のやったことを報告した。さいわい、そんな向こう見ずのことはやってはいけないと叱られるかわりに、私は感謝され、ほめられた。しかし、部屋を出る時、彼はよく注意して、間違わぬよう気をつけるようにといった。その後まもなく、私は時々、技手が部屋をあける時に呼ばれて、通信機の番をさせられ、このようにして私は、電報の技術を学ぶことができた。

このころ局にいた通信技手は怠けもので、なにかというと自分の仕事を私にまかせて自分はのんびりとかまえているので、私はほんとうに運がよかった。当時は、通信文を機械から流れ出る紙のテープに受けて、技手がそれを写す人に読んでやることになっていたのであるが、私たちは、西部局に一人、音を読むのを学んで、耳で通信を受け取ることができる技手がいるということをきかされていた。それで私はこの新しい方法を学ぶことにした。

局の技手の一人でマックリーンという人はこの方法を習得し、自分の経験に照らして私を大いに激励してくれた。私はきわめて楽にこの新しいことばを学ぶことができたので、自分ながら驚いていた。ある日、技手がいなかったので、私が通信を受け取っていたが、写しをつくる老人は、若僧のくせに生意気なといった態度で、配達する少年のために電報を書いてくれない。私は紙テープをとめて、紙と鉛筆を手にとり、耳できいた通信を書き出しはじめた。私は、この老人の驚いた様子をいまでも忘れることができない。彼は、私に紙と鉛筆を返してくれといって、今度はすなおに写しを作ってくれた。その後私たちは仲よしになって、二人の間に悶着《もんちゃく》は起こらなかった。

こんなことがあってからまもなく、ピッツバーグから三十マイル離れたグリーンスバーグ町の通信技手であったジョーゼフ・テーラーが二週間休暇をとりたいが、誰か代わりを送ってくれと、ブルックスさんにいって来た。ブルックスさんは私を呼んで、私にやれるかどうかときいた。私はすぐやれると答えた。

「では、とにかく試しに行ってみることだね」といった。

私は郵便馬車に乗って行ったが、これはほんとうに楽しい旅であった。スコットランド系の有名な弁護士であるデーヴィッド・ブルースさんと妹さんが同じ馬車に乗っていた。これは、私の最初の遠出であり、また田舎を見るのも初めてであった。グリーンスバーグのホテルで食事をしたが、外で食べたのは初めてであった。なんてうまい物を食べさしてくれるのであろうと、私は感心した。

これは一八五二年のことであった。グリーンスバーグの近くの谷や丘は、ペンシルヴァニア鉄道敷設のために埋められたり、切り崩されたりしていたが、私は朝早く起きて、工事が進行するのをよく見に行った。まもなくその大会社の一員になるなど、私は夢にも思わなかったのである。

この町での私の仕事は、電報局の事務で私が最初に全責任をまかせられたものであった。私はすっかり張り切って、自分の全力を尽くそうと、ある夜ひどいあらしのなかを通信がとぎれないよう局にがんばっていた。私は通信機の近くに坐っていたが、あんまり近くにいたので、椅子からはね飛ばされてしまった。ひどい稲光がもう少しで私の生命を絶ってしまいそうになったのである。その後私は、雷雨の時は非常に用心深くなって、局ではみんなよく私をからかったものである。

グリーンスバーグでの私の仕事はたいしたものではなかったが、とにかく上司の満足のいくようにことを運んで、ピッツバーグに帰ることができた。同僚の少年たちから見たら、私は後光がさしているように思われたのであった。その後まもなく、私は昇級することになった。新しい通信技手が採用されることになり、ブルックスさんは社の総務部長に電報を打って、私を技手補として推薦してくれたのであった。当時、ケンタッキー州のルイヴィルにいたリード部長は、もしアンディが職務をはたすことができるなら、採用してよいと返電してくれた。その結果として、私は一躍月収二十五ドルの通信技手となり、配達夫の地位から脱出できるようになった。私は十七歳で、見習の域を出て、一人前の仕事ができるようになった。もはや少年ではなく、一日一ドルの大人の仲間に加わったのである。

電信局の事務室は、若い人にとってすばらしい訓練の場である。鉛筆と紙を握って、あらゆる知識を習得することができる。私のイギリスとヨーロッパに関するわずかばかりの知識が大いに役に立った。知識というものはとにかく役に立つものである。かくしておいても、表に現われて来る。当時、外国のニュースはニューファンドランドの南東端にあるレース岬から電送されて来た。また「就航中の船の通信」は、私たちの仕事のうちで重要な部分を占めていた。私は、他の部門よりもこれに深い関心をもっていたので、誰いうとなくこの仕事を私にまかせてくれることになった。

当時の電信はまだ貧弱なものであって、暴風雨になると、多くの場合、判じ物みたいになってしまうのである。私の推測力は驚くべきものだとよくいわれたが、字が一つ二つ欠けると、発信者をわずらわし、一、二分かかってたしかめてからやるというのではなく、自分でそれを補充するのが私にとって大きな楽しみであった。外国のニュースに関しては、このようなやり方はあまりあぶなっかしいことではなかった。というのは技手があまり自由勝手にふるまうのでないなら、多少の誤りは大きな障害をもたらさなかったからである。外国の事情についての私の知識はかなり広く、とくに英国の問題はよく知っていたので、最初の数文字がはっきりしていれば、ほかはまちがいなく推定できるのであった。

ピッツバーグの新聞社は、各社一名ずつ記者を局に送り、新聞の通信を写すことになっていた。後に、各社を代表して一人の記者が来ることになったが、この人が、もし私がニュースの写しを五部ずつ作成するなら、週一ドル私に払うといった。プレスの最初の仕事として、報酬はほんとうにわずかではあったが、これで私の月収は三十ドルになった。当時の私としては一ドルだってだいじなお金なので、私の家族もようやくこのころになって生活の地盤がかたまり、すでに将来の百万長者の基礎が芽ばえてきたのである。

もう一つ私にとって大きな影響をもたらしたものは、さきに挙げた少年配達員の仲間五名が「ウェブスター文学会」に加わったことであった。人員を厳選し、私たちはよく団結していた。この会に入ったことは、ほんとうによかった。その前に私たちは討論会を組織し、いろいろ時局問題を討議することにしていた。「ウェブスター」は当時、町の最も有力なクラブで、私たちは会員になることができたのを誇りとしていた。

青年にとってこの種のクラブに属するほどためになることはないように思われる。私は主としてつぎの討論で採り上げる問題について読書を進めていった。聴衆を前に落ち着いていることができるのは「ウェブスター文学会」で鍛えられたからである。そのころ、公開の席で話をするについて私は二つの掟《おきて》を胸にきざんでおいた。第一は、聴衆の前で固くならず、くつろいで、お説教するのでなく、話しかけること。第二には、だれか自分以外の人物になろうとせず、自然に、また美辞麗句を使わないこと。

長い練習のあと私は電報の記号を全部廃止して、音だけによる通信技手となることができた。これはそのころたいへん珍しいこととされ、この技能を実際に見ようとしてたくさんの人が局へ見学に来た。これがきっかけとなって、大水害の後、ストューベンヴィルとホイーリングの間で電信の通信が全部とだえた時、私はストューベンヴィルに派遣されることになった。この二つの都市は二十五マイル離れているのであるが、私はここを通る東と西の通信を全部受け取って、一時間か二時間ごとに通信を小舟に乗せ、河を下ってホイーリングに送るのであった。帰りの船は東部からの通信を積んで来たので、このようにしてまる一週間、ピッツバーグを通る東部と西部の通信を確保することができたのであった。

私がストューベンヴィルにいる間に、父が自分で織ったテーブル掛を売るためにホイーリングとシンシナティへ行くというのを知った。私は船が着くのを待っていたが、夕方おそくまで入って来なかった。私は波止場へ会いに行った。父はお金がかかるので船室をとらず、三等客として甲板に坐って河を下って行くというのを発見して、私はひどく心を打たれたのを記憶している。このような立派な人がこんな旅をしなければならぬなどというのを考えて、私は腹が立った。しかし、私は「でもね、お父さん、お母さんとお父さんがご自分の馬車を乗り回す日も、そう遠くはないんですよ」といって、かろうじて私は自分を慰めたのであった。

私の父はとても恥ずかしがり屋で、内向的で、またとても神経が過敏な人であったから、口に出して人をほめるようなことはめったになかった。これはスコットランドの国民性でもある。特に自分の息子たちを甘やかしてはいけないと思ったのか、めったにほめなかった。しかし、なにかひどく感激すると自制心を失うことがあったが、この時もそうであった。私の手をとり、あの忘れることのできない眼差《まなざ》しで私をじっと見て「アンドラ、わしは、お前を誇りとしているんだよ」と低い声でささやいた。

父の声は震えていた。こんなことを口にする自分を恥じているようにも思われた。お休みと別れをつげる父の顔には涙が流れているのに私は気がついた。「速く事務所へ帰りなさいよ」といいながら、父は船に乗った。父のことばは私の耳に残って、長い年月にわたって私の心を温めてくれた。私たち親子はよく理解し合っていた。スコットランド人ってなんて内気なんであろう。深く感激すればするほど、ことばが少なくなるのである。神聖な深みがあって、それを犯すことはできない。沈黙は、ことばよりももっと雄弁である。

私の父は、最も愛すべき人物の一人であり、友達には愛され、親しまれていた。どの宗派にもどの教義にも、所属しなかったが、まことに敬虔《けいけん》な人であった。世俗的にはあまりたいした人物ではなかったが、天国はこの人のために備えられてあったといってもよいであろう。親切そのもののような人であった。悲しいことには、これから少しひまができて、暮らしも楽になると私たちが考えていたのであるが、この西部の旅から帰って来てからまもなく、世を去ることになってしまった。

ピッツバーグに帰って来てからまもなく、私は、トマス・A・スコットという非常に有能な人を知るようになった。もし天才ということばを使うのを許されるなら、彼はまさにそのことばに当てはまるのであった。スコットさんはペンシルヴァニア鉄道会社の監督としてピッツバーグに送られたのであった。彼と彼の上役で、アルトューナに駐在していた総務のロムバート氏とはたえず電報で連絡をとる必要があった。それで、スコットさんは夜、よく局に来られたが、数回、私は夜勤で仕事をしていたので会ったことがある。ある日、彼の下にいる助手の一人で、私とは親しくしている人が事務所にやって来て、スコットさんが、私に事務員兼電信技手として彼の会社に来ないだろうかときいたが、自分は「そんなことはできませんよ。あの人はいま電信技手なんですから」と答えた、と知らせてくれた。

しかし、これを聞いた私はすぐ「ちょっと待って下さいよ。私は行きますよ。私はただの事務屋でいるつもりはないので、ここから出たいのです。どうぞいって、そういって下さい」と頼んだ。

その結果として私は、一八五三年二月一日、月収三十五ドルで、スコットさんの事務員兼電信技手として採用されたのである。月給が二十五ドルから三十五ドルに一足飛びに昇給するなんて、私はきいたことがない。公共の電信線が、一時的に、スコットさんの事務所の外にある地点に引かれて、ペンシルヴァニア鉄道会社はしばらくの間、当時建設中であった会社の専用線が完成するまで、一般大衆のサービスに障害にならぬかぎり、通信を許されることになった。

6　鉄道に職を奉じて

電信局の業務室からいま、私は広い世界に足をふみ入れたのであるが、この変動は最初けっしてなまやさしいものではなかった。私は十八歳の誕生日を迎えてまもないころであったが、考えてみると、どうしてひとりの少年がこの年になるまで清潔で、良いことだけしか知らずに育つことができたのかわからない。私はその年になるまで一度として悪いことばを口にしたのを憶えていないし、またきいたこともなかった。私は下劣なことやいかがわしいことについて、なにも知らなかった。私が接した人たちはいつも善良な人々で、その人たちの間で私は育ってきたのであった。

ところが私は急に、ひどく荒っぽい人たちの間に飛び込んだのであった。なぜなら、事務所は一時的ではあったが、工場の一部をなしていて、貨物列車の車掌と制動手と火夫たちのたまり場でもあった。彼らはみな、スコット監督と私がいる部屋に自由に出入りできたのである。これは、私がいままで住んでいた世界とはまったく違った世界であった。私はひどくみじめであった。そして、私は必然的にそこで生まれてはじめて善悪の知識の木の実を食べなければならなかった。しかし、しあわせなことに私にとってはまだ美しく、清純な家庭の環境が残されていて、そこには野卑なこと、悪いことなどなにも入って来るすきがなかった。それに、私は友人たちとともに住んでいる別な世界があった。彼らはみな優れた少年たちで、教養をつみ、有能な市民になろうと努めていた。このようにして、私は自分の性格に合わないものを憎み、退け、自分を錬磨するのに努めた。しかし、荒っぽい人たちに接した私の経験は、たぶん私にとって大きな役割を果したのかもしれない。というのは煙草《たばこ》を嚙んだり吸ったりするのや、神の名を汚すようなことばを口にしたり、下等のことばを使うことから、終生私をいましめてくれたからである。

　私がここでいっている人たちはけっして堕落したとか、悪人であったとかいうわけではない。当時、悪いことばを使ったり、下品な話をしたり、煙草を吸ったり、嚙んだりし、またかぎ煙草を用いるのは、今日よりももっとはげしかったのである。鉄道工事は新しく始まったばかりで、それまで河岸で働いていた荒っぽい人たちがたくさん入って来た。彼らの多くは健全な青年たちで、後日よい市民として尊敬され、また社会的に重要な地位についている。ここで私がつけ加えておきたいことは、彼らは一人残らずみな私にたいへん親切であったということである。彼らの多くはまた健全で、私は時々便りをもらい、親交を続けている。

スコット氏が自分の事務室をもつようになった時、私もその部屋に移って、問題は解決された。

その後まもなく私は、スコット氏の命令で、会社の給料と小切手を受け取るためにアルトゥーナへ派遣された。鉄道はまだアリゲニー山脈を越えて通過していなかったので、私はケーブル・カーに乗って越えなければならなかった。この旅は私にとってすばらしかった。当時、アルトゥーナは、会社が建てた家が数軒あるにすぎなかった。工場は建設中で、今日のような大都市の面影はまだどこにもなかった。私はそこで鉄道界の大物であるロムバート氏にはじめて会った。彼の秘書は私の友人ボッブ・ピットケーレンで、私が推薦して鉄道に入るようになったのである。デーヴィー、ボッブ、アンディはみんないっしょに電信局をやめて、ペンシルヴァニア鉄道会社に奉職したのであった。

ロムバート氏は、スコット氏とはまったく性格の違った人物であった。社交的ではなく、むしろ厳格な頑固な人であった。であるから、ちょっと私に話しかけた後「今夜、家へ来てお茶でも飲もう」といわれた時、ボッブと私はほんとうにびっくりしてしまった。私はなにか口の中でもぐもぐいって、このご厚意をうけ、どきどきしながら時間がくるのを待っていた。これまでにこのような光栄にあずかったことがなかった。ロムバート夫人はほんとうにやさしかった。監督は「これはスコットさんのアンディ君なんだよ」といって夫人に紹介した。私は、スコット氏の下にいるということを認められたのをたいへん誇りとしたのであった。

この旅で大きな事件が起き、悪くすると私は自分の将来をすっかりだめにしたかもしれなかった。翌朝、私は多額の給料と小切手を大切にチョッキの下に入れて、ピッツバーグに向かって出発した。包みはあまり大きくてポケットに入らなかったからである。そのころの私は汽車にたまらなく惹かれていて、機関車に乗るのが好きであった。私は機関車に乗ってホリディバーグに出て、そこで州の鉄道が山をこえて接続することになっているので乗り換えることにした。とてもひどい道で、ひどく揺れたが、私はお金の包みに手をやると、ないではないか。車でゆさぶられている間に振り落されてしまったのだ。私は愕然《がくぜん》として、どうしたらよいかわからなくなった。

このような失敗は、私の将来を破滅させるのは疑う余地がない。会社の給料と小切手を受け取るために使いに出されて、それを落してしまったのである。自分の命にかけてもしっかり握っていなければならぬものを落してしまうなんて、もう救われるみちがない。私は機関士に声をかけて、最後の数マイルの所で振り落されたに相違ない、車を逆行させて、帰ってくれないかと頼んだ。親切な人であったから、そうしてくれた。私は眼を皿のようにして線路を見ていた。すると大きな渓流の河原に、流れから数十センチ離れたところに、その包みが落ちているではないか。私は自分の眼を信じることができなかった。私は走って行き、拾いあげた。無事であった。ピッツバーグに着くまでその包みをしっかり握って離さなかったのをつけ加えるまでもない。私のこの不始末を知っているのは機関士と火夫だけで、私は口外しないという約束をとった。

私がこの話を人に語ることができたのは数年後であった。かりにあの包みが数十センチ先に落ちたとしたら、流れてしまったであろう。あの私の不始末をぬぐい去るために、私はたぶん長い間忠実に勤めなければならなかったであろう。しかも、私はもはや上司の信頼を得ることができなかったであろう。私が成功するためにはどうしても信用がいるのであった。

この経験にかんがみて、青年が一つか二つ重大な誤りをおかしたとしても、私はけっして苛酷なことをしないよう自分を戒《いまし》めていた。私はいつもあの旅で、もしあの大事な包みが河原ではなく、流れの中に落ちてしまったらどんなことになったかを考えたからである。私は五十余年たった今日でも、あの場所にまっすぐ帰って行くことができる。そして、あの線を汽車で通過する時、いつも河原に落ちている茶色の包みをはっきりと眼に浮かべるのである。そして「いいんだよ、君、神さまはお前に味方して下さったのだ。だが、またやってはいけないよ」という声をきくのである。

私は幼少の時から、強硬な奴隷反対論者で、まだ投票する年齢に達してはいなかったけれども、一八五六年二月二十二日、ピッツバーグ市で開かれた最初の共和党全国大会に参加した。私は、著名な人たちが町を歩いているのをみて、上院議員のウィルソンやヘールなど崇拝の眼をもって眺めていた。この大会があった少し以前に、私は鉄道関係の若い人たち百名を集めて「週刊ニューヨーク・トリビューン会」を組織し、奴隷問題に対して大衆の世論を育てようと努力していたあの偉大なホーレス・グリーレー編集長を後援することにしたのであった。私は時々、編集長あてに投書した。

私の文章が自由の機関紙に活字となって載った時、私は新しい人生行路に歩み入ったのであった。私は長い間「トリビューン」紙を大切に保存しておいた。振り返って見て、長年の宿病から解放されるためにこのような高価な代価を払わなければならなかったのはまことに残念ではあるが、廃止されなければならなかったのは奴隷制だけではなかった。州権が強力であって、連邦制はずさんなもので、このような状態では一つの強固な、また安定した中央政府を建設するのは不可能に近く、またよしできたとしても長い年月がかかるであろう。南部の考えかたはとかく遠心的で、地方分権に傾きかけていた。今日、合衆国は求心的で、最高裁判所の権力のもとに中央集権の方向に動いている。最高裁の判決は、半分は法律の専門家によって、他の半分は政治家によって成立しているのであるが、これは当を得たものである。各分野の統一が確保されたのである。結婚、離婚、企業の統制など、ある点まで統制を必要とするのである。

この事件があってからまもなく、鉄道会社は自分の電信線を建設することになった。したがって、通信技手を養成しなければならなくなった。彼らは、ピッツバーグの本社で養成されていた。電信事業は驚くほど急速にのびていったので、施設はまに合わないほどであった。新しい電信局がたくさん建設されなければならない。私の配達の仲間であったデーヴィッド・マッカーゴを私は、一八五九年三月十一日に電信部の主任にした。合衆国の鉄道で電気通信員として若い女性を採用した功績はデーヴィーと私だということになっている。それはともかくとして、私たちは各地の電信室に女子を見習生として配置し、必要に応じて責任をもたせるようにした。このようにして養成された女子のなかに私の従姉妹《いとこ》マライア・ホーガンがいたが、彼女はピッツバーグの貨物駅の電信員となり、そこで若い人たちをつぎつぎと養成し、彼女の事務所は学校みたいになった。私たちの経験からいうと、若い女性は、男子青年よりも信頼がおけるということであった。女性が進出した新しい職場はたくさんあるが、その中でも最も女性に適しているものは電信事業であると思う。

スコット氏はほんとうにすばらしい人物で、このような人の下で働くことのできた私はしあわせで、私は精魂を打ちこんで彼に仕えた。彼は優れた人物であったから、青年に共通のあの英雄崇拝の気持を私は惜しみなく彼の上にそそいだのである。いつかこの人はペンシルヴァニア鉄道会社の総裁になるであろうと私は考えたが、後日それが実現した。彼の下にあって、私は厳密にいって私の仕事でない部門にも手をのばして活躍したが、これが私の前進に役に立った。それについてもこのようなことがあった。

鉄道は当時、単線であった。そのころはまだ電信によって汽車の運転を指令するのは広く行なわれていなかったが、時には電信で連絡をとらなければならぬことがあった。監督官の他は誰も指令を下すのは許されていなかったが、これはペンシルヴァニア鉄道会社だけに限られたものではなく、全鉄道組織も同様であったと思う。鉄道管理というものはまだ実に幼稚な時代であって、従業員はまだよく訓練されていなかったため、電信で指令を出すというのはあぶない手段方法であった。したがって、故障や脱線などの事故が起きるたびに、全線の調節をはかるためスコット氏自身が夜、たびたび出勤しなければならなかった。そのような時に、つぎの朝、スコット監督は事務所に出て来なかった。

ある朝私が事務所へ行くと、東部管区に大きな事故があって、下りの急行列車がおくれ、上りの客車は全線に配置された信号手の指図によって徐行しているのを発見した。上り下りの貨物列車はみな待避線で止まっている。スコット氏はどうしても見つからない。とうとう私は全責任を負って指令を出し、事態を処理することを決意した。死ぬか生きるか、運命の別れ道だ、と私は自分にいってきかせた。職を免じられ、面目を失い、もし間違えば法に問われるかもしれない。であるがもしうまくゆけば一夜中待機している疲れはてた貨車の乗務員を連れもどすことができる。私は全組織を動かすことができるのだ。たしかに私にできる。私はこれまでたびたびスコット氏の指令を電信で送った経験がある。私はどうすればよいのかよく知っている。それで私は仕事にかかった。私はスコット氏の名で指令を出し、全線の列車を動かし始めた。機械の前に坐ってじっと動きを見つめ、駅から駅へと進行を見守り、慎重にことを運び、スコット氏が事務所に着いた時には、万事順調に運んでいた。彼は事故があって、列車がみんな遅れているのを聞いていた。彼の最初のことばは、

「それで、どんなぐあいなんだ?」であった。彼は急いで私の側に来て、鉛筆をとって、指令を書くため坐った。私は口を開かなければならなかった。それで、おずおずと、

「スコットさん、あなたがどこにもみつかりませんので、今朝早く、あなたのお名前で指令を出したのです」といった。

「万事うまくいっているのかい。東部急行はいまどこにいるのか?」ときいた。

私は、スコット氏に指令を全部みせ、客車、貨車、軌道車などの位置を示し、列車が通過した各駅からの車掌の通信などを見せた。全部順調に運んでいる。スコット氏は一瞬じっと私の顔を見ていた。私は顔を上げることができなかった。どんなことになるのか私には皆目《かいもく》わからない。彼はひとこともいわず、また改めてなにが起きたのか、私の出した指令や報告を見ている。その後もなんともいわない。それから、スコット氏は私の机を離れて、自分の席に帰って行き、それでいちおう片がついた。彼は私のやったことを認めるのを恐れてはいたが、そうかといってとがめはしなかった。万事うまくいったなら、それでよい。もしまちがっていたら、それは全部私の責任なのだ。この事件はこれでかたづいたが、その後数日間、彼は毎朝、いつもより早く、規則的に出勤するのに私は気がついた。

もちろん、このことについて私は誰にもひとこともいわなかった。乗務員は誰も、スコット氏自身が指令を出したのではないということを知らなかった。私はもしふたたびこのようなことが起きた場合、はっきりと命令を受けるのでなければ、二度とふたたびあのようなことはやるまいと決意していた。私は自分のやったことについてなにかひどく気がさして、ゆううつであった。ところが、あの事件が起きた日の夕方、スコット氏は、ピッツバーグの貨物部の主任であるフランシスカス氏につぎのように語ったときかされた。

「わしのところのあの銀髪のスコットランド出の小僧がなにをやらかしたか、君知っているかい?」

「知りませんね」

「誰の命令も受けずに、わしの名で全線の列車を動かしていたんだ」

「それでうまくやったんですか」と、フランシスカス氏はきいた。

「ああ万事うまく運んだんだ」

これをきいて私は胸をなでおろした。これで、つぎに事故が起きた時どうするか、私にはよくわかっていた。これから後、スコット氏が列車の運転について自分で指令を出すことはほとんどなかった。

当時、私がいちばん崇拝していた人物は、ペンシルヴァニア鉄道会社の社長であったジョン・エドガー・トムソン氏であった。私の知っている人たちの間で彼ほど内気で、無口な人はなかった。グラント将軍もだんまり屋であったが、家庭で友人たちといっしょの時はかなり活発に話した。トムソン氏は、定期的にピッツバーグを訪問したが、いつもだまってあたりにいる人たちを見ないような恰好《かっこう》で歩いていた。後年、私は彼のこのような態度は極端なはにかみから来たものであるのを知った。ところがある日、彼はスコット氏の事務室に入って来て、電信機の側にいた私に近づき「スコットさんのアンディ君」と呼びかけたので、私はほんとうに驚いた。しかし、後で私は、彼が私の列車を走らせた冒険についてきかされているのを知った。高い地位にある人に個人的に認められるということは、青年にとって人生の闘争にすでに半分、勝を制したことになるといってよいであろう。少年はみな、自分の仕事の領域を越えて、なにか大きなことをめざすべきである。なにか上司の眼にとまるようなことをやるべきである。

こんなことがあってからスコット氏が一、二週間、旅行に出かけなければならなかった時に、ロムバート氏から許可を得て、私を局の代理とすることにした。彼は大胆な人だといわなければならない。なぜなら、私はまだティーン・エージを出たばかりであったからである。もちろん、問題なしに許可はあたえられた。このようにして待望していた機会が私にあたえられたのである。

スコット氏が留守の間、万事ことなく運んだが、一つ保線工事に当たっていた車が事故を起こした。これは乗っていた工夫たちの許すことのできない怠慢によるものであった。しかし、こんな事故が起きたということは、私にとってじつに心外でたまらなかった。私は駅構内で起きるあらゆることに全責任を負わされているので、自分の職責をはたすため、職場裁判を行ない、事故に関係のあったものを調べ、即座にその責任者を解職し、他の二名に停職を命じた。スコット氏は帰るとすぐこの事故について報告を受け、調査を始め、裁定を下そうとした。私は、自分のやったことがある点まで行きすぎがあったとは思っていたけれども、やってしまった以上、私は事件はもう解決したということを報じた。私は十分に調査し、責任者を処罰した。処罰された人の中にはスコット氏に嘆願して、もう一度問題を討議するよう話を進めていた。よし彼らが強請したところで、私は承知することはできない。口ではなにもいわなかったが、スコット氏は私の態度でこれをよく理解し、私のとった処置を了承してくれた。

スコット氏はたぶん私があまりにきびしすぎたと考えたのであろうし、この点、彼は正しかったと私は今になって思うのである。この事件があってから数年たって、私自身が管区の監督になったとき、私はいつも停職処分を受けた人たちに対し、特別に眼をかけてやるよう努めた。これについてなにか私の良心がとがめたのであった。新任の裁判官という ものはあまりにはり切っていて、きびしすぎるきらいがある。経験だけが、慈悲という最高の徳を教えるのである。軽いが、必要に応じて適切な罰を加える、これが最も効果的なのである。厳罰は必要ではない。少なくとも最初の過ちに対しては、なさけのある処罰がいつも有効的なのである。

私たち五、六名の青年は仲がよく、いつも行動をともにして来たが、成長するにしたがって生命と死の問題などについて話し合い、現世と死後のことについても取り組まなければならなかった。私たちはみな善良で、正直で、自尊心をもった両親によってはぐくまれ、宗派は違ってもどこかの教会に属していた。私たちは、長老教会の牧師であったマックミラン氏の夫人を中心に、一つの社交クラブをつくり、牧師館に集まった。時には日曜の礼拝に出席した。マックミラン氏は厳格なカルヴィン派の教義を守っていたので、人間が救われるか否かは神の定めによると固く信じていた。私たちの仲間ではこのような宿命論についてゆけないものが多かった。真理だけが人間を自由にするのであって、真理にしたがうのが人間のつとめであるという見方をするものが多かった。神学の論争は私たちにとってあまり興味がなかった。ただ、青年のよい指導者であったマックミラン夫人は、私たちをよく団結させた。

私たちの小さなグループにとって大きな打撃は、ジョン・フィップスが馬から落ちて死んだことであった。この事件は私たちを深く考えこませたが、私は自分にこういっていたのを思い出すのである。「ジョンは、いわば、生まれ故郷の英国に帰ったようなものだ。私たちもまもなく彼のあとにしたがい、天国で永遠にともに生きるのだ」と。そのころの私は人生についてなんの疑いももっていなかった。私は自分の希望を心に刻みこもうとしていたのではなく、真実として固く信じていたのであった。悲しみに打ち砕かれた時、このような避難所をもっている人はさいわいである。プラトンが「希望は高貴なもので、その酬いは大きいのであるから、それにひかれて永遠に歩み続けるべきである」といっているが、その通りであると思う。この世に生まれ落ちた私たちがなにかの運命によってともに一生を送るようになったのであるから、またあの世でいっしょに暮らすようになったとしても、なんの不思議もない。生も死も、露の命をつかの間楽しんでいる人間にとって理解を超える問題である。であるから、プラトンがいうように永遠に希望をすてず、未来の生命を信じて慰めつつ進むべきである。もちろん、私たちは現世においての義務を忘れず「神の国はなんじらのうちにあり」ということばをそのまま受け入れるべきである。

私が職場でこのような活動を続けている間に、家族の生活は徐々によくなっていった。月三十五ドルの私の給料は四十ドルになったが、これはスコット氏がお願いしないうちにあげてくれたのであった。毎月、職員に給料を支払うのは、私のつとめの一部となっていた。支払は銀行の小切手を使用していたが、私はいつも二十ドルの金貨を二個、銀行から引き出した。私にとってこの金貨は、世界中で最も美しい芸術品であるように思えた。

家族会議の結果、私たちは家が二軒建っている土地を買うことにした。これは当時の私たちにとって大きな事件であった。この家の一つには一時私たちが住んでいたことがあったし、もう一軒にはそのころまでホーガン叔父たちが住んでいたが、ほかによいところを見つけて移っていったのであった。私たちがアメリカに渡って来た時、エートケン伯母の援けによって機械工場であった小さな家の二階に落ち着くことができたのであった。私たちが新しく手に入れた家の一軒には伯母がかつて住んでいたことがあるので、私たちはご恩返しに彼女に住んでもらうことにきめた。後に私たちがアルトューナ町に引越してからは、ホーガン叔母に私たちの四間の家に移ってもらった。叔父はその前になくなったので、叔母はもとの家に帰るのをよろこんでくれた。

私たちは現金で百ドル払ったが、たしか土地つきで二軒の家は七百ドルであったと記憶している。当時の私たちは半年ごとに利子を払い、残りの六百ドルをできるだけ早く片づけるよう苦労していた。しかし、それもあまりに時をかけずに全部片づき、私たちは土地家屋の所有者になることができた。

しかし、まだ払いが終らないうちに家族は悲しみの淵に沈むようになった。一八五五年十月二日に父が死に、家族のひとりが欠けることになった。不幸中のさいわいは、残った私たち三名は、生活の苦労に追われていたので、ともかく立ちあがらなければならなかった。悲しみと義務の闘争で、私たちの家族はまた各自の仕事に精を出した。父の病気とその療養にかかった費用を貯金して支払わなければならなかった。そのころの私たちはまだ貯蓄するような余裕はなかったからである。

アメリカに渡ってから私たち一家はいろいろの心温まる好意に接したが、父の死によって、また私たちは新しい感激に涙したのであった。スウェーデンボルグ協会は小さな集団ではあったが、その中心となったのはデーヴィッド・マッカンドレスさんであった。この方は、日曜に教会に行く父や母にあいさつをかわすぐらいのつき合いで、べつに親しくしていたわけではなかった。しかしエートケン伯母をよく知っていたので、彼女を通じて母に、お金がいるならよろこんで必要な額を用立てるから遠慮なくいってくれと申し込んでくれた。マッカンドレスさんは、けなげな母のことをよくきいていたので、なんとかして力になってあげようと考えたのである。

人間はとかくもう他人の援助がいらなくなった時とか、また受けた恩をすぐお返しできる立場にある時、たくさんの親切な申し出を受けるものである。しかし、純粋のなんの私心もない好意は、ほんとうにありがたく、身にしみるものである。ここに夫に死なれた貧しいスコットランドから来た婦人がいる。長男はようやく世に出たばかりであるし、次男はまだ十代の少年である。この一家を見舞った不幸が、この親切な方の心をゆすぶり、なんとかして慰めたいと思って、伯母を通じて援けの手をのべてくれたのであった。母はご好意だけをありがたく受けて、なんとかお金を借りずにまに合わせたが、その後マッカンドレスさんは私の家族によって長く記憶されていた。私は、危機に直面したとき、かならず誰かが救いの手をのばしてくれるということを信じて疑わない。世間にはたくさん親切な、すばらしい人たちがいる。単に困った人に救いの手を貸すというだけでなく、援助に値する人を探しもとめているのである。であるから、自立心の強い人にとって、いざという時にはかならず救いの手がのべられるということを私は信じて疑わないのである。

父の死で、それまでよりもいっそう全家族の責任を私が一手に負うことになった。母は靴を縫う仕事を続けていた。弟のトムはいままで通り公立学校に通っていたし、私は、スコット氏の下で鉄道会社に勤めていた。ちょうどこのころ、幸運の女神が私たちの戸をたたいて訪れてきた。スコット氏は、私が五百ドル持っているかときいた。もしもっているなら、私のために投資して下さるというのであった。当時の私は、五百セント——五ドルの資本しか持っていなかったというほうが当たっている。投資するためには五十ドルさえどうにもならぬように思われたが、私の崇拝する指導者となにかのつながりをもつこの機会を逃してしまう私ではなかった。であるから、私は大胆にもなんとか都合がつくかもしれない、といった。するとスコット氏は、駅に出入りしている人が持っているアダムズ運送会社の株が十あって、これを手に入れることができるのだ、と話してくれた。もちろん、この夜、家に帰ってから私はすぐわが家の議長に報告した。すると彼女はどうしたらよいか、一つ案を出した。いつだって私たちの期待を裏切ったことのない彼女である。私たちはそのころまでに五百ドル家を買うのに払い込んである。これを担保になんとかしてお金を借りることができるかもしれないというのであった。

次の朝、母は船で東リバプールへ向かい、その夜おそく着いた。そして母の弟を通じてお金を手に入れることができた。叔父は東リバプール町の保安官で、あの小さな町ではよく知られていた。土地の農民たちは小金を持ってきて、叔父に投資してくれと頼むのであった。母は土地と家を担保に入れて五百ドル持ち帰ったので、私はそれをスコット氏に渡した。そしてまもなく彼は、貴重な十株の券を私に手渡した。驚いたことには、これは新株がついていたので、私はもう百ドル支払わなければならなかった。しかしスコット氏は親切に、いつでも都合がついた時払えばよいといって下さったので、それなら楽であるから、私はご好意をありがたく受けた。

これは私の最初の投資であった。当時はほんとうにのんびりしていて、毎月たくさんの配当が支払われたのであるが、アダムズ運送会社もその例に洩れず、毎月配当があった。ある朝、私の机の上に大きなきちんとした字で「アンドリュー・カーネギー殿」と書いた白い封筒が載っていた。「殿」というのが私の友達をとてもよろこばせた。私はもちろんのことである。封筒の角にはアダムズ運送会社の丸い印が押してあった。私は封書を開いた。中にはニューヨーク銀行の十ドルの小切手が一枚入っているだけであった。私は一生あの小切手を忘れることがないであろう。立派な字で「J・C・バブコック、会計係」と署名してあった。これは資本の投資によって私が得た最初の収入で、額に汗して働かないで得たお金であった。万歳！　と私は叫んだ。「金の卵を産むアヒルを私は捕えたのであった」

私たちの仲間は、日曜の午後を森に集まって、親交をはかることにしていた。私はこの初めての小切手を持って行き、渓流のほとりに坐って、木陰でくつろいでいる時それをみんなに見せた。その効果はたいへんなものであった。誰もそれまで株式投資があるなんてことを知らなかったからである。私たちはお金をためて投資する機会をねらうことにきめた。そして、その後数年間にわたってみんなの貯金を集めては小さな投資をやり、配当は分けることにしていた。

このころまでに私の知人の範囲はあまり拡大されなかった。貨物部主任のフランシスカスさんの奥さんは親切な方で、ピッツバーグの自宅に私をたびたび招いて下さった。奥さんは私がはじめてスコット氏からの電報をとどけるために三丁目のお宅のベルを鳴らした時のことをよく話していた。入って休んで行きなさいというのに、恥ずかしがり屋の私はためらっていて、いくどもすすめるのでないと入らなかった。そのうち、私ははにかむのをやめて親しくなった。それでも、ご飯をご馳走になるのは固く断った。私はかなり年をとるまで他人の家で食事をするのをためらった。しかし、スコット氏はときどき私をホテルに連れていって、食事をともにするよう誘ってくれた。これは私にとってすばらしいできごとであった。アルトューナのロムバートさんの家庭を除けば、私が憶えているかぎり、フランシスカスさんのお宅は、私が訪問した最初の家であった。

私はそれまで一回も他人の家に泊まったことがなかったが、ペンシルヴァニア鉄道会社の顧問弁護士であったストークス氏から、グリーンスバーグにある立派な別荘で週末を過ごすよう招かれた。これはじつに奇妙なことであった。なぜなら、私は彼のような頭脳明晰な、教養のある人に関心をもたせるようななにものも持っていなかったからである。私がこのような光栄に浴するようになったのは、私が「ピッツバーグ日報」に投書した一文が掲載されたからであった。十代のころからすでに私はよく新聞に投書を送っていた。新聞の編集者になるというのは、数多い私の野心の一つであった。ホーレス・グリーレーと彼が主宰する「トリビューン」紙は、私の最高の理想と勝利であった。後日、私が「トリビューン」紙を買い入れる機会があったとは、なんとも不思議なことであった。しかし、その時までに真珠はその輝きを失っていた。私たちの空中楼閣は、人生の後期に手がとどくところに近づいて来ることがよくあるが、そのころまでにはもう魅力を失っている場合が多い。

私が書いた小論文の内容は、ペンシルヴァニア鉄道会社に対する市の態度についてであった。それは匿名であったが「日報」の目だつところに大きく載っているので、私はたいへんに驚いた。電信係として私は、ストークス氏からスコット氏宛の電報を扱ったが、それは「日報」の主筆に連絡をとって、この投書の主が誰であるかたしかめるようにというのであった。私は、主筆が誰が書いたのか知らないから、わかるはずはないと思った。だが、いまかりにスコット氏が主筆を訪ねて、原稿を見たとする。スコット氏は一目でそれが誰のかわかるのは疑いない。であるから私はスコット氏に自分でうちあけ、私が書いたのだということを白状した。彼は信じられないという顔をした。彼はその朝、あの投書を読んで、いったい誰が書いたのだろうと考えていたのだといった。私は、スコット氏の信じられないという顔付を見のがしはしなかった。ペンは、私の武器となったのであった。ストークス氏から週末を別荘で送るようにという招待は、それからまもなく、私のところに送られてきた。そして、この訪問は、私の生涯の輝かしいできごとのひとつとなったのであった。それから後、私たちは親しい友達となった。

ストークス邸の立派な部屋や調度は、私をびっくりさせたが、その中でも私の眼を完全に奪ったのは図書室の炉辺にあった大理石の棚であった。大理石の板に開いた本が彫刻してあって、次のような一節が記されていた。

議論できないものは愚者である。
議論しない人は偏屈者である。

議論を戦わす勇気のないものは奴隷だ。

この崇高なことばに私は深く感激した。「いつか、いつか私は図書室をもとう。そして、このことばは、私の書棚を祝福するであろう」と、私は自分にいいきかせた。今日、ニューヨークとスキボーの私の図書室にはこのことばが高くかかげられている。

それから数年たって私はまた週末をストークス氏の屋敷で過ごしたが、これもまた重大なものであった。私はそのころペンシルヴァニア鉄道会社のピッツバーグ管区の主任であった。南部は連邦から脱退した。私はアメリカの国旗を擁護するのに熱中していた。有力な民主党員であったストークス氏は、北部が連邦を保持するために武力を用いる権利があるという考えに反対していた。彼は強くこれを主張したので、私はすっかり自制力を失って、

「ストークスさん、つぎの六週間のうちに私たちはあなたのような人たちを絞首刑に処すべきです」

と叫んだ。

私はいまこの自叙伝を書きながら、彼が笑って、つぎの部屋にいた夫人に呼びかけている声をはっきりと耳に聞くのである。

「ナンシー、ナンシー、この若いスコットランドの小僧のいっていることをききなさい。

六週間のうちに僕のような男をみんな絞首台に送るというんだよ」

当時はいろいろ思いもよらない不可思議なことが起きていた。ストークス夫妻と週末を送ってからまもなく、ストークス氏が義勇軍の少佐に任命された。彼はワシントンに駐在して、私にいろいろ仕事のことについて相談した。そのころ私は陸軍長官の事務所にいて、政府のために軍用鉄道と電信事務を担当していた。ストークス少佐は、連邦保持のため北部が武器をとるのに一時は反対したにもかかわらず、正義に味方する決意をしたのである。大衆は最初、憲法に約束された権利について論争を続けていた。しかし、合衆国の星条旗が襲撃されたとき、事態は急変した。国民の愛国心は燃えあがった。合衆国と星条旗！国民の関心はここに集中され、それ以外のものは全部忘れられた。憲法は一つの国旗を守るためにあるのだ。「アメリカ大陸には二つの国旗をかかげる場所はない」という叫び声が高くあがったのである。

7　ペンシルヴァニア鉄道会社の主任となる

一八五六年、スコット氏は、ロムバートさんの後をついでペンシルヴァニア鉄道会社の総務に昇格した。それで彼は私をアルトゥーナへ連れて行くことにきめていたが、その時私は二十一歳であった。ピッツバーグとの長年のつながりを打ちきるのは私にとっては、ほんとうにつらかった。しかし、私の仕事のことを考えると、そんな感傷にひたっていることはできなかった。母はたいそうつらかったらしいが、この点では私と意見が一致していた。それにスコット氏のような誠実な人に対しては「指揮者にしたがえ」というのが私の標語である。

彼が総務に昇進したことについて、各方面にかなり強い反感があった。それに就任するとすぐ、ストライキが起きる気配があった。彼はその数週間前に、ピッツバーグで夫人をなくし、淋しがっていた。本社のあるアルトゥーナはスコット氏にとって知らない土地であったから、誰も親しい人はなく、私だけがしばらくの間心おきなく話のできるたったひとりの人であった。私たちは数週間、鉄道ホテルに泊まり、スコット氏の希望に従って大きな寝室にいっしょに生活していた。彼はいつも私をそばにおいておきたいようであった。そのうちに、彼は家を見つけて、子どもたちをピッツバーグからよぶことにした。

ストライキはますます険悪になって来た。ある夜、私はたたき起こされ、貨物列車の乗務員たちがミフリン駅で列車を放棄したと告げられたのを憶えている。そのためにこの駅は閉塞され、全線が不通になってしまったというのである。スコット氏はぐっすり眠っている。連日の疲労と気づかれでくたくたになっているのを私はよく知っていたので、起こすのが気の毒でたまらなかった。しかし、彼が目を覚ましたので、私は出て行って応急対策を講じようかときいた。ねぼけていたようであったが、なにかもぐもぐ口を動かして承諾したようであった。私はすぐ事務所へ行き、スコット氏の命令だといって従業員と話し合い、つぎの日アルトューナで会見をもよおすのを約束した。そして、とにかくみんな職務に復帰し、運転を開始するのに成功した。

反抗の気勢を挙げていたのは乗務員だけではなく、工場の連中も不満を抱いている分子に加わり、急激に組織化して行く気配を見せていた。私はこのことを奇妙なきっかけで耳にするようになったのであった。ある晩、私はまっ暗な道を通って宿に帰るとき、誰か後について来るのを感づいていた。しばらくすると、その人は私によって来て、つぎのように語った。

「私はあなたといっしょにいるのを人に見られたら都合が悪いんですが、一度あなたはたいそう親切にして下さったので、その時、私はいつか、なんとかしてご恩返しをしたいと決心したのです。私はピッツバーグの事務所を訪ねて、かじ屋として使っていただきたいとお願いしたのです。あなたはピッツバーグには仕事がないが、もしかしたらアルトューナにはあるかもしれない。もし数分待つことができるなら、電信できいてやるといわれました。おいそがしいあなたは手を休めてきいて下さった。そして、私の証明書を調べ、パスを下さって、ここへ送って下さったのです。私は今、とてもよい仕事にありついているのです。妻も子どもたちもみんな今いっしょに住んでいます。そんなわけで、いま私がお話することはあなたのためになることなのです」

私は耳をそばだてた。彼はことばをついで、工場では今、従業員の間に署名の紙がまわっていて、彼らは来る月曜日からスト態勢に入るよう結束を固めている、一刻も猶予ならぬ事態にある、と言った。つぎの朝、私はスコット氏にこのことを告げ、彼はすぐポスターを印刷し、ストをやると約束し、署名した工員は即刻解職されることになったから、事務所に給料を受け取りに来るようにと、工場のいたるところに掲示した。その間に署名した工員の名が私たちの手に入ったので、このことも発表した。工員はびっくり仰天《ぎょうてん》して、計画していたストは中止となった。

私の一生にはこのかじ屋のはなしのようなできごとがたびたびあった。貧しい人、困った人にしてあげた些細なこと、親切なことばなどが、思いもよらなかったような大きな酬いをもたらすのであった。思いやりのある行為はけっしてむだになるものではない。今日でも私はすっかり忘れてしまっていたことを思い出させてくれる人にたびたび会うのであるが、昔になにか私が小さなことをしてあげたというのである。とくに、南北戦争の際、私は首都ワシントンにあって政府の鉄道運輸と電気通信の事務を担当していたので、多くの人に接する機会があった。負傷したり、病気になった息子の許《もと》に行きたいという父親もあれば、前線でたおれた息子の遺体を故郷に持ち帰る人などである。私はできるだけの便宜をはかってあげた。わずかなことではあるが、後日、いろいろの人がいろいろのところで私にとてもよくしてくれたのを私は心から嬉しく思った。このような行為は、受ける人も、してあげる人も、どちらもまったく私心がない。貧しい人ほど人の好意を心から感謝し、その感激を素朴な形で表わすのである。百万長者はいつか適当なお礼ができるであろうが、貧しい働く人たちにしてあげる思いやりのある行為こそ、ほんとうに何十倍も酬いられることの多いものなのである。

アルトューナで私がスコット氏とともに過ごした二年間のうちで、結果から見て最も重大だと思われるできごとは、会社に対して提訴された訴訟事件で、私はその最も重要な証人だったのである。この事件を扱っていたのは、私がかつて招待されて週末を送ったストークス少佐で、裁判はグリーンスバーグで行なわれた。相手は私に召喚状を出し、逮捕することにしているのがわかった。ストークス少佐は時をかせぐため、スコット氏にできるだけ早く私を州外に逃がすよう頼んだ。これは私にとってまたとないよい機会であった。というのは、私の親友ミラーとウィルソンは当時、オハイオ州のクリスリーンで鉄道に奉職していたので、私は彼らを訪問することができる。

オハイオ州へ行く旅で、私はいちばん後の車に乗って、線路を眺めていた。すると、農民のような服装をした人がそばによって来た。彼は手に小さな緑色の袋をもっていた。制動手が、私がペンシルヴァニア鉄道会社に関係があると告げた、と私にいった。彼は、夜旅する人たちのために自分が考案した車の模型を見てもらいたいのだ、といった。彼は袋から小さな模型を取り出したが、それは寝台車の一部を示したものであった。

これはT・T・ウッドラフという有名な人物で、文明の社会に欠くことのできない寝台車を発明した人であった。これがどんなに重要なものであるか、私は直感した。もし私がアルトューナに来てくれといったら出て来てくれるかときいた。そして、帰ったらすぐスコット氏にこの問題について相談するのを彼に約束した。私は、寝台車の考案を忘れることができず、一日も早く帰ってスコット氏にこのことを話してみたくていらいらしていた。であるから、アルトューナに帰るとすぐ、彼に話した。彼は、私が時の前髪をつかまえるというか、ちょっと時代に先走っていると思ったらしいが、それでもこの案に好意をもって、特許をもっている人を電報でよんでもよいといってくれた。彼はすぐやって来て、できるだけ早く二台作って運転するようにすると約束してくれた。これからまもなく、ウッドラフさんは、私がこの新しい企業に参加するなら、利権の八分の一を提供すると申し出てくれた。

私は即座にこの提案を受け入れ、どうしたら資本の払い込みができるであろうかと考えた。二台の車は引渡しが終ってから、月賦で支払われることになっていた。資本金の第一回の払い込みが来た時、私のは二百十七ドル九十セントであった。私は土地の銀行家に必要な金額を貸してくれるよう頼むことにした。ロイド支配人は、私の説明をきいていたが、一メートル九十センチを超える大男であった彼は、私を腕にかかえて、

「もちろん、貸してあげますよ。アンディ君、君はたしかな人だ」といってくれた。

このようにして、私は生まれてはじめて借用証をつくり、まあ考えてみてください、それを銀行家が実際に受け取ってくれたのである。寝台車は大成功であった。私がもらった

配当は私の払い込みを十二分に償ってくれた。

母と弟がアルトューナに来て私といっしょに住むようになってから、私たち一家の水を混じえない生活は、大きく変わらなければならなかった。メイドを一人雇い入れるのについて、母はなかなか承知しなかった。他人を家族のうちに加えるというのは、母にとってとてもつらいことであったからだ。彼女にとって二人の息子はなにものにもかけがえのない宝で、彼女はまたどんな苦労もいとわなかったのである。これが彼女の全生活であり、意志の強固な女性がもつあの警戒心から、家庭のことに関して他人に手を触れさせるのを極端に嫌ったのであった。息子のため食事をととのえ、自分の手で給仕した。洗濯もつくろいものもみんな自分でやり、寝台の世話も、部屋の掃除もみんな自分でしていた。だれがこのような母性の権利を、彼女の手から奪い去るというのであろう。

しかし、どうしても手伝いの女が一人いるのであった。一人来た。長く続かない。つぎからつぎへとかわっていった。このようなうちに独占的なほんとうに家庭的な幸福の多くが、徐々に失われて行くのはどうにもならなかった。母の愛情のこもった奉仕にかわるものはなにもない。他人の料理人がつくる手のこんだ食事は、母がつくってくれる素朴な料理とは比べることができない。愛と献身の気持は、母のひとつひとつの行為に盛られていたからである。

幼いころのことを考えて感謝することはたくさんあるが、その一つは、私が乳母や家庭教師に育てられなかったということであった。貧しい家庭の子どもは温かい愛情と、親密な家族の結び付きによってはぐくまれているので、裕福な家の子たちより強く親子の情を養い育てることができるのである。幼児と少年の感受性の強い時代に、いつも両親の深い愛情に接し、他人を交えない雰囲気のなかですくすくと育ってゆくのである。そのような少年にとって父は教師であり、友達であり、またよい忠言者である。彼にとって母は乳母、お針をする人、家庭教師、先生、友達、英雄、聖人などを打って一丸とした大切な人物で、金持の子にとって味わうことのできない尊い経験なのである。

ところが息子が成長した時、いつか愛する母を腕に抱いて、なにか自分にできることをさせていただき、いままでの労をねぎらわさせてくれとやさしく頼むのであるが、母はなかなかこの心情を理解してくれないのである。広い社会に出て、仲間と交際し、世事に従事しているうちに、時によるとそれまでの生活の型を変えるのが望ましいと考えるようになる。少年時代には楽しかった家庭の生活様式も、ある点まで改めてゆかなければならない。住居も、友達がたずねて来ることができるようにする。とくにそれまで家庭の雑事に追いまわされていた母が、解放されて生活を楽しみ、読書に時を送り、友人を訪問したり、また彼らを家に招いてもてなす。端的にいって、自分の息子の社会的地位に応じて、一家の長としてふさわしい生活をしていただく——こんな生活の改善が必要になってくる。

もちろん、このような変化は私の母にとって容易ならぬことであった。しかし、とうとうその必要を認めてくれるようになったが、母はたぶんはじめて自分の長男が、社会的に成功して来たのを感づいて来たからであろう。私は彼女の肩に手をかけて、

「私の愛する大事なお母さん、私と弟のトムのために今までなんでもして来て下さったし、お母さんは私たちにとってほんとうになによりもたいせつな方なんです。こんどは私に何かさせて下さい。家庭を共同経営にして、私たちは協力者になろうではありませんか。お互いになにがいちばんいいか、いつもそれを頭において考えましょう。お母さんに貴婦人の役割をしていただく時が来たのです。そして近い将来にご自分の馬車を一台もって乗っていただくことになるのです。それまで、どうぞ手伝いのあのメイドを雇って下さい。トムと私は、そうしていただくととても気が楽になるのです」と、私は強く訴えた。

私たちは勝った。母は私たちとよく出かけるようになり、隣近所の人たちを訪問するようになった。母は社交上に必要な落ち着きとか礼儀作法を天性身につけていたので、なにも改めて学ぶ必要はなかった。教養、知識、稀に見る良識といたわりの情を、母はたぶんにもっていたので、どのような場所にあっても、ほんとうに立派であった。

アルトゥーナの私の生活はスコット氏の姪《めい》リベッカ・スチュアート嬢が、主婦の代理を

つとめていたが、私はこの家にしじゅう出入りしていたので接触する機会も多く、楽しかった。彼女は、私にとって姉の役割をはたしてくれ、ことにスコット氏がフィラデルフィアか他のところに出かけた時には、私たちはいつもいっしょで、午後には郊外の森へドライブに行った。このような親交は数年間続き、一九〇六年に彼女からもらった手紙を読み返して、私はほんとうに彼女に負うところが多かったのを改めて思ったのである。彼女は、私と年はあまり違わなかったのであるが、いつも私よりはずっと年上にみえた。たしかに私よりはずっと大人で、姉の代わりをしてくれ、私は理想の女性として崇拝していた。後日、私たちの歩んだ道が違っていたため、すっかり疎遠になってしまったのは残念であった。

スコット氏はアルトューナに三年ばかり勤務していたが、その功労に酬いる昇進の時が到来した。一八五九年、彼は会社の副社長に昇格し、事務所はフィラデルフィア市ときまった。私をどうするかという問題が採り上げられた。スコット氏は私を連れていってくれるであろうか。それとも私はアルトューナに残って、新しい上司に仕えなければならないのであろうか。そんなことは私に耐えられないように思われた。スコット氏に別れを告げなければならぬということがすでにひどく辛いのに、新しい人の下で働くなど、私にとってはできないことであった。私に関するかぎり、スコット氏とともに太陽は昇り、また沈むのであった。私がこの後、彼の援助なしに昇格してゆくなど、考えられなかったからである。

スコット氏はフィラデルフィアで社長と会見を終って帰宅し、事務所に続いている自分の部屋に来るようにと、私にいった。彼は、フィラデルフィア市に移ることに決まったといった。管区の主任であるエノック・ルウィス氏が、彼の後任である。私はつぎに出て来る自分はどうなるのかという問題に、大きな関心をもって耳を傾けていた。彼は最後に、「さて君自身についてであるが、君はピッツバーグ管区を引き受けることができるかい」といわれた。

当時の私はちょうどなんでもできると信じ込むあの年齢であった。やってできないことはないという自信にふくれあがっている年ごろであった。スコット氏が提案したようなことができるのかどうか、スコット氏をはじめ、他の人たちが考えているなど、思いも及ばなかった。私は二十四歳の若僧だったのである。

「それで」と彼はことばをついだ。「現在の主任ポッツさんは昇格して、本社の運輸部長に決まったので、君をその後任に社長に推薦したのだ。社長はやらしてみようといってくれたんだ。それで、君はいくら俸給を欲しいんだい？」

「俸給ですって」と、私はすっかり気を悪くして答えた。「俸給がなんだといわれるんですか。そんなものはいりません。私はその地位が欲しいんです。あなたが元いらっしゃったピッツバーグ管区に私が帰って行けるということだけで私にすぎた名誉なのです。俸給のことなどみんなおまかせいたします。現在いただいているのだけで十分です」

それは月六十五ドルであった。

「君は知っているが」とスコット氏はいった。「私はあそこで年千五百ドルとっていた。ポッツさんは現在千八百ドルもらっている。君は千五百ドルで始めて、成功したら千八百ドルにするというのがいいと思うんだ。それでいいかい？」

「どうぞお願いです。お金のことなんかいわないで下さい」と私はいった。

これはたんなる雇用とか給料とかの問題ではなかった。とにかく私の昇進はすぐその場で決定的なものになった。私には一管区の全責任があたえられ、今までスコット氏の頭文字のT・A・Sと署名するかわりに、今後は私の頭文字A・Cが、ピッツバーグとアルトューナ間のすべての指令に署名されることになったのである。これだけで私にはすぎる光栄だと考えた。

ピッツバーグ管区の主任に私を任命する指令は、一八五九年十二月一日に発表された。というのは家族の引越しの準備はすぐ開始された。移転は、家族のものに大いに歓迎された。というのはアルトューナの私たちの家は広く、庭があったのでいろいろ特典があった。郊外の生活はのんびりして田園風景を楽しむことができたけれども、また汚ない煙だらけのピッツバーグ市の古い友達や同僚のもとに帰ることを考えると、こんな特典ものの数ではなかった。アルトューナに住んでいるうちに、弟のトムも電信技術を身につけ、私の秘書としていっしょに帰ることになった。

私が任命された冬は、かつて経験しないほどの厳しいものであった。当時の鉄道線路はとてもちゃちな方法で建設され、備品は不足しているし、乗客は増加するいっぽうであるのでサービスはほんとうに悪かった。レールは大きな石の上に敷き、鋳物のおさえでささえているので、一夜のうちにそのおさえが四十七個もこわれたことがある。事故や脱線は、そんな工合であるからたびたび起きた。管区の主任は夜、電信で列車を動かしているのであるから、事故が起きると出かけて行き、復旧をはかり、なんでもやらなければならなかった。ある時など、八日間、昼夜兼行で一つの事故をかたづけるとまた新しい事故が起きて、私はぶっ続けに外に出ていた。たぶん私は最も思いやりのない主任であったのであろう。大きな責任を負わされて、それを真剣に考えていたからでもあったが、自分自身疲れを知らなかったのである。したがって、部下を苛酷に使いすぎ、人間の耐久力には限度があるということに思いおよばなかったのである。私はいつも自分の好きな時に眠ることができた。仕事の合間に二、三十分でも汚ない貨車の中でごろっと横になって熟睡することができた。それで十分休養がとれたのである。

南北戦争は、ペンシルヴァニア鉄道に背負い切れないほどのサービスを要求するようになったので、私はとうとう夜勤部隊を組織しなければならぬようになった。しかし、夜間の列車発送係を任命して、彼に責任をとってもらうという計画はなかなか上司の許可を得ることができなかった。正直なところ、正式の許可はとうとう得られず、私は自分の責任においてことを運ばなければならなかった。とにかく、アメリカで夜行列車の発送係を任命したのは私がはじめてであった。

一八六〇年、ピッツバーグに帰って来た私は、バンコック街に家を一軒借りたが、現在は第八街と呼ばれている。私はここに一年あまり住んでいた。当時のピッツバーグのことを正直に説明しようとすれば、読者はたいへん誇張していると思うであろう。煤煙は空気中にいっぱいになっていて、なんにでも染み込んでしまうのであった。階段の手すりに手をかけると、まっ黒になる。顔や手を洗っても、一時間もたたないうちに、またまっ黒になってしまう。煤《すす》は頭の髪の中に入って、皮膚を刺激し、傷つけるので、アルトューナの高原の美しい空気の中から降りて来た私たちは、しばらくの間とても不愉快であった。であるから私たちはまもなく、なんとかして田舎に引越すことを真剣に考えだした。さいわい会社の貨物係をしていた人が自分の住んでいたホームウッドの近くに、一軒家があるのをしらせてくれた。私たちはすぐそこに移り、電信機を一台持ちこんだので、私は必要とあれば家から管区を指揮して仕事を続けることができるようになった。

これで新しい生活ができるようになった。庭は広いし、どこへ行っても田舎道がたくさんある。住宅はみんな一戸あたり少なくて二町歩、多いのは八町歩の土地をもっていた。ホームウッドの住宅地域は数百町歩の森や川があって、大きな公園のようであった。私たちも広い庭と土地をもっていた。母はここで一生のうちいちばん楽しい生活をすることができた。花に囲まれ、鶏をかい、田舎の風景を満喫することができた。花にたいする彼女の情熱にはなにか異常と思われるものがあった。花を切るということができないのである。事実、ある日、私は雑草を一本ひきぬいて「お前、それは緑色ではないかい」といって、母から叱られたことがあるのを憶えている。私は母からこの気持を受けついで、たびたび、上着のボタンにさす花を一つとろうと思いながら、折るのがいやで、なにもとらずに出かけてしまうことが多かった。

郊外に移ってから、たくさんの新しい知己ができた。この地域の裕福な家族がたくさんここに住居をかまえていたので、いわば、貴族的な住宅街といってもよかった。大きな屋敷ではなにか催す時には、かならず若い鉄道会社の主任を招いてくれた。若い人たちは音楽が好きで、夕食後の集まりにはよく音楽会が催された。私はそれまでなにも知らなかったことをたくさんこのようなパーティーで聞くことができた。私はかならずなにか新しいことを学ぶよう心がけた。この学ぶよろこびに私は毎日、新しい生き甲斐を感じていた。

このようにして私は、ベンジャミンとジョンというヴァンデヴォルト兄弟とはじめて会ったのである。後日、私が長い旅に出かけるようになった時、ジョンはよく私といっしょに行ってくれた。私は「仲よしのヴァンデー」を「世界一周の友」と呼んでいた。私たちに最初にここを紹介してくれた貨物係のスチュアートさんと彼の妻は、時がたつうちにだんだん親しくなって、私たちは終生の親友となった。後にヴァンデーとスチュアートさんは、私と新しい事業に乗り出して、共同経営者となった。

そのうちでも私がとくにありがたく思ったことは、西部ペンシルヴァニアの有力者として知られていたウィルキンス判事と知り合ったことであった。判事はもう八十に近い老齢ではあったが、とてもお元気で、なんでもよく知っていた。彼の奥さんは合衆国の副大統領をつとめたことのあるジョージ・W・ダレス氏の愛嬢で、ほんとうに魅力のある女性であった。娘が二人あり、一人は結婚していたが、みなこの大きな屋敷の中に住んでいた。

私にとってとくに嬉しかったことは、どこの家庭でもよろこんで私を招待してくれたということである。音楽会、仮装のパーティー、劇など家庭で催される時、ウィルキンス嬢がいつも主となり、劇では女主人公の役をやるのであったが、私もこのような時に参加し、教養を身につけるよう努めた。判事は歴史的な人物で、私を相手に話している時「ジャクソン大統領がある時私にこういった」とか「私はウェリントン公にこういった」というのであった。判事がまだ若かったころ、ジャクソンに任命されてロシア駐在のアメリカ公使をつとめたことがある。ロシア皇帝との会見についても語ってくれた。このようにして私は歴史と親しくふれることができた。この家庭には私の知らない新しい雰囲気があって、私は自分の教養を高めようと一所懸命に努めた。

ウィルキンス一家と私とが意見をことにしたのは、政治の問題についてだけであった。ウィルキンスさんたちは民主党に属していて、南部の出であるから、国が二つに割れた時、彼らの同情は南部側にあったのはもちろんである。ある日私が応接室に入って行くと、家族はなにかはげしく議論していた。

「あなたどうお思いになる?」とウィルキンス夫人が私に話しかけた。「孫のダレスから手紙が来ましてね、ウェスト・ポイント士官学校の校長が、黒人の側に席につけって命令したんですのよ。そんなことおききになったことあります? 恥ずかしいことですわ。黒人がウェスト・ポイントに入学を許可されるなんて、言語道断ですわ」

「まあ、奥さん」と私はいった。「それよりもっと悪いことがありますよ。私がきくところによりますと、黒人のあるものは天国へ行くのを許されているんだそうです」

部屋はしーんとしてしまった。それからウィルキンス夫人はおもむろに口を開いて、
「それはまた別の問題ですわ、カーネギーさん」といった。

一生のうちで私がいただいたいちばん尊い贈物は、このころ、つぎのような次第で私に贈られたのであった。ウィルキンス夫人は膝掛を編んでいたが、たくさんの人が誰にあげるのかときいても、彼女はそれに答えない。数か月にわたって奥さんは黙々と編物の手を続けていたが、クリスマス近くに膝掛は完成した。彼女はそれを丁寧に包み、心をこめたことばを書き綴って、お嬢さんにそれを発送するよう頼んだのであった。そのころ私はニューヨークにいたので、そこで頂戴した。なんとすばらしい婦人からのすばらしい贈物であったことであろう。私はこの膝掛をたくさんの人に見せたけれども、あまり使用しなかった。それは私にとって神聖なもので、家宝なのである。

ピッツバーグに住んでいる間に、私がライラ・アディソン嬢に会う機会に恵まれたのを私はいつも感謝している。彼女は医者の娘で、優れた才能の持ち主であった。先生は私がライラ嬢に会う少し前になくなられたのであったが、私は家族と親しくなり、この知遇を心から感謝している。英国の文豪トマス・カーライルは、アディソン夫人の家庭教師であったことがある。彼女はエジンバラの生まれであった。娘さんたちは外国で教育を受け、フランス語、スペイン語、イタリア語を、英語と同じぐらい流暢《りゅうちょう》に話した。この一家と

親交を結ぶにつれ、私は生まれてはじめて高い教育を受けた人たちと私のようなものとの間にはどのようにしても越えられない溝があるのを痛感した。しかし、私たちの間には「スコットランドの同じ血が流れている」と思いなおして慰められるのであった。

アディソン嬢は私にとって理想の友達であった。なぜなら、彼女は、荒けずりのダイヤモンド、といったところで真性のダイヤモンドであるかどうかはわからない私を、とにかく磨いてくれる役を引き受けてくれた。彼女は私の最良の友であった。なぜかというと、最も厳しい批判をためらわずにしてくれたからである。私は自分のことばに細心の注意を払うようになり、むさぼるようにして、イギリスの古典を読みはじめた。私はまた声の調子をやさしく、どんな場合にも礼儀正しく、丁重な態度を保持するのがよいということを学んだ。いいかえるなら、お行儀よく振舞うということなのである。それまで私は服装などにあまり注意せず、しかもそれを自慢にする傾向にあった。どたどたの靴をはき、カラーはゆったりとしたのをつけ、身なりは粗暴というのか西部的というか、とにかく男らしいということになっていた。ちょっとでもしゃれたなりをすると、ひどく軽蔑《けいべつ》されたものである。鉄道会社の従業員でなめし革の手袋をはめた人を一度見たことがある。男らしさを自慢にしていた私たちの間で、この人はみんなの笑いものとされていた。しかし、私がアディソン一家と親しくなってから、服装の点で大いに啓蒙《けいもう》されるようになった。

8　南北戦争時代

一八六一年に南北戦争がはじまり、私はすぐスコット氏によってワシントンに呼ばれていった。彼は陸軍次官に任命され、輸送部を担当していた。私は彼の補佐官として軍用鉄道と政府の電信通信の全責任をまかせられ、また鉄道部隊を組織するよう命じられた。戦争の初期にあたって、これは他に優先して最も重要な部門であると見なされていた。

北軍の最初の部隊がボルティモアを通過する時襲撃され、鉄道はボルティモアとアナポリスの接続点が断たれてしまったので、ワシントンとの連絡がとだえてしまった。であるから、私は部下をひきいて、フィラデルフィアから汽車でアナポリスに行き、そこから支線で接続駅に出、ワシントン行きの本線に乗らなければならなかった。私たちの最初の任務はこの支線を修理し、貨物列車が通過できるようにしなければならなかったが、このために数日を費やした。バットラー将軍とたくさんの部隊が私たちの修理した線を通って、ワシントンに進むことができた。

私は、首都に向かう最初の機関車に乗って、慎重に進んでいった。ワシントンに入る少し前に、私は電線が木製の棒で地上にとめてあるのに気がついた。私は機関車を止めて飛び下り、走っていってそれをはずした。ところが電線をとめる時、片方に強くひっぱってあったのに気がつかなかったものであるから、棒をはずしたとき、高くはねかえって、私の顔をひどく打った。私は転んで、頬の傷口からは血がひどく流れ出した。とにかく応急手当をほどこしてワシントン入りをしたのであるが、数日前にボルティモアの市内で二、三名の兵隊が傷をおった他は、祖国のために血を流して戦った最初の人たちに私を加えても少しも不合理でないと思う。私のためにこんなにたくさんのことをしてくれた国のため、なにかお役に立つことができる光栄に、私は深く感激し、私は正直なところ夜も寝ずに、南方への連絡を開くよう働いたのであった。

私はその後まもなく本部をヴァージニア州のアレキサンドリア町に移し、あの不幸なブル・ランの激戦が闘わされた時に、そこに駐在していたのであった。私たちは入って来た情報を信じることができなかったが、すぐ敗北の兵士たちを連れもどすために、ありとあらゆる機関車と車輛を動員し、前線に急行させなければならないのが明らかになった。いちばん近い地点は、バーク駅であった。私はそこへ出かけて行き、気の毒な負傷した義勇軍の兵隊たちをつぎからつぎへと入って来る列車に乗せた。敵軍は私たちの近くに攻めて来るというので、私たちはとうとうバーク駅を放棄し、電信通信員と私は最後の列車に乗って、アレキサンドリアへ向かったが、着いて見ると、大衆の狼狽《ろうばい》と恐怖はどこにもいっぱいにひろがっていた。鉄道従業員のなかにも姿を消してしまったものがいた。しかし、翌朝、食堂に現われたものはたくさんあって、他の部署にくらべて私たちは非常に成績がよく、ほめられた。数名の車掌や機関手は小舟をあやつって、ポトーマック河を渡って逃げたが、大部分の従業員は敵の砲撃が一晩中なりとどろいているなかを、自分の持場についてよく守ってくれた。電信係は一名の欠員もなく、つぎの朝みんなそろって顔を出した。

この事件の後まもなく私はワシントンに帰り、スコット大佐とともに陸軍省内に私の本部をおいた。私は鉄道と電信部の責任を負っていたので、リンカーン大統領、シーワード氏、キャメロン長官などにお目にかかる機会があった。またときにはこのような人たちと直接に個人的に接する機会があって、非常に私にとっては興味があった。リンカーン大統領は時々私の事務所に来られて、電報が入って来るのを待ちながら私の机の側に坐っていた。また時々、単に情報が来やしないかと心配して待っているのであった。

この偉大な人の絵や写真は、みんなよく似ている。目鼻だちがひどく特徴があるので、誰がかいたって似ていないなんていうことはありえなかった。静的の顔はほんとうに醜かったが、なにかに感動したり、面白い話をしている時には眼が知性の光りをはなって、顔全体が輝き、私はこのような美しい顔をいまだどこにも見たことがない。彼の態度は自然であったからいつも立派であった。誰にでもなんとなく親切で、思いやりのあることばをかけ、事務所の給仕にさえも、同じようにふるまった。彼の他人に対する態度には差別がなかった。誰にでもみんな同じで、シーワード長官に話すと同じ口調で給仕に話しかけた。彼の魅力はどこにももったいぶったところがなかったところから来るといったらよいであろう。なにをいったか、重大なのはその内容ではなく、むしろそのいいまわしにあって、誰でもこれにひきつけられるのであった。私はたびたび、リンカーン大統領のいわれたことを克明に書きとめておくことをしなかったのを後悔しているが、彼は普通一般のことをしごく独創的ないいまわしで語るのであった。リンカーン氏のように自分をあらゆる人たちと同じ立場において親しみの情を表わす、こんな偉大な人物を私は今までに一度も見たことがない。ヘイ長官は「リンカーンさんの従者になることはできない。だれでも友達にしてしまうから」といわれたが、じつにその通りなのであった。彼は最も完全な民主主義者で、ことばに、行為に人間は平等であるということを表わしているのであった。

そのころの首都ワシントンは混乱のさなかにあって、そのひどい状態を理解するのには実際自分の眼で見るのでなければ信じられなかった。私の最初の印象は筆に尽くすことができない。私が初めて総司令官のスコット将軍を見た時には、彼は二人の従者に助けられて事務所から歩道を渡り、馬車にのるところであった。おいぼれたよろよろの老人が、体だけではなく、頭も麻痺《まひ》しているのであった。この高貴な過去の遺物に、共和国の軍隊を編成する大事業がゆだねられていたのであった。彼の下に兵站《へいたん》部の全責任をまかせられていたテーラー将軍も、スコット将軍と似たりよったりというところであった。私たちの仕事はこのような人物と他のもっと不適格な人たちと打合せして、通信を開始し、軍隊と補給品を輸送しなければならなかったのである。彼らは一人のこらず役に立つ年齢をとっくの昔にすぎたおいぼれの老武者たちであった。急速に行動に移らなければならぬ問題に直面しながら、なんの手も打たずに数日を過ごしてしまうのである。重要な部署の頭として、若い行動的な将校は一人もいなかった。少なくとも私にはそのような人物は思い出せない。長年の平和が、軍を化石化してしまったのである。

同様のことが海軍についてもいえるので、結果は、陸軍と同じようなことになったのであるが、私は直接関係がなかったから、人にきいただけである。最初、海軍はあまり重要ではなかった。陸軍だけが頼りにされていたのであった。連敗につぐ連敗によって、各部門の長が変わらなければどうにもならぬということが明らかになったけれども、これも一朝一夕にできるものではない。政府に課せられた重大な任務を効果的に遂行するための新しい作戦計画が打ち立てられず、いつまでもぐずぐずしているので、国民がしびれをきらして来たのは当然であった。しかし、このようなひどい混乱の中からまもなく秩序と規律が生まれ、軍の各部が立ち直って来たのは、私にとって大きな驚きであった。

私たちの仕事に関するかぎり、一つ大きな特典があった。キャメロン長官は、大佐に昇進したスコット氏に全権をゆだね、陸軍長官の指揮下にある将校たちののろまな行動を待たずに、必要と思われることをどんどん遂行してよいということになっていた。この権限を私たちはだれに遠慮もなく行使した。戦争のごく初期から政府の鉄道と電信部とが重要な仕事をすることができたのは、キャメロン長官の全面的な支持によるもので、その功績は彼に帰すべきであると思う。当時彼はすこぶる健全で、問題の要点を将軍たちや各省の長官たちよりはるかによくとらえることができた。しかし、大衆の支持がなかったため、リンカーンは更迭《こうてつ》を余儀なくされた。だが実情をよく知っていた人たちは、キャメロンのようによく陸軍省を統御したなら、その後の失敗の多くは免れたであろうといっていた。九十歳を過ぎたキャメロンは、私たちがスコットランドにいた時、訪ねてくれたことがあった。思い出話に花を咲かせているうちに、私たちはたまたま公職につくために立候補する人は自分で運動しなくてはだめだ、という問題に移っていった。職が適任者を探し求めるというのは、多くの場合当たっていない。その一例として、彼は、リンカーンの第二期大統領選挙に立候補するについて、つぎのような思い出ばなしをした。

ある日キャメロンがペンシルヴァニア州のハリスバーグの近くにある別荘にいたとき、リンカーン大統領が会いたいといっている、という電報を受け取った。それで彼がワシントンへ行くと、リンカーンはこういった。

「キャメロンさん、私の友人たちは立候補するのは私の国家に対する義務で、合衆国を救うのは私のほかに誰もいないとかなんとかやかましくいっているんです。それで、私もそれを少し信じるようになって来たんです。どう思いますか？　そうだとしたら、どんな手を打ったらいいんですか」

「そうですか大統領」と私は答えた。「二十八年前にジャクソン大統領が、あなたがなさったように私を呼び出して、あなたと同じことを私にいったのです。私はニューオーリンズにいて、そこへ手紙が来たのですが、十日の旅を続けて、私はワシントンに着きました。私は、ジャクソン大統領にいちばんいい方法は、嵐のさなかに船長は船を棄てるべきでないといって、どこか一つの州の議会が決議することなんです。一つの州がやれば、他の州もそれについて来るでしょう。ジャクソンはこの案に賛成したので、私は故郷のハリスバーグに帰り、決議案を作成し、通過させたんです。私がいったように、他の州がみんな同様の決議をしました。そして、ご承知のように、彼は第二期の選挙に勝ったのです」

「そうですか。今日でもできるでしょうか」とリンカーンはいった。

「できます。だが、私があなたと親しくしているのをみんなは知っているので、私がやってはまずいんです。しかし、ご希望ならば、私の友人にやらせましょう」と私は答えました。

「では、万事おまかせします」とリンカーン大統領はいった。

「私は友人のフォスターに来てもらって、ジャクソン決議を見つけてもらいました。新しい情況に適応するよう少し辞句を改めて、州の議会を通過させました。その結果は、ジャクソンの時と同じようにうまくゆきました。つぎに私がワシントンへ行った時、大統領の公式の迎接会に出ました。私が客でいっぱいになっている東の間に入って行きますと、背の高い大統領は群衆のなかから私をすぐ見つけ、羊の肢みたいに見える細長い手を高くあげて『きょうもう二つ、キャメロン、もう二つ！』と叫びました。その日、二つの州がリンカーンをおす決議をしたという意味なんです」

　この出来事は政治生活がどのようなものであるかを物語るほかに、同じ人が合衆国の二人の大統領に呼ばれ、二十八年という時間的な隔たりはあるが、緊急の場合同じ手段方法によって立候補させ、当選させたということである。俗に「なにごとも背後には策がある」というのを思い出させるのである。

ワシントンにいる間に私は、グラント将軍に会う機会がなかった。彼は西部戦線にいたからであるが、東部に移るために必要な打合せをするのにワシントンへ来た時、その往復にピッツバーグを通過した。それで私は、車中で将軍に面会した。当時、まだ食堂車がなかったから、私はピッツバーグで食事に案内した。こんな高い地位にある人としては、彼ほど風采のあがらない人に私は今まで会ったことがない。だれだって一目で立派な人物だとは思わないであろう。陸軍長官のスタントン氏が西部戦線を慰問した時、グラント将軍と彼の部下が車の中へ入って来た。長官はひとりびとりをよく見て、確かにグラント将軍がいるはずだと思ったが、それらしい人物はいない。「グラント将軍にはまだ会ったことがないんだが、ここには来ていないね」と長官は自分のそばに立っていた男にいった。ところが、それが将軍であった。

戦争中「作戦」ということばがたえず口にされ、将軍たちの作戦計画が論じられた。しかし、それは極秘とされていたのに、グラント将軍はおおっぴらにそれを私に話してくれた。もちろん彼は私が陸軍省にいて、スタントン長官にもよく知られ、戦況についてもある程度知っているのを承知していた。それでも、将軍がつぎのようなことを私にいった時、ほんとうにびっくりした。

「それで、大統領と長官は、私に東部に来て指揮してくれといわれるので、私は引き受けたのだ。これから西部に帰って手配するところなんです」

「そんなことだと想像していました」と私はいった。

「シャーマンを後釜《あとがま》にすえるつもりなんだ」

「国民はびっくりするでしょう。トマス将軍が閣下の後任になるべきだとみんな考えていますからね」と私はいった。

「そう、それはよく判っている。しかし、私は二人をよく知っているが、トマスこそシャーマンに全部をまかせるべきだというであろう。なにもいざこざはないだろう。正直なところ、西部戦線はあんまり遠くまでいっちゃったから、つぎの行動は東部戦線をそっちのほうへ少し近づけていくことなんだ」と彼はいった。

　彼はその通りにした。その後、私はグラント将軍と親しく交際するようになったが、彼ほどなにごとにつけても気どったり、もったいぶったりしない人を、私は見たことがない。リンカーンでさえ、彼ほど率直ではなかった。グラントは口数の少ない、動作のにぶい人であったが、リンカーンはいつも生き生きしていて、動的であった。私は、将軍がむずかしいことばを使ったり、大風呂敷《おおぶろしき》をひろげるのを見たことがない。彼が柔弱不断であったという評判は間違っている。時によるとよく語り、また時には自分から進んで話し出したが、それがまたひどく魅力のある話しぶりであった。簡潔で、筋が通り、焦点をしぼって語り、またものごとの観察はそのものずばりであった。なにもいうことがないと、けっして口を開かなかった。戦争中の部下をほめるのにやぶさかでなく、いつもこれを口にしていた。まるで父親が自分の子どもの自慢をしているような口調で話すのであった。

戦争が西部でうまく運ばない時に、グラント将軍はよく酒びたりになっていたという噂が伝わっている。彼の参謀であったローリンズは、勇気を奮って彼に忠言した。これをグラント将軍は友情として受け取った。

「そうなのか？　私はぜんぜん気がつかなかった。いまきいてびっくりしているんだ」と将軍はいった。

「私の申し上げた通りなんです。部下の将校たちの間ではもっぱら話のたねになっているのです」

「なぜ君はもっと早く私にいってくれなかったのだい？　もう酒は一滴も飲まんことにする」

将軍はこの約束を固く守った。それから数年たって、私はよくグラント夫妻とニューヨークで食事をしたが、席につくと彼は杯を伏せてしまうのであった。この強固な意志が、彼を成功させたといってよいであろう。だいたい一時は禁酒しても、なかなか守れないものなのである。私の同僚の一人は三年間、禁酒を励行したが、また昔の敵のとりこになってしまった。

大統領に選ばれたグラントは、政府の役人を任命したり、政策を施行する時、金銭上の取引きをやって、金を出す人によい職を与えたといって非難された。しかし、彼の友人は、将軍があまり貧しく、公式の晩餐会を催すことができないと声明を出さなければならなかったのをよく知っていた。一回晩餐会をやると、八百ドルかかった。第二期に当選してから、大統領の年俸は二万五千ドルから五万ドルに増額されたので、少しは貯蓄できるようになった。しかし、将軍は軍服や勲章などに眼もくれなかったと同様に、金銭についてもまったく無関心であった。

私がヨーロッパへ行ったとき、グラント将軍についてのこの噂がひろがっていて、たいへん不利であった。アメリカではこんなことについては誰も気にしないが、外国へ行くとそうはいかない。そんな事実無根の噂も、よほど慎重に考えていただきたいものである。民主国での政治の腐敗は英国でいつも問題になるが、君主制の下でも汚職はたくさんある。しかしここではドルでなく、爵位が人を誤らせるのである。要は大衆の良識だけが政治の腐敗を防止する唯一の方法なのである。

一八六一年に私がワシントンに呼ばれた時には、戦争はまもなく終るものと考えられていた。しかしすぐ、数年かかるということが明らかになった。恒久的な事務官を任命して、業務に当たらせなければならなかった。ペンシルヴァニア鉄道会社はスコット氏を本社から離すことができなかったし、スコット氏は、政府が会社に重い任務を委託していたので、私がピッツバーグに駐在する必要があると強く主張した。それで、私たちはワシントンの事務所を他の人たちにまかせて、もとの職に帰った。

ワシントンから帰ってまもなく、私は過労のため、生まれてはじめて重い病気にかかってしまった。私はすっかり弱ってしまい、頑張って仕事をしようと努めたけれども、どうにもならなくなって、休暇をとることにした。ヴァージニア州の鉄道線路で指揮していたとき、日射病にかかった。その後、体のぐあいが悪かったが、なんとかごまかしてきた。しかし、その後、暑さに弱くなって、太陽の直射を避けなければならなかった。暑い日には私はくたくたになってしまった。

会社は私に休暇を与えてくれたので、私は長年希望したスコットランドをたずねる機会が与えられたのであった。母と親友のミラーと私は、一八六二年六月二十八日、エトナ号で出発した。私の二十七歳のときである。リバプールに上陸するとすぐ私たちは、ダムファームリンへ直行した。故郷へのこの旅ほど私を感激させたものはない。まるで夢のようであった。一マイルごとにスコットランドに近づくにつれ、私の感情はたかぶってきた。私の母もひどく感激した様子であった。あのなつかしい黄色のエニシダがはじめて眼にとまった時、母は、「あっ、あそこにエニシダが、エニシダがある」と叫んだのを、私はいまでも憶えている。

母は胸がいっぱいになって、涙をおさえることができなかった。そして、私は少し茶化して彼女を慰めようとしたが、かえって結果は面白くなかった。私自身も大地に身をなげ出して、口づけしたい気持にかられた。

このような気持で私たちは故郷の町に着いた。見るものはみななじみ深いものばかりであったが、なにもかも今まで私が見なれていたものとくらべて、ひどく小さく見えるので、私はひどくとまどった。とうとうラウォダー伯父の家に着き、トッドと私がたくさんのことを伯父から学んだあのなつかしい部屋に入った時、「みんなここにいらっしゃる。私が昔みた通りです。しかし、みんなおもちゃをもって遊んでいるんです」といった。

伯父の店のあるハイ通りは、その昔私は立派な大通りだと思って、ニューヨークの通りとくらべたことがある。町にある丘は私たちが日曜日によく遊びにいったところである。町の大きさ、建物の高さ――みんな縮んで、小さくなってしまった。これは小人の町である。私は、生まれた家のひさしに手がとどくではないか。土曜日に海岸まで歩いて行くといったら、たいへんなことであったのに、たった三マイルの距離でしかない。私がよく貝を集めた海岸の岩はみんな消え失せて、海岸は平らになってしまった。思い出の多い母校、遊び場など、みんなおそろしく小さく見える。大きな屋敷だと思って私が見あげていたのも、おそろしく小さな、お粗末なものになった。私は後年、日本をおとずれた時、家はみんなおもちゃのように見えたが、このはじめて故郷に帰った時の印象と同じであった。

みんな小型の模型なのである。しかし、一つだけ、私が夢に見ていた通り、昔と少しも変わらなかった。それはあの古い寺院で、その鐘の音も昔と変わりなかった。私はこれをどんなにありがたく思ったことであろう。そして、日がたつうちに、みんなもとの形にかえって、私は心の落ち着きをとり戻したのであった。

親戚はみんなほんとうに親切であった。いちばん年よりのシャーロット伯母は、私たちが帰って来たのをことのほか喜んで、

「そうだとも、あんたはまたいつかこの町に帰って来て、ハイ通りに店を出すんだよ」といった。

ハイ通りに店を出すというのが、彼女にとって立身出世の最高のものであった。私の従兄たちはこの通りで商店を経営していた。外国から帰って来た自分の甥《おい》に、伯母はこの出世を予期していたのであった。店を出すなら、商人の貴族が占めているハイ通りで、私が生まれたムーディ通りであってはならない。

伯母はよく私をお守《も》りしてくれたので、彼女はよく私は泣き虫で、すぐ大声をあげて泣きさけんだといった。食事を与える時にはさじを二本用意しておかないと、一本のさじで食物を口に入れ、とろうとすると泣き出すので、つぎのさじを口に入れなければならなかった、といった。

私は幼いころからたくさんの格言や諺を教えこまれたが、私はそれを大いに利用した。ある日、三マイル離れた海岸に行ったが、帰途、私は父におんぶされた。険しい坂道を登る時、父は重すぎるといってうんうんうなった。たぶん私がおりて歩くと思ったのであろう。ところが、私は、

「ねえ、お父さん、忍耐と不屈の努力は人間をつくるんです。辛抱して下さい」といった。

父は笑いこけながら、私をおんぶして家に帰ったのであった。

私の思い出と夢はつきるところがなく、私はすっかり興奮して眠れなかったが、おかげで風邪をひいてしまった。その自然の結果として高熱を出し、六週間、伯父の家で寝込んでしまった。一時は危ないとまでいわれた。スコットランドの医療は、スコットランドの神学と同様、じつにきびしいものであった。血をとるというのが療法の一つで、ようやく回復しかけたのであるが、貧血を起こして長い間、足がたたなかった。この病気で私は早くアメリカへ帰ることにした。長い航海中、よく休養したので、帰国するとすぐ仕事にか

かることができた。

管区に帰ると、私は大歓迎を受けたが、これは私にとって忘れられない思い出となった。東部線の従業員は大砲をうちならして私を迎え、私の乗った汽車が通過すると、みんないっせいに拍手してくれた。これは、私の部下が私に対して愛情を示すはじめての機会であったが、彼らの歓迎は私の身にしみた。私は、彼らのことをいつも心にかけてはいたが、その気持が彼らに通じ、このように応えてくれるということは嬉しかった。働く人たちはいつも、温情に酬《むく》いるのを知っている。もし私たちがほんとうに彼らのことを思い、心をくばっているなら、彼らはそれに十分応えてくれるのである。類は友を呼ぶである。

9　橋をつくる

南北戦争中に鉄の値段はぐんぐん上って、一トン百三十ドルにまでいった。その値段でも輸送の関係で入手が困難であった。アメリカの鉄道は新しいレールが欠乏していたので、危機に瀕しかけていた。それで私は一八六四年に、ピッツバーグにレールをつくる会社を組織することにした。協力者と資本を得るのになんの支障もなく、スピリアール鉄工所と溶鉱炉が創設された。

同様に機関車の需要もあったので、トマス・N・ミラーと私は、一八六六年にピッツバーグ機関車製造所を建てたが、この工場でできた機関車はアメリカ全土でとても評判がよかった。この会社の百ドルの額面が、一九〇六年には三千ドルで売れたというのは、まるでおとぎ話のようである。毎年多額の配当をして、会社は大成功であったが、私たちの「最高のもの以外にはなにもつくらない」という標語が功を奏したのである。

私がまだアルトューナにいたころ、私はペンシルヴァニア鉄道会社の工場が小さな鉄の橋をつくっているのを見たことがある。鉄道施設のために木造の橋はもう役にたたないのを私は見たのである。そのころ、ペン鉄道の重要な橋が一つ焼けたので、八日間、この線は不通になってしまった。鉄でなければならない。私は、鉄橋を考案した人たち二人と、ペン鉄道の橋梁《きょうりょう》担当者をピッツバーグによんで、鉄橋をつくる会社を組織する案を出した。これは、この種の最初の会社であった。私は親友のスコット氏に参加をもとめ、創立者五名が千二百五十ドル出資することにした。私は銀行から金を借りた。振り返ってみてこれはほんとうにわずかばかりの金額ではあったが、「小さなどんぐりから大きな樫《かし》の木が生える」という諺《ことわざ》通りになったのである。

会社は一八六二年に組織され、翌年もう一つの鉄工所を接収して、私たちはキーストン橋梁製作所と命名した。ペンシルヴァニア州の別名はキーストン州であるが、私たちはこれをいただいたのである。ここで作られた橋はアメリカ全土だけではなく、世界の至るところで使われるようになった。鋳鉄《ちゅうてつ》製の橋であったが、非常に堅牢につくられていたので、いまでもそのころできた橋が使用されているのを見かけることがある。

そのころストューベンヴィルの地点でオハイオ川に橋をかける話がもちあがり、私たちは三百フィートの鉄道の橋をかけることができるかどうかと相談された。今から思えばおかしな話であるが、当時としては大きな問題で、そんなことはできないという人が多かった。しかし、私は同僚を説得して契約を結んだ。仕事がはじまって、鉄道会社の社長ジュエット氏が現場の視察に来られた。大きな鋳鉄のくいがたくさん転がっているのを見て、社長は私の方を振り向いてこういった。

「こんな重い鋳物をまっすぐ立てることはむずかしいし、その上を汽車が通ってオハイオ川を渡るなんて、できやしないよ」

しかし、社長は考えを変えなければならなかった。交通がはげしくなるにつれて増強しなければならなかったが、とにかくこの鉄橋は最近まで使用されていた。私たちはこの最初の重大な工事で多額の利潤を獲得するつもりでいたけれども、工事が完成する前に、アメリカはひどいインフレに見舞われ、利益はほとんどみな食われてしまった。しかし、ペンシルヴァニア鉄道会社の社長は実情をきいて、私たちの損失を補充するために余分の金額を支出してくれた。

キーストン会社の重役たちは、当時としては最高の技術者たちであった。パイパー大佐はすばらしい機械工であったが、この人の弱点は馬に夢中になることであった。きげんが悪い時には馬の話を持ち出すと、急に元気になった。疲れて来ると、私たちは、馬の本場であるケンタッキー州へ行って休んでもらった。ある日大佐は顔に半分まっ黒なあざをつくり、服はさけ、帽子も被らずに事務所にやって来た。しかし、手には鞭をしっかり握っている。ケンタッキーから来た若い馬を走らせていたのであるが、手綱《たづな》が切れてなげ出されたのだ、と説明した。

パイパー大佐はすばらしい人であったが、好き嫌いがはっきりしていた。私に好意をよせて、なんでも私のすることはよいといってくれた。私がニューヨークに移ってからは、私の弟をたいそう可愛がってくれ、弟のトムでなければ夜も日もあけないという調子であった。仕事に熱心で、また競争心が強かったので、私たちの会社が同業者間で一位を占めていなければ承知しないという気構えを見せていた。

このころ、はじめて事業要覧が出版され、会社の番付が載っていた。大佐は自分たちの会社がどう扱われているか好奇心をもって調べて見ると、キーストン会社はB級に入っているではないか。事業不振というのである。彼はたいへん立腹して、すぐ名誉毀損《きそん》の訴えをするといって騒ぎ出した。この調査は銀行を主にして行なったので、キーストンはどこにも借款を申し込んでいなかったため、事業不振という極印をおされたのである。大佐はいつも借金はご法度《はっと》といっていたので、この説明でやっと納得させることができた。

ある時、私は用事でヨーロッパへ行かなければならなかった。不景気で、企業会社はひどい事業不振で、毎日たくさんの会社が倒産していた時である。大佐は私をつかまえて、

「私が手形の署名をしなければ、君が留守の間に、執達吏につかまることはないね、そうだろう」と念をおした。

「そう、そんなことはできませんよ」と私は答えた。

「わかった。君が帰って来るとき、私たちはここにいるよ」といった。

キーストン橋梁製作所はいつも私にとって本懐のいたりであった。橋梁の仕事に従事した会社はほとんど一つ残らずといってよいほど失敗していた。彼らのかけた橋の多くが墜落し、アメリカの最大の鉄道事故の多くはこの原因によるものであった。風圧によって落ちたものもあるが、キーストン会社の橋は最も風当たりの強いところでもびくともしなかった。運がよかったからではない。私たちは最良の資材、しかもそれを十二分に使ったというだけなのである。私たちは自分の作業を最も厳重に検査し、安全なものを作るか、そうでなければ手をつけないという方針を厳守していた。私たちは力量のたりないものとか、科学的に承認できないデザインの橋を建設してくれと頼まれるときは、はっきりと断った。どんな作業であっても、キーストン橋梁製作所の印を付したものは、全責任を負って保証したのである。合衆国の州で私たちの仕事が見られないというところはない。英国の文豪トマス・カーライルの父親はアンナン河に橋をかけたのであるが、この有名な息子は「正直な橋」といって自慢にしていたが、私たちも自分の仕事にそのような誇りをもっていた。

この営業方針が成功のほんとうの秘訣《ひけつ》といってよい。もちろん、認められるまでは相当の年月がかかるかもしれないが、それから後は順風に帆をあげて走るようなものである。製作会社は、検査官をけむたがるかわりに、歓迎すべきである。最高の標準に到達するのはそんなにむずかしいことではない。人間はそのような努力で教えられ、鍛えられるのである。私は長い一生のうちに、よい正直な仕事をしない会社が成功したのを見たことがない。そして当時の最も激しい競争のさなかにあって、なんでも価格だけでものごとがきめられると思われがちであったが、事業の上で成功する根本の原則はもっと重大な仕事の質にあると私は固く信じていた。上は社長から下は最下級の工員にいたるまで、事業にたずさわっているひとりびとりが質に全精力を集中しているということは、その事業にかけがえのないほど重大なのである。したがって、この問題に関連して清潔でよい工場と機具、整頓された資材の置場と環境は、普通一般に考えられるよりも、もっと大切なのである。

ピッツバーグで銀行協会の総会が開かれた際、著名な銀行家がたくさんエドガー・トムソン工作所を訪れた。これは私が経営した一つの工場であったが、視察が終った後、一人の銀行家が私の支配人に、「この工作所はよく管理が行きとどいている」といった。私はこれをきいてたいへん嬉しかった。彼は、成功の秘訣がなんであるか、ずばりといいあてたのである。

ある時、大会社の社長が、検査官がはじめて見に来た時、部下がその男を追い帰し、その後再びもどって来ない、と私に自慢した。これをきいて「この会社は競争に勝つことができない。不景気になると、かならず倒産する」と自分にいってきかせた。そして、私が考えた通りになった。製作会社のいちばん確かな基礎は質にあるので、代価はほとんど末端の問題なのである。

キーストン製作所の事業については、長年にわたって私は個人的に特別の注意を払ってきた。そして、重要な契約となると自分で出かけて行って、お得意に会うことにしていた。その一例として一八六八年、私は、会社の技術者ウォター・ケットを連れてアイオワ州のダビュークを訪れたことがある。当時としては最も重大な鉄橋を建設する案があって、私たちは張り合っていたのであった。ダビュークの地点からあの広いミシシッピー河に橋をかけるというので、こんな長い鉄橋は今までに試みられたことがなかったのである。したがって、これは大事業であった。河は凍っていたので、私たちは四頭立の馬車で渡った。

この旅は、成功というものはどんなに些細なことによって自分のものになるかを立証している。私たちは最低の入札者ではなかった。私たちの競争相手はシカゴ市の橋梁会社で、重役会はこの会社と契約を結ぶことにきめていた。私はしばらく後に残って、重役の数名と話していた。彼らは鋳鉄《ちゅうてつ》と錬鉄《れんてつ》の功罪についてまったく無知であった。私の会社はいつも鉄橋の上層部に練鉄を使っていたが、競争の相手は鋳鉄を使用していた。私はこれを話題とした。河を行き来する蒸気船が鉄橋の柱にぶつかったとする。練鉄であったら曲がるだけであるが、鋳鉄であったらぽっきりと折れて、橋は落ちてしまうであろう。重役の一人は幸いこれを立派に証拠だててくれた。それというのは、この人は二、三日前、夜、まっ暗ななかで馬車を走らせていて、街燈の柱にぶつかったのであるが、鋳物であったためにこっぱみじんにこわれてしまったのである。もし私が、神のみ手が私を導いてくれたといったら、誰かに叱られるであろうか。

「そこでみなさん」と私はいった。「ご再考いただきたい点があるのです。少し余計に金を払って練鉄のこわれないものをおつくりになるなら、蒸気船がいくら衝突しても橋は安全なのです。私たちは今まで安い橋を建設したことがなく、これからもけっしてつくらないでしょう。私たちのはぜったいに落ちないのです」

座がしーんとしてしまった。橋を建設する新しい会社の社長はアリソンという有名な上院議員であったが、私にちょっと座をはずしてくれないかと頼んだ。私は別室に退却した。すぐまた呼び出されて、重役たちは私に契約してくれないかときいた。しかし、私が入札したのより少し安いのであるが、数千ドルの差額であるから、私はその申し入れを受けることにした。まことに都合よく粉々になってくれた街燈の柱が、私たちにとって記録的に有利な契約を結ぶ機会をつくってくれたのであった。しかもそれ以上に、私たちはすべての競争相手を乗り越えてダビューク鉄橋の建設を獲得したという評判をとったのであった。またこれをきっかけにして、私は、アメリカの最高のまた最も重要な公の人として知られているアリソン上院議員と終生の親交を結ぶことができたのである。

この物語の教訓はいわずもがなである。契約を獲得したいなら、それが結ばれる時、その場にいなさいということである。粉々になった街燈の柱か、あるいはなにか考えも及ばなかったことが飛び出してきて、入札者がその場にいれば獲物を手に入れることができるかもしれない。もう一つ、できるなら契約書をポケットに入れて持って帰ることができるまで、その土地にとまっていることである。もう帰ってよろしい、書類はでき次第送るからといわれたが、私たちはダビュークに滞在していた。ダビュークの景色があまりよいので、もう少し長く滞在して見物したいという口実を使ったのである。

ストユーベンヴィル鉄橋が完成した後に、ボルティモア・オハイオ鉄道会社がパーカースバーグとホイーリングの二か所でオハイオ川に鉄橋をかける必要に迫られて来た。そうするのでなければ、彼らの強敵であるペンシルヴァニア鉄道会社に敗けてしまうからであった。渡し舟の時代はもう終りに近づいていた。この二つの鉄橋の建設に関連して、私は、ボルティモア・オハイオ会社の社長ガレット氏を知るようになった。

私たちはこの二つの橋と橋のよりつきの工事をぜひ引き受けたいと考えたが、ガレット氏は、限られた期間にこのような大事業を全部一手に引き受けるのは無理だと主張して譲らなかった。彼はよりつきと短いせり持ちだけは自分の工場でやりたいのであるが、私たちの特許を使用させてくれるかときいた。私は、ボルティモア・オハイオ会社が使って下さるのをたいへん名誉と思うと答えた。この大会社が私たちを認めてくれるというのは、特許権の使用料金の十倍もの価値がある。なんでも、お好みなら私たちの持っているものをみんな使ってもかまわない、と私は考えた。

これは、鉄道王といわれたガレット氏にたいへんよい印象を与えた。彼はよろこんで、驚いたことには私を自分の私室に招じ入れ、いろいろのことについて率直に自分の意見を語ってくれた。彼はとくにペンシルヴァニア鉄道会社のトムソン社長とスコット副社長と自分の喧嘩について語り出したが、彼はこの二人が私の親友であるのをよく知っていた。私はここへ来る時、フィラデルフィアを通ったが、スコット氏にどこへ行くのかときかれたので、つぎのように答えた、とガレット氏に話した。

「私はオハイオ川にかける大きな橋の契約をとりにあなたを訪問するのだ、といったのです。するとスコット氏は、私はあまり無駄足を運ぶようなことをしないのに、今度こそは骨折損のくたびれもうけをするだけだ。ガレットさんが私にこの仕事をさせるなんて思いもよらない。というのは、私はもとペン鉄道に雇われていたし、またいつもこの会社に好意を示しているからだ、というのです。ですがね、私は、ガレットさんの橋をつくるんですよ」と私はいった。

ガレット氏はすぐ、会社の利益のためなら、個人的な関係がどうであろうと、最高のものがいつだって勝つのだ、と答えた。彼の技術者たちは、私の設計がいちばん優れているといっている。彼は、私がペン会社の従業員であったのをよく知っているが、自分の義務としてこの仕事を私にまかせなければならぬと考えているのだといった。

この折衝はまだ私にとって納得のいくものではなかった。というのは、私たちは、この工事のいちばん困難な部分を引き受けることになっている。そしてガレット氏は、私たちの設計と特許によって小さな、また利潤の多い部分を自分の工場でつくるというのである。私は、工事をこのように分割するのは、彼の基礎工事ができても私たちが橋梁工事にすぐかかれないと考えているからではないかときいてみた。彼はそうだと答えた。私は、その点は少しも心配する必要はないといった。そして、もし私に全工事をまかしてくれるなら、基礎工事が完成した時すぐ仕事にかかれるようにする。これについては私は保証金を積んでもよいと申し出た。

「私はリスクをとります。期限内にできない時には、約束した金額を没にして結構です。

どれだけ保証金を積みましょうか」と私はきいた。

「そうだね、十万ドルということにしよう」と彼はいった。

「承知しました。工事をさせていただきます。私の会社は十万ドルを私に失わせるようなことはしないでしょう。それはあなたもよく知っていらっしゃるはずです」

「そうでしょうね。十万ドルかけたら君の会社は昼夜兼行で工事をやるであろうから、私の鉄橋は期日までに完成するでしょう」と彼はいった。

このようにしてボルティモア・オハイオ鉄道会社とのぼう大な契約は結ばれたのであった。もちろん私がこの保証金を支払う必要がなかったのをここにいう必要はないであろう。私の同僚たちは、ガレット氏よりよく工事の情況を心得ていた。オハイオ川というのは馬鹿にできない。ガレット氏の基礎工事ができあがるずっと前に、上の部分は全部でき上って河岸に運び出され、まだできない橋脚を退屈そうに眺めていたのであった。

それからしばらくたって、ガレット氏は自分の鉄道会社が鋼鉄のレールの製造に乗り出そうと決意して、英国の発明家ヘンリー・ベッセマーの製鋼法の特許を使用する権利を手に入れようとしていた。ボルティモア・オハイオ鉄道会社は私たちのよいお得意の一つであったから、私たちは必然的に鋼鉄のレールをつくるために圧延工場を建てるのをやめさせようと努めた。これはボルティモア・オハイオ鉄道会社にとって営利的に運営するのは困難であって、会社で使うだけのわずかなレールをつくるより、他の会社でつくったものを買うほうがずっと安くつくのである。私は、ガレット氏を説得するために出かけていった。彼はそのころ外国貿易に大きな関心をもっていて、外国船がボルティモアの港にたくさん入って来るのをよろこんでいた。彼は部下を数名ひきつれて私を波止場に案内し、鉄道を延長し、外国からの貨物は船からすぐ貨車に積んで発送するのだ、といった。そして、私のほうを振り向いてこういった。

「カーネギーさん、これでなぜ私たちが自分でなんでもつくらなければならないか、鋼鉄レールさえもね、よくおわかりのことと思います。私たちの組織はぼう大なものなんです。私たちが使う重要な資材はなんであっても、私営の会社が補給してくれるのにまかせておくことはできないんです。私たちは一つの王国なんですからね」

「さあ」と私は答えた。「ガレットさん、おっしゃる通りたしかにみんなすばらしいですよ。しかし、じつはあなたのいう〝ぼう大な組織〟は、私をびっくりさせることはできません。私は、あなたの会社の昨年の年報を読んで、他の人たちの生産品を運ぶだけで千四百万ドルの収入があったのを拝見しました。私が経営している事業は山から資源を掘って来て、自分たちでいろいろの物を生産し、それを販売して、あなたの会社の数倍の収益を得ているのです。事実、カーネギー兄弟会社とくらべると、あなたの会社はきわめて小さなものなんです」

私が鉄道に職を奉じていたということが、この場合、大きくものをいった。その後、ボルティモア・オハイオ鉄道会社が私たちと競争しようというようなことを再びきかなかった。ガレット氏と私は、最後まで親交を続けた。彼は自分で育てたスコッチ・コリー犬を一匹私にくれたことさえある。彼はスコットランド人で、私と血を分けていたということが、私がかつてペンシルヴァニア鉄道会社にいたということを帳消しにしてくれたのであった。

10　製鉄所

キーストン製作所は最初から私が大いに力を入れていた事業であって、これが他のたくさんの事業の親となったのである。しかし、製作所が創設されてからまもなく、鋳鉄より練鉄の方が優れているということが明らかになってきた。であるから、質をそろえるためと、当時としては手に入らない型のものを作るため、私たちは製鉄事業に乗り出す決意をした。弟のトムと私は、トマス・N・ミラー、ヘンリー・フィップス、それにアンドリュー・クローマンとともに小さな製鉄所に目をつけはじめた。ミラーがまず最初に、クローマンと共同でこの事業に乗り出し、一八六一年十一月、彼はフィップスに八百ドル貸して、参加させた。

ミラーは、製鉄事業の開拓者であることをここに記録しておかなければならない。私たちは彼に負うところが多かったが、彼はまたじつに温厚な愛すべき人物であって、歳月を重ねるうちに、友人としてまことにかけがえのない人となったのである。彼も年をとるにつれて温和になって、若いころは神学を毛嫌いした彼は時々爆発したが、このごろはそんなこともなくなった。ミラーはほんとうの宗教と神学をべつべつに考え、後者を嫌悪したのであった。私たちは年をとるにつれ、思索的になるが、それはたしかに望ましいことである。

アンドリュー・クローマンは、アリゲニー・シティで小さなかじ屋をやっていた。ペン鉄道の主任をしていた時、私は、彼がいちばんよい車軸をつくるのを発見した。彼は、優れた機械工で、当時のピッツバーグではまだ思いつかなかったが、やる価値のある仕事は最善をつくしてやるのでなければ意味がないということを彼は発見したのであった。彼のドイツ魂は中途半端なことを許さなかった。彼がつくったものはおそろしく高かったが、使ってみれば何年も安心して使用できるものばかりであった。このころは、まだ資材の分析ということもなく、また科学的に加工するということもなかったから、車軸はどのくらい寿命があるのかさっぱりわからず、こわれるまで使うというところであった。

このドイツ人は天才的な発明家であった。鉄材を切るのこぎりを発明し、橋梁を建設するために必要な連結装置を考案した。まだ彼が生み出したものはたくさんあるが、みんな私たちの製作所でつくった。

フィップス家と私の家族は長年にわたって親しくしていたが、最初私の友達であったのは兄のジョンであった。ヘンリーは私よりずっと年下であったが、聡明で、才知にたけた彼に、私は早くから目をつけていた。ある日、彼は兄のジョンに二十五セント貸してくれと頼んだ。ジョンは、弟のことであるからなにか重要なことに使うのだろうと思って、黙ってぴかぴかした二十五セント銀貨を渡した。つぎの朝、「ピッツバーグ・ディスパッチ」紙の広告欄に「勤勉な少年が職を求む」という一行が載っていた。

働きもので、志をたてていたヘンリー少年は、銀貨をこのために使ったのであるが、これはたぶん彼が生まれてはじめて手にした大金であり、また、一度にこんなまとまった金を使った最初の経験であったろう。有名なディルワース・ビッドウェル会社からすぐ答えが来た。「勤勉な少年」に訪ねて来るようにということであった。ヘンリーは行って、給仕に採用された。当時のしきたりにしたがって、彼は朝早く行って、事務所を掃除した。このようにして実業界に進出したヘンリーは、すぐ会社にとってなくてならない人物となった。彼はミラーさんの目にとまり、クローマンの工場に関係をつけてもらった。これがきっかけになって、市内に小さな製鉄所を建てることになった。彼と私の弟トムとは学友で、幼いころからの親友であったから、事業の上でもいつも提携し、弟が一八八六年になくなるまで、二人は離れられない関係になった。

さきの一給仕少年は、今日、合衆国の大金持の一人であるが、彼は自分の浄財をどのように有効に使うかをよく知っている。数年前に彼は、アリゲニーとピッツバーグの公園に立派な植物園を寄贈した。この植物園は「日曜日にも開園すること」と条件がついているが、この事実は彼が時の人としてどんなに優れていたかをはっきりと物語っている。寄贈のこの条件は当時、やかましく論議された。教会の牧師たちは説教壇から彼をきびしく非難攻撃し、会員は、神の日を汚すものとして決議文を採択した。しかし、大衆はこぞってこのような偏狭な態度に反対して立ちあがり、市の議会は満場一致でこの贈物を受け入れる決議をした。牧師たちの非難にフィップス氏は答えてつぎのようにのべているが、私は、彼の健全な良識に大いに共鳴した。

「諸君のように週一日だけ働いて、残りの六日は自由勝手に自然の美を満喫できる人たちは、それでよいのでしょう。みなさんにとっては、これは問題にならないのです。しかし、六日間いそがしく働いて、たった一日だけ自分の自由になって、その日に美しい自然に接し、なにかを学ぼうとする勤労大衆から与えられた機会を奪いとるのは、恥ずかしいことではありませんか」

あの同じ牧師たちは最近、ピッツバーグで開催されている年次大会で、教会で楽器音楽を使うことについて喧嘩している。しかし、彼らが教会でオルガンを使用するのが正しいかどうか論争を重ねている間に、知識人は、日曜日に美術館、植物園、図書館を開放している。教会はもう少し時代の要求にそうよう努めないなら、大衆の支持を失って、教会は近い将来に開店休業ということになるであろう。

クローマンとフィップス両氏は、その後まもなく事業上のことでミラーと意見が合わず、不幸にも彼は共同経営から追い出されてしまった。ミラーが不当に扱われたと考えたので、私は彼と提携して新しい事業の建設にかかった。これが一八六四年に成立したサイクロップス製鉄所なのである。事業が軌道に乗るようになるとすぐ、新旧の事業を合同するのが可能で、また望ましいとわかったので、一八六七年に二つをまとめてユニオン鉄工所をつくった。

ミラー氏はもとの協力者であるフィップスやクローマンとまたいっしょに仕事をするのをいやがると思ったので、この二人がユニオン鉄工所に直接関係しないようはからった。ミラー氏と私の弟と私が取締役となって、支配権を握ることにした。しかし、ミラー氏は頑固で、自分の権利を私に買い受けろといってきかなかった。私は過去のことは過去のこととして水に流そうではないかと、説得に努めたが、彼はどうしてもきき入れないので、私はしかたがなく、彼のいう通りにした。彼はアイルランド人で、アイルランドの人は、一度感情的にこじれるともうどうにも処置なしである。その後ミラー氏は、私の熱意をこめた説得に耳を傾けなかったのを悔いていた。もしその時に譲歩していたら、創設者として当然ぼう大な利益を自分のものにすることができたのである。彼自身と部下のために、百万王国を建てることができたのに。

当時の私たちはまだ産業界のかけ出しであったが、サイクロップス製鉄所のために三町歩の敷地を買って、そんな広い土地をどうするのかとみんなにあきれられた。数年間、敷地の一部を他の会社に供していた。しかし、まもなく、こんな狭い場所では製鉄事業はできないということが明らかになった。クローマンは鉄骨の製作に成功し、長い間、私たちの会社はこれを独占的につくっていた。私たちはたえず新しい試みに積極的に乗り出し、他の会社が手を出さないことも、やって見て、どんどん成功していった。同時に、質的に最高のものを造る、そうでなければぜんぜん手をつけないという原則を固く守った。いつもお得意の要求に答えるように努めたが、そのため時には多額の金を使って、足を出すこともたびたびあった。なにか問題が起きると、疑わしい点はいつも相手に有利に解釈する方針をとった。これが終始一貫した私たちの方針であったから、私たちは一度も訴訟問題を起こしたことはない。

製鉄事業に従事して、私は、いろいろの製造過程で、一つの作業にどのくらい経費がかかるのか、いわゆる原価計算について何もわかっていないのにひどく驚いた。ピッツバーグの主な生産業者について調べてみると、事実、だれもこの点について知らないのである。事業は一括してまとまったものとして考えられ、年末には在庫品を調べ、帳尻が合えばよいので、経営者は、事業の結果についてはまったく無知なのであった。事業が不振だといってひどく悲観していたのに、年の暮になって収益をあげているのを発見する人があるかと思うと、その反対をいく人もある。まるでもぐらが暗い土の中でもぐもぐやっているようなもので、私はこんなことではならないと思った。そこで、私は生産の各過程でどのくらい経費がかかるのか慎重に調査し、それを検討する組織を考案し、会社の全組織にあてはめることにした。とくにひとりびとりの工員がなにをしているのか、誰が資材を節約し誰がむだにしているのか、誰がよい成績をあげているのか、綿密に調べることにした。

ここに到達するのには想像以上にいろいろの困難に出逢わなければならなかった。会社の支配人はひとりのこらず新しい制度に反対したが、これは当然であった。正確なやりかたを見つけるまでには数年かかったが、結局はたくさんの事務の助けをかり、また工場の各処に大きな秤《はかり》を配置することによって、私たちは単に各部門がどんな仕事をしているかということだけではなく、溶鉱炉で働いているたくさんの工員のひとりびとりが何をしているか知ることができ、それをもとにして比較検討することができるようになった。産業界で成功する大きな原因の一つは、従業員をよく仕込むことと、完璧といってよい計算の組織をつくり、それを厳格に施行することで、このようにすると、従業員に金銭と資材に対する責任を身近なものとして体験させることができるのである。事務所では部下の一人に五ドル札を渡して手ばなしにしておくことはせず、それをどう使うかくわしくいいつける経営者が、工場では毎日、工員に数トンの貴重な資材を与え、それがどのような形で加工され、でき上ったものを精密に量《はか》って管理しないとは、いったい、どうしたことなのであろうか。

シーメンスが発明したガスの溶鉱炉は、鋼鉄と鉄をつくるために、英国の製造業者のあるものは使用していたが、非常に高くつくということであった。この新型の溶鉱炉を私たちが使い始めた時、ピッツバーグの同業者たちは、なんて馬鹿な浪費をやらかすのだろうと批判したのを私はよく憶えている。しかし、大量の原料を熱するにあたって、新しい溶鉱炉を使用すると、場合によっては廃物を半減することができる。したがって、経費は二倍になっても、使用するほうが得かもしれない。しかし、数年間、誰も私たちについて来てくれなかった。そんなわけで、長い間、利潤はごくわずかしかあがらず、原料の節約によって、どうにかまかなっていたのであった。

私たちがつくり出した原価計算の制度は、大量の鉄を溶解するのに非常にむだがあるのを発見した。これを改善するにあたって、私たちは、事務員のなかに一人の有能な人物を見つけることができた。ウィリアム・ボーントリーガーといって、クローマンの遠縁にあたり、ドイツから来た人であった。ある日彼は、長期間にわたって自分が丹念に調べた結果の報告を提出したのであったが、それはじつにすばらしいもので、私たちは非常に驚き、最初は信じることができないほどであった。彼は頼まれないのに、私たちに知らせず、夜調べてこの報告を作成したのであった。それはまったく独創的なものであった。もちろんウィリアムはすぐ工場の主任に昇進し、後日、彼は取締役にあげられた。この貧しいドイツから来た少年は、なくなるまでには百万長者になったが、彼はこの幸運に値する人物であった。

ペンシルヴァニアの油井《ゆせい》が注目されはじめたのは一八六二年のころであった。私の友人ウィリアム・コールマン氏は、油田の発見にたいへん興味をもって、ぜひ私にこの地帯を見に行くようにといって誘ってくれた。ついでにこの人の娘が、後日、私の弟の嫁になったのである。説得されて、私はコールマン氏のお供をしたが、これはほんとうに愉快な旅であった。油田には大量の人たちが押しかけたので、休むところがない。しかし、こんなことでしりごみするような人は、最初から出かけて来ないであろう。数時間のうちに掘立小屋を建て、日常の生活にことかかないようにした。彼らの多くは平均以上の知能の持主で、かなり多額の金を貯め、何か新しい冒険に乗り出して幸運を摑まえようとしていたのである。

私の印象に強く残ったことは、どこへ行ってもみんな陽気で、仲よく騒ぎまわっていることであった。まるで大きなピクニックみたいであった。お腹をかかえて笑うようなことばかりで、みんなうきうきしている。幸運は手のとどくところにある。大景気は約束されている。油井のやぐらには旗が高くひるがえり、旗には面白おかしい標語がたくさん書いてある。河のほうを見ると、二人の男が油井を掘るために一所懸命踏み車のペダルを踏んでいる。高くかかげた旗には「地獄か中国へ」と文字が書いてある。どこまでも掘り下げる心構えでやっているのである。

アメリカ人の適応性は、この地域に、またこの時ほどよく現われたことはない。ひどい混乱もすぐ整頓され、秩序がもたらされた。その後まもなく私たちが再び訪れた時には、私たちは音楽隊によって迎えられたが、河にそってできた新しい町の住民が組織したものであった。いまここに一千のアメリカ人が集まったとする。彼らはすぐ自分たちで組織をつくり、学校と教会を建て、新聞を発行し、ブラスバンドをつくるのである。いいかえるなら、自分たちの手で、彼らは文明のもたらすあらゆる施設をととのえ、自国の進歩発展を計るのである。いまかりに同じ数のイギリス人を同じような環境に連れて来るとする。そして彼らはまず自分たちの中でだれが世襲的にいちばん高い地位を占めていたか調べる。そして、その人の祖父が高い社会的地位にあったということで、彼を指導者に推すことにする。アメリカ人の間にはたった一つ、約束がある。道具は、それをいちばん有効的に使うことのできる人にあたえる——それだけなのである。

現在オイル・クリークの町は、数千の人口を有し、繁栄しているが、以前はむさくるしい集落にすぎなかった。油井から出る石油を平底の船につぎ込んで運び出すのであるが、船は渋るので、ピッツバーグに着くまでには三分の一は失われてしまう。石油がまだ珍しかった時代には、インディアンが瓶《びん》づめにして、一瓶一ドルで売り歩いた。リウマチスにきくというので、たいへんな評判になったが、大量に噴出するようになってからは、そんなことは忘れられてしまった。人間というものは愚かなものである。

最も有望とみなされた油田はストーリー農場であった。売値は四万ドルということであったから、私たちはそれを買いとった。この投資は、それまでのどれよりもよかったということがすぐわかった。最初の年に百万ドルの純益をあげ、その後、この油田は五百万ドルと評価されていた。

この収入は、私にとって非常に好都合であった。ピッツバーグに新しい工場を建設するために、私たちは全資金を集めてもまだたりなかったので、借款を申し込まなければならなかったが、回顧して、まだ若い私たちにとってこれはしごく妥当な措置であったと思う。

この石油の分野への冒険で、私は数回、現場に足を運んだが、一八六四年にはオハイオ州で油田が発見されたというので、私たちは見に行くことにした。この地帯の石油は、他のと少しちがってよい潤滑油になるということであった。それで、私は、コールマン氏とリッチー氏を連れて出かけたのであるが、この旅で実に不思議な体験をしたのである。私たちは汽車で旅し、ダック・クリークの小川にそって、だれも住んでいない湿地に奥深く入っていった。この奥に大油田があるということであった。私たちは出発する前に、それを買う契約を結んでいた。

私が経験というのは、帰り途で遭ったことなのである。行く時には天気は快晴で、道もそう悪くはなかったが、私たちが油田にいる間に雨が降ってきた。道はやわらかいねばねばした泥のかたまりと化して、私たちの馬車はおっかなびっくりしながら進んでいた。そのうちに雨はどしゃぶりになって、日は暮れて来るし、ここで一夜を過ごさなければならぬことになった。コールマン氏が馬車の片側にまっすぐに寝て、リッチー氏が反対側に横になった。私はそのころ痩《や》せていて、四十五キロぐらいしか目方がなかったから、二人の肥った人たちの間に挟まれて、サンドウィッチのような恰好で休むことにした。時々、馬車は思い出したように五、六十センチ前進するのであるが、そのうちに、すっかり泥にはまり込んでしまった。このようにして、私たちは一夜を過ごした。

つぎの日の夕方、私たちはみじめな恰好で、小さな田舎町へ着いた。町には小さな木造の教会があって、燈火がともり、鐘が鳴っている。町の宿にようやくたどりついたところ、教会の委員が訪ねて来て、町の人たちは私たちが来るのを待っていたので、もう聴衆は集まっていると告げた。よくきいて見ると、誰か名の知られている講演者を待っていたのであるが、その人も私たちと同じような事情で遅れたのであろう。私はその人と間違えられたのである。それで集会所にいっしょに来てくれというのである。友人たちも面白いから出かけてみようではないかといったが、私はあまりに疲れているので断らなければならなかった。このようにして、私は一生のうちにたった一度だけめぐりあったお説教をする機会を逃がしてしまったのである。

私の各方面への投資事業が拡張されるにつれ、時間と労力を必要とするようになって来たので、私は鉄道会社の職を辞して、自分の事業に全精力をつぎ込むことにきめた。トムソン社長はその前にアルトューナに移って総務次長に推して下さったが、私は辞退した。私はすでに鉄道のサービスから全面的に身を退き、身代をつくるのに専心することにしていた。鉄道会社が支払う俸給ではそんなことは望まれないし、やるとすれば公明正大にやりたい。夜、枕に頭をつけるとき、私の心のうちにある審判官に私のしたことは正しかったという判決をもらわなければならない。

私は、トムソン社長にこのことを書いて、辞職を願ったとき、彼は懇切な返事を下さった。そして、私の幸先《さいさき》を祝ってくれた。私は一八六五年三月二十八日に職を辞し、鉄道の従業員一同から金時計を贈られた。この贈物とトムソン社長からの手紙を、私は大切な記念の品として大事に保存している。

その後、私は再び俸給生活者に帰らなかった。他人の指図の下にあるうちは誰も必然的に狭い世界に押し込まれていることになる。大会社の社長になったところで、人間は自分の主人公となるのは至難である。もちろん、自分が株を独占していれば、問題はべつである。最も有能な社長でさえ、事業についてはなにも知らない重役会や理事会、それに株主によって縛られているのである。

一八六七年、フィップス氏とJ・W・ヴァンデヴォルト氏と私は、再びヨーロッパを訪れ、イギリスとスコットランドをくまなく歩きまわり、大陸まで足を伸ばした。ヴァンデーは私がいちばん親しくしていた人である。石油熱で財界はわきかえり、株価はロケットのように急騰していた。ある日曜日、芝生に寝ころびながら、私は、

「ヴァンデー、いまかりに君が三千ドルもうけたとするね、それを私といっしょにヨーロッパを旅行するのに使う気になるかね」ときいた。

「そんなことをきくのは、あひるは泳げるかとか、アイルランド人はじゃがいもを食うか

ときくようなもんだね」というのが彼の答えであった。

ヴァンデーがためていた数百ドルを石油株に投資して、すぐ三千ドルの金ができた。このようにして、私たちは旅に出た。私たちは、私の協力者であるヘンリー・フィップス氏に加わるよう頼んだが、このころまでに彼は立派な資本家となっていた。私たちはヨーロッパ諸国の首都を歴訪し、青年のあの燃えるような熱意にまかせて塔に登り、山の頂上に夜を明かし、荷物はリュックサックにつめて背負って歩いた。ヴェスヴィアス火山の頂上で私たちの旅を終り、いつか世界一周の旅に出ようと誓ったのであった。

このヨーロッパの旅はたいへん役に立った。私はそれまで絵画彫刻についてなんにも知らなかったが、その後は、有名な画家の作品を見分けることができるようになった。名作を見てすぐそれを十分に鑑賞することはできないかもしれない。しかし、アメリカに帰って来てから、それまで自分が美しいと思っていたものも無意識のうちに放棄し、自分の前におかれたものを新しい基準によって批判するようになる。偉大な作品が強く印象づけられているので、そうでないものはもはや自分にとって魅力がないのである。

私のヨーロッパ訪問はまた、音楽の分野でも大きな慰安となった。ちょうどロンドンのクリスタル・パレスでヘンデル祭が催されていたので、私は出かけていったが、この時ほど音楽の偉大さとその力を身にしみて感じたことはない。その後、大陸の寺院やオペラで音楽をきく機会があったが、私の音楽鑑賞はふかまっていった。ローマでは法皇の合唱隊、クリスマスと復活祭のさいには教会で美しい音楽をきくことができたが、これが旅の大きな収穫となったといってもよい。

この旅は、商売の点からみても非常に役に立った。私たちは時々、雄大な共和国からぬけ出して、自国がどんな勢いでかけ回っているか考えてみる必要がある。産業に従事している私たちにとって、アメリカ人の要求に応えるためにはどんなに背伸びしてもまにあわないように思われてかけ回っているのであるが、外国へ行くと、みんな静止の状態にある。この旅行でのもう一つの大きな収穫は、私の従兄弟ジョージ・ラウォターに負うものであった。彼のおかげで私たちの工場作業に新しい工夫がなされたが、これはアメリカではじめて試みられたものである。ジョージは、コールマン氏をイギリスのウィガンに案内し、炭鉱から出る石炭のくずを洗滌《せんでき》し、コークスにする作業を説明してくれた。コールマン氏は前から炭鉱から出るくず炭を捨ててしまうのではなく、なんとかして利用できればよいといっていたのである。従兄弟のジョージは工学専門の技師で、グラスゴー大学で教育を受けたのであった。

私は、コールマン氏の意見にしたがって、資本金を集め、主要な石炭会社と十カ月間の契約を結び、またペンシルヴァニア鉄道会社に輸送を委託して、この新しい事業に乗り出した。ジョージはピッツバーグに来て、この作業の全責任を負うことになった。それまでまったく無用の長物として河に捨てていたくずが、このようにして重要な役割を果たすようになり、私の親戚の一人がこれに貢献したということは、私を喜ばせた。無から有を生み出すということ自体がすばらしいのに、新大陸でこの事業に最初に手をつけたのが、私の会社であるということは、特記してよいであろう。

私はもう一人、また従兄弟に大切な協力者を発見したのであった。ロバート・モリソンといって、ダムファームリンの出である。ある日工場を見まわっていると、係長が、あなたの親戚が一人ここに働いていて、とくに優れた機械工であるが、知っているかと尋ねた。私は知らないと答え、働いているところに行ったら話してみたいといった。私は彼に会った。名をきくと、

「モリソン・ロバートの息子です」と答えた。従兄弟バッブの子どもなのである。

「そうか、どうしてここへ来たのです」と、私はことばを改めてきいた。

「生活をよくすることができると考えたからです」

「家族は？」

「家内一人です」

「なぜ君の親類を最初に訪ねてこなかったのかい。ここへ紹介してあげることができたの

に」

「ええ、私は働く機会さえあれば、だれの助けを借りなくてもよいと考えたからなんです」と彼は答えた。

これがほんとうのモリソン気質なのである。自分に頼り、まったく独立独行で人生を歩むのを教えられて来た彼である。それからまもなく私は、彼が新しく設立された私たちの製作所に主任として迎えられたときかされた。その後どんどん昇進して、彼は今日、百万長者であるが、あいかわらず健全な考えかたをもって生活している。

私はいつも製鉄業は拡張され、鉄鋼産業に新しい発展を見なければならない、といってきた。当時はまだ揺籃《ようらん》期にあったからである。将来の発展に関してすべての危惧《きぐ》が一掃されたのは、アメリカの政府が外国からの輸入に関税をかける決議を採択したからである。南北戦争は、アメリカ人に外国に頼らず、自給自足の国となるべきだという決意をさせたのである。それまでアメリカは鋼鉄をすべて外国、とくに英国から輸入していた。国民は国内供給を要求し、議会は鋼鉄のレールに二十八パーセントの関税をかけることにきめた。当時レールは一トン百ドルであったから、関税はトン当り二十八ドルになる。他の鉄鋼製品に対しても、ほぼ同様の比率になる。

この保護措置は、合衆国の産業の進展に大きな役割を果したのである。南北戦争前には、これは政党の問題で、南部は自由貿易を主張し、関税は北部だけのためだと見ていた。しかし、戦後は、関税は政党の関心事ではなく、国家の政策として、共和党も民主党もこれを支持したのであった。国内の資源を開発するのは国民の義務となったのである。その後、鉄鋼業が急速に発展し、アメリカが優位を占めるようになるにつれ、私は徐々に関税引き下げのために努力し、一トンにつき二十八ドルなのが、現在はその四分の一の七ドルに引き下げられた。今私がこの自叙伝を書いているさい、アメリカは鉄鋼製品の関税を全廃してしまっても、少しも困らないであろう。

ヨーロッパの生産高は需要を満たすに足りないくらいで、国内の業者は少しぐらい輸入されてもびくともしないであろう。

11　本社をニューヨークにおく

私たちの事業は拡張を続けたので、私はたびたび、東部、とくにニューヨークをおとずれなければならなかった。アメリカではニューヨークはあらゆることの中心で、ロンドンが英国にとって重要なのと同じであった。アメリカの重要企業はみんな本社をニューヨークにおいていた。大きな商社は、だれか代表者をそこにおいておかなければ不便でしかたがなかった。私の弟とフィップス氏が、ピッツバーグの事業をよくやってくれている。私の分野は、いくつかある会社の総合的政策を指揮し、重大な契約の交渉に当たることにあるように思われた。

弟は、私たちのいちばん尊敬する協力者の一人で、また友人であるコールマン氏の令嬢ルーシーとめでたく結婚した。家族が住んでいたホームウッドの家を、私は弟に譲り渡したので、私はもう一度長年の友人たちとわかれて、ピッツバーグを去り、ニューヨークに居をかまえなければならなくなった。これは一八六七年のことである。この移転は私にとってても相当辛いものであったが、私の母にとってはもっと辛かった。しかし、母はまだ元気であったし、二人がいっしょにいることができれば、私たちはどこにあっても幸福でいられるのである。それでも、長年住みなれたこの家を去るのは、母にとって耐えがたいものがあった。私たちはニューヨークでだれも知らなかった。それで最初セント・ニコラス・ホテルに落ち着いたが当時ここは社交の中心となっていた。

しばらくの間、私たちの唯一の慰めは、ピッツバーグの友人がニューヨークに来て、寄ってくれることであった。それに、ピッツバーグの新聞は、私たちの生活に欠くことのできないものであった。私はたびたび帰って行ったし、母もよく同行したので、私たちのピッツバーグとの関係はかなり緊密であった。しかし、時がたつうちに、新しい友達ができるし、新しい興味もわいて、自然にニューヨークを自分たちの家と考えるようになった。セント・ニコラスの経営者が山手にウィンザー・ホテルを開業したので、私たちはそこに移り、一八八七年までここが私たちのニューヨークのすまいとなった。経営者のホークさんは、私たちの親しい友達となり、彼の甥は今日まで私たちと交際している。

教養の面で、ニューヨークはいろいろの特典があり、私はその影響をうけたが、その中でもとくに私が高く評価したのは、コートランド・パーマー夫妻が組織した十九世紀クラブであった。クラブは月一回、パーマー氏の宅で会合を開いたのであるが、いろいろの時の問題を採り上げて論議をたたかわした。そして、すぐたくさんの有能な男女が集まって来た。私をこのクラブに推薦して下さったのはボッタ夫人で、彼女の夫は大学の教授であった。彼女はすばらしい女性で、彼女の応接室はサロンのようであった。たくさんの知識人が集まって来た。私は一夕、ボッタ家に夕食に招かれ、そこで初めて数名の知名人に会うことができた。そのうちの一人は私の終生の友となり、また賢明な忠言者として私のためにつくしてくれたが、それはアンドリュー・ホワイット氏で、そのころはコーネル大学の学長であった。後にロシアとドイツへ大使として派遣され、またハーグ会議のアメリカ主席代表となった。

私は長年ピッツバーグに住んでいたので、生産者気質を身につけることができたが、これは投機的な考えかたとは正反対なものであった。電信局の通信員として事業について学んだのであるが、ピッツバーグの人たちや商社でニューヨーク株式市場と取引きをしていた人たちの歩みを、私は大きな関心をもって注目していた。私にとって彼らの取引きは、賭事《かけごと》の一種でしかないと見たのである。そのころまだピッツバーグには株式市場がなかったので、証券会社や個人の取引きはみんな電報で行なわれたのであるが、ピッツバーグはなんといっても工業都市であった。

私はニューヨークでは事情がすっかり反対なのを知って大いに驚いた。実業界の人たちで、多少とも株に手を出していない人はないといってもよい。私は、鉄道に関係していたということで、どこへ行ってもいろいろの鉄道会社について意見をきかれるのであった。投資のために資金を貸してあげるから、それを上手に運営して欲しいという申込みもあった。たぶん私が会社の内幕を知っていて、自分の投資をうまくやってくれると考えたからであろう。パーティーに招かれて、そのような相談をもちかけられたこともある。事実、投機界の全分野が、つぎつぎと、最も魅惑的な形で私の前に展開されたのであった。

このような誘惑を私は全部退けた。私がニューヨークに移ってからまもなく、ある朝、ウィンザー・ホテルできかされた案は、その中でも最大な提案であった。ジェー・グールドといえば当時飛ぶ鳥も落すほどの勢いであったが、もし私が全経営に乗り出すというのであったら、ペンシルヴァニア鉄道会社を買収して私にまかせるというのであった。私は彼にこの好意を謝し、スコット氏と私は事業の上ではわかれたが、私はけっして彼にそむくようなことはしない、と告げた。その後、スコット氏は、ニューヨークの株主たちが私を推して、会社をのっとろうとしているときいた、と私にいった。グールドの話を私は口外しなかったので、彼がどうしてこれを知ったのか、いまでも判らない。しかし、私が社長になるなら、それは私が所有する鉄道会社であって、他の会社には絶対に手を出さない、と私はスコット氏にはっきり約束したのである。

私は一生のうち一回を除いては、投機的に株を売買したことはない。ただ一度、ペン鉄道の株を少し投資として買ったことがある。銀行が低利でもってやるといったので、私は金を払わなかった。しかし、これはまだ私の駈け出しの時代で、その後は自分で金を支払わない株を買ったり、また持っていないものを売ったりすることはしなかった。もちろん、事業上の取引きで証券や株券で手渡されたものがたくさんあり、その中にはニューヨークの株式市場にのっている銘柄もあった。そんなわけで、朝新聞を手にするとまず、株の欄に目を通している自分を発見した。そこで私は自分のピッツバーグ工場に直接関係のない傍系会社を整理し、しかも株式市場で売買されるものはいっさい持たないことにきめた。このようにして、仕事の上でたまに入って来る少しばかりの株のほかは、私は終生この原則を守ってきた。

生産事業にたずさわる人たちや、専門の職にある人たちに、私はこの考えかたをすすめたい。とくに、事業の経営者にとって、この心構えは大切である。長い眼で見る時、的確な判断に優るものは他にない。株式市場の目まぐるしさにまどわされている人は、健全な判断力を失うのである。酒に酔ったと同じ状態になるので、ありもしないものを信じ込み、あると思ったものも、みなないということになる。相対的に物を見ることができないし、また将来の見通しがゆがめられてしまうのである。もぐら塚が山に見え、山がもぐら塚と見える。理性の判断によらなければならぬ結論に、なんの根拠もなく一足とびに突入してしまう。相場に気を奪われているので、冷静に考えることができないのである。投機というのは寄生虫で、それ自体になんの価値もないものなのである。

ニューヨークに居をかまえてから私が手を出した最初の重要な仕事は、キオクーク地点からミシシッピー河を渡る鉄橋をかける大事業であった。ペンシルヴァニア鉄道会社社長トムソン氏と私が、基礎から全部請負い、支払いとして株券を受け取った。この工事はあらゆる点ですばらしい成功であったが、財政的にはあまりよくいかなかった。というのは、アメリカは不況に襲われ、関係していた鉄道会社が破産したからである。それに、競争会社が、バーリントン地点に鉄橋をかけ、新しい鉄道がミシシッピー河を越えて、キオクークまで敷かれたからである。私たちが期待していた莫大な利益は実現しなかった。そんなわけで、トムソン氏と私は、損はしなかったが、利益はほとんどなかった。

キオクーク鉄橋の評判がよかったので、セント・ルイス市からミシシッピー河をわたる橋の計画が、私のところに持ちこまれてきた。これによって私は、はじめて大規模の金融取引きに乗り出すことになった。一八六九年のことであるが、ある日、マックファーソンという人が、私のニューヨークの事務所に来て、新設される橋のために資金を獲得しようとしているのだ、と告げた。彼は、この計画のために私に、東部の鉄道会社に参加するよう誘いかけてくれないだろうか、といった。計画案を綿密に検討した結果、私はキーストン橋梁製作所がこの橋の建設を請負う契約を結ぶことにきめた。私は、この橋を建設する会社の一番抵当債券四百万ドルを引き受け、その交渉に当たるため、一八六九年三月、ロンドンへ向かって出発した。

航海中に私は設立趣意書を作成し、ロンドンに着くとすぐそれを印刷させた。この前帰郷した時、有名な銀行家ジュニアス・S・モルガンと近づきになっていたので、私はある朝、彼を訪問し、交渉を開始した。私は趣意書を一部おいて帰ったが、つぎの日訪ねて行くと、モルガン氏がこの案に好意をもっているのを発見して、たいへん嬉しかった。彼は債券の一部を引き受けてくれ、後日また残りを考慮するといってくれた。しかし、彼の顧問弁護士たちが呼ばれて債券を見て、用語を数か所改めてもらいたいといった。モルガン氏は、私がスコットランドへ行く約束があるのを知っていたから、予定通りに行動してよい、セント・ルイスの本社に手紙で、こちら側が提案した変更に同意するかどうかたしかめればよいのだ、三週間後に君が帰って来た時、契約を完了すればいいのだから、まだ時間は十分ある、といってくれた。

しかし、私はせっかくつかまえた魚をそんなに長く遊ばせておくことなんて、考えても見なかった。それで、つぎの朝までに提案された変更に同意するという電報を手に入れる、とモルガン氏にいった。大西洋の海底電信は数年前から開通されていたが、あの日に私が打電したような長文の、しかも個人の通信が、かつて発送されたかどうか疑わしい。債券の行を数えて、何行の何字目を変更、削除、あるいは添加を要すと明記するのは容易であった。発送する前に、私は電文をモルガン氏に見せると、彼は、

「さあ、お若い方、もし君がこれに成功したら、大きな赤い丸をあげますよ」といった。

私はモルガン氏の私室に机を一つもらっていたが、つぎの朝、部屋に入って行くと、私の机の上に黄色の封筒が一つのっていた。それは返信で「昨夜取締役会を開き、変更全部承認した」とあった。「それでモルガンさん、債券は、あなたの顧問弁護士たちが希望されたように変更されましたので、話を進めることができますね」と私はいった。契約はすぐ成立した。

私が事務所にいるうちに、「タイムズ」紙の財政部長をしていたサンプソン氏が入って来た。私は、彼と会見したが、この人がちょっと書いてくれれば、債券の値は株式市場で上るのを私はよく知っていた。エリー鉄道株式会社がへまなことをやったため、当時英国では、アメリカの公債や株券は評判が悪く、ひどくたたかれていた。私はこれを例にとって、やっつけられるのをよく知っていた。それで私は先手を打って、セント・ルイス橋梁

会社は、アメリカの政府から設立許可書を与えられているということを、サンプソン氏に伝えた。したがって訴訟の場合には、合衆国の最高裁判所に提訴することができるし、アメリカの最高裁は、英本国においてと同様に、国家最高の法の機関であるのを指摘した。サンプソン氏は、この点を大きく採り上げよう、といってくれた。私が、この橋が大陸横断の有料関門となるのを説明したとき、彼は大いに喜んだ。その後、話は順調にすすみ、彼は帰っていった。すると、モルガン氏は私の肩をたたいて、

「ありがとう、お若い方、今朝、君は債券の値段を五パーセント上げてくれたよ」といった。彼から見たら私はほんとうの若僧であったのだ。

この交渉は成功に終り、セント・ルイス橋を建設する費用ができた。私も多数の利益を得た。これは、私にとってヨーロッパの銀行家と金融折衝をした最初の経験であった。数日後にプルマン氏は、ある晩餐会《ばんさんかい》の席でモルガン氏が電報交渉のいきさつを語り「あの青年は将来かならず名をなす」といった、と私に伝えてくれた。

モルガン氏との契約が完了してから私は、故郷のダムファームリンを訪れた。その時、私は町の数か所に公衆浴場を寄贈したが、これは、私の最初の贈物として記録に残しておく。これよりずっと以前にラウォダー伯父のすすめにより、バンナックバーン古戦場を一目に見渡すスターリング丘にウォーレス記念碑を建てるために寄付したことがある。もち

ろんわずかな金額ではあったが、私はまだ電信局に勤め、月収三十ドルで、家計の全責任を負っていたので、生活は楽ではなかった。母は苦情をいわなかった。いや自分の息子が寄付者の中に名を連ねているのをむしろ誇りに思い、私自身もこれで一人前になったように感じたのであった。

一八六七年にヨーロッパ大陸を訪れていた時、私は見ききしたものに深く興味をもっていたが、私はけっして、アメリカに残して来た事業を忘れていたわけではない。頻繁な文通によってたえず連絡をとっていた。南北戦争によって鉄道による太平洋岸との連絡は緊急の問題として討議されるようになり、議会は、大陸横断線路を敷く法案を通過させた。オマハで最初の鍬入《くわい》れが行なわれ、鉄道がサンフランシスコまで延長されるのはそう遠くないように思われた。

ある日、ローマにいた時、大陸横断鉄道は考えているより早くできるかもしれないと思った。政府が領土を緊密に結びつける決意をしたからには、それを実行に移すのに時を失うようなことはしないであろう。私は友人のスコット氏にカリフォルニア線に寝台車を設置する権利を獲得すべきだ、と書き送った。彼からの返書に、

「それで、君はいつもの通り時の前髪を捕えるのを忘れませんね」とあった。

スコット氏の言い分にもかかわらず、アメリカに帰るとすぐ私は、この考えを推し進め

ていった。私が関心をもっていた寝台車は急速に発展して、需要に応じるだけの車を製造することができないほどであった。そんなわけで、現在のプルマン会社が創設されるようになったのであった。中央運輸会社は、全区域に手を拡げることはできなかった。それで、世界最大の鉄道連絡の基点であるシカゴに、プルマン氏は、一つ新しい会社を建てることになったのであった。彼は太平洋鉄道は、世界一の寝台車線になるとにらんで、私が早くから考えていたことを実行に移そうとしていたのであった。私は強敵に出会ったわけである。私がプルマン氏に会ったことからこの事件は大きく発展して行くのであるが、もう一度、人生の途上で、じつに些細なことから大きな結果が生まれるということを立証するのである。

ユニオン・パシフィック鉄道会社の社長デュラント氏がシカゴを通りかかり、プルマン氏が訪ねて行き、部屋に通された。テーブルの上にスコット氏宛の電報用紙がおいてあって「貴下の寝台車の件承諾す」というのであった。プルマン氏はついそれを読んでしまったのであるが、まったく無意識のうちにやってしまったことであった。デュラント社長が部屋へ入って来ると、私はこれを説明して、

「私が一つ提案するまで、この件について決定をなさらないようお願いしたいのです」といった。

デュラント氏は延期を約束した。その後まもなくニューヨークで、ユニオン・パシフィック鉄道会社の重役会が開かれたが、プルマン氏と私は出席した。二人とも重要視している特権を手に入れようと、お互いにしのぎをけずっていたのである。ある夕、私たちは、セント・ニコラス・ホテルの階段でぱったり顔を合わせた。前にも数回会っているが、まだ親しく話しかけるというところまでにはいっていなかった。しかし、階段を登りながら、「プルマンさん、今晩は。ここでご一緒になりましたね。考えてみますと、私たち二人は正直なところ、二人の大馬鹿ということになりますなあ」と私はいった。彼はしらっぱくれて、

「なぜですか」ときいた。

私は事情を説明した。私たちはお互いにせり合っていることにより、せっかくの獲物をにがしているのだ。

「それではあなたはいったいどうしたらよいといわれるのですか」といった。

「合同ですよ。ユニオン・パシフィックにあなたと私と、合同案を出し、会社を組織することですよ」と、私はいった。

「会社の名前はなんとします」

「プルマン宮殿車会社」と私は答えた。

この話はぴたっと来た。私にとってもこれはしごく好都合な話なのである。

「私の部屋へ来て下さい。相談しましょう」と、寝台車の大物がいった。

私は、彼の部屋に行き、その結果として合同で契約を獲得することができた。後日、この私たちの会社はプルマン本社と合同したが、一八七三年の大恐慌に遭って、私は自分の製鋼会社をまもるため、プルマン会社の株を手離さなければならなくなるまで、私はその大株主であった。


このプルマンという人物とその経歴は、まったくなにからなにまでアメリカ式といってよいもので、ここに彼について一言するのはむだでないと思う。プルマン氏は最初、叩き大工であった。シカゴ市は土地が低く、地上《じあ》げをしなければならなかったので、彼は地上げや家屋の移動を請負う仕事に手を出した。もちろん彼はこの仕事に成功し、まもなくこの方面で一流の請負師になった。大きなホテルを一フィート地上げするとなると、経営になんの支障もきたさず、数百名の泊り客をそのままにしてやってのけるのは、プルマン氏でなければならぬということになった。彼はものの動きをはっきりと見る妙技を身につけていた珍しい人物で、いつもいわば、世間の主流を泳ぎまわり、いちばん速い瀬のところにいつもいるのであった。彼は、私と同様、アメリカ大陸では寝台車は欠くことのできないものと見てとった。それで、彼はシカゴで数台寝台車をつくり、ここに入って来る鉄道線路にそれを入れる契約をとった。

東部の会社は、この手腕家と競争することはできなかった。私はすぐそれを見てとった。私の会社と、発明者のウッドラフが特許権を持っていたのであるから、私たちがプルマン氏を特許権侵害で争い、訴訟を起こせば、数年後には損害賠償がとれたであろう。しかし、そんなことで時間をつぶしている間に、プルマン会社は悠々とアメリカ全土に組織の網を張ってしまうことができる。そのような情勢を見ていたので、私はプルマン氏と提携するのを強調したのであった。プルマン氏と私の会社の重役とはしっくりいかなかったので、重要な交渉はだいたい私が全部引き受けた。その後まもなく私たちが経営していた中央運輸会社がプルマン会社と合同したので、プルマン氏は西部だけではなく、東部にも手を伸ばすことができるようになった。これで彼の会社は、どのような競争者にも負けないものとなった。プルマン氏は、私が知っているかぎり比類のない有能な事業家であった。私は彼に負うところが多かったが、とくに私が大きな教訓を得た一つの物語がある。

プルマン氏も、他の人たちと同様、苦労もしたし、失意の体験も多く、あらゆることが的に当たったというわけではなかった。人間というものはみなそうなのである。寝台車を独自の別会社で運転し、しかも鉄道会社にその権利を尊重させるというのは容易ならぬことであった。彼でなかったら、事実できないことであった。もちろん、鉄道会社みずから寝台車を運転するというのが理の当然なのである。ある日、彼は私にこんな話をした。西部にひとり老人がいたが、この人は不幸な一生を送り、背負われるあらゆる疾病を一身にあつめていたといってもよいほどであった。隣近所の人たちが彼に同情すると、彼は、「そうです。おっしゃる通りなんですよ。私の一生はほんとうに苦難の道でした。しかし、不思議なことが一つあるんです。そのうち十中の九は、ほんとうはなかったんですよ」と答えた。

その通りである。人間の苦悩の大部分は想像のなかにあるだけで、笑ってふきとばしてしまえるものが多い。河に来るまで橋を渡る必要はないし、悪魔に出会うまでお早うとあいさつすることもない。取り越し苦労は愚のいたりである。コツンと頭をぶたれるまで、すべてうまくいっているので、ぶたれたからといって、十中の八、九までは予想したほどひどくなかったかもしれない。賢い人は徹底的な楽天家なのである。

このようにいろいろの折衝に成功した私は、ニューヨークの業界で認められるようになり、私のつぎの大きな仕事は、一八七一年のユニオン・パシフィック鉄道会社との交渉であった。重役の一人が私を訪ねて、会社の危機を乗り越えるために、なんとかして六十万ドルの金を手に入れなければならないのだと告げた。私をよく知っている人たちで、またユニオン・パシフィック会社に関係していたので、もし必要な資金を獲得できるなら、ペンシルヴァニア鉄道会社が、この重要な西部線を事実上支配する権利を握ることができるのだといってくれた。今考えてみると、重役といっしょにプルマン氏が来たように思われるが、もしかしたらこの話は、すでにプルマン氏自身から私がきいていたのかもしれない。

私はこの問題を引き受けた。もしユニオン・パシフィックが、ペンシルヴァニア鉄道会社が指名する人を数名、重役陣に加えるのなら、ペン鉄道は、ユニオン・パシフィックの援助に乗り出すかもしれない、と私は思いついた。それで、私はフィラデルフィアへ行き、トムソン社長に事情を話した。私はニューヨークで必要な資金を調達するが、ペン鉄道が後援するなら、会社はユニオン・パシフィックの支配権を握ることができるのも強調した。トムソン氏は自分の金なら時には至極放胆であったが、会社のことになると慎重そのもので、保守的であった。しかし、獲物は大きいのである。それに、もし六十万ドルを回収できないとしても、会社は担保として同額のユニオン・パシフィックの株を手に入れているので、その危険はなかった。

トムソン氏との会見は、フィラデルフィアの彼の家で行なわれたのであったが、私が帰ろうとすると、トムソン氏は、私の肩に手をおき、

「アンディ、この件に関して、私は君を信用しているからだってことを忘れないでくれ。君の信用にかかっているのだ。株券を手に入れて、ペンシルヴァニア鉄道会社が一ドルで

も損をするようなことがあってはならないんだよ」といった。

私は全責任を負ってことにあたり、結果は大成功であった。ユニオン・パシフィック会社は、トムソン氏に社長になってくれるようにと強引に主張したが、彼は承知しなかった。しかし、ペンシルヴァニア鉄道会社の副社長であったトマス・A・スコット氏を推した。そのようなわけで、一八七一年にスコット氏、プルマン氏と私が、ユニオン・パシフィック鉄道会社の重役に選ばれたのであった。担保として渡されたユニオン・パシフィックの三百万の株券を、私は金庫に保管した。予想した通り、ペン鉄道との新しい提携は、ユニオン・パシフィック会社の株を堅実にさせ、株価は急激に上った。当時私は、オマハでミズーリ川に橋をかけるについて、その公債をロンドンで売出す交渉を進めていたので、留守の間、なにか緊急な事態が起こるかもしれないと考えて、共同出資者であるスコット氏に金庫の鍵を預けて出かけた。ところが、スコット氏は株を売ってしまったのである。株を売り、その結果としてせっかく獲得した社長の地位を棒に振るようなことをスコット氏がするなど、まったく私には考えられないことであった。

帰国した私は、ユニオン・パシフィック会社の信頼されている重役の一人ではなく、投機の目的のために株を利用したという汚名をきせられているのを発見したのであった。大企業に参加する機会は、このようにして失われてしまった。プルマン氏はこれについてなにも知らなかったのであるが、私と同様、たいへんに怒った。彼は、この取引きで得た金額を全部またユニオン・パシフィックに再投資した。私も同じような手段方法で私にきせられた汚名をそそごうとしたが、そうすれば、私の最初の恩人で、また友人であるスコット氏に楯をつくことになり、恩を忘れたことになる。私は株を買い戻すことをしなかった。

そんなわけで、まもなくスコット氏と私は、ユニオン・パシフィック会社の重役から古《ふる》草履《ぞうり》のように追っ払われてしまったが、当然のことであった。これはまだ若い私にとってまことに苦い経験であった。そして、これがきっかけとなって私の少年時代の親切な、また愛情に富んだトマス・スコット氏と袂《たもと》を分かつようになったのであるが、これはまことに残念なことであった。トムソン社長は、この重大な問題をスコット氏と私にまかせておいた責任は自分にあるといって、たいへん残念がったが、私がこの取引きになんの関係もなかったことを、最後には認めてくれた。

オマハ鉄橋建設のための公債二百五十万ドルの交渉は大成功であった。国内では公債は、ユニオン・パシフィックに関係のある人たちが買ったが、私がロンドンへ出発する前に、だれもこれについて私に説明してくれなかった。しかし、ニューヨークに帰って来ると、スコット氏の事件が起きていたので、会社はその損失をうめるために、公債からあがった私の利潤を全部おさえてそれに当ててしまったため、私は丸損をすることになった。ロンドンへ行った旅費と滞在費、それに時間と労力も、みんな無に帰してしまった。こんなひどい目にあったのは生まれてはじめてであった。自分はまだ若くて、これからたくさんのことを学ばなければならぬということが、よくわかった。信頼できる人はたくさんいるのであるが、やはり厳しく監視しなければならないというのを、私は学んだのである。

12　モルガン商会との取引き

私の海外での金融取引きは信用を得て、拡大されるようになった。とくに、ロンドンのモルガン商会は私に好意をよせてくれたので、私はなんでもまず第一にモルガンにもっていくことにしていた。私が提供するものを拒否したことはほとんどなかったし、また商会が引き受けることができないなら、かならず他の信頼のおけるところを紹介してくれるのであった。このような取引き関係で、いつも相手に有利な結果になったということは、私にとって嬉しい思い出である。

ある日、私は、モルガン氏にこういった。

「モルガンさん、私が案をもって来ますね。それであなたが商売をなさる。そこで、利潤の四分の一を私に分けて下さるなら、いろいろ面白い話をもって来ますがねえ」

彼は笑って、

「それは妥当な話ですね。あなたの案を採り上げるかどうか、選択権はこちらにあるのだから、利益の四分の一を提供するのは当然でしょうね」と答えた。

そこで私は、ペンシルヴァニア鉄道会社が保証しているアリゲニー渓谷鉄道会社の公債を売り出すことになるかもしれないといった。鉄道は拡張に努力しているので、いつも資金不足で悩んでいた。鉄道起債について、ヨーロッパでは相当関心をもっているのであるから、こちらのいい値で大量に手に入れ、売りさばくことができるのではないかというのが、私の考えであった。モルガン氏はいつもの通り趣意書を詳細に検討し、引き受けてもよいであろうといった。

その時、トムソン社長はパリに滞在していたので、私はすぐ彼のところへ急いで行った。モルガン氏との話を説明し、もし彼がだいたいの価格をいってくれるなら、私はすぐ折衝するといった。トムソン氏がつけた値段は相当高いものであったが、それでもすぐ後に急に暴騰したから、それから思えば安いものであった。モルガン氏はすぐその一部を買い、残りの権利を保留しておいてくれといった。このようにして九百万ドルから一億ドルに近くアリゲニー証券は売りさばかれ、ペンシルヴァニア鉄道会社は資金をもつことができた。

証券の売買がまだ完了しないうちに、私たちは一八七三年の大恐慌に見舞われたのであった。私の収入源の一つは当時、ピアポント・モルガンに預けてある証券であった。ある

日、彼は私に、

「父がロンドンから無線電信を打って来ましてね、あなたから預かっている証券を、いつかあなたが父に提案されたあの約束にしたがって売ってよいか、きいてくれというのです」といった。

「ええ、結構ですね。ちかごろの様子ですと、持っているものはなんでも売って、金に換えなければならないのです」と、私は答えた。

「そうですか。いくらでお売りになりますか」と、若いモルガン氏はきいた。

少し前に私がもらった計算書によると、私がモルガン商会に預けてある証券の総額はすでに五万ドルになっていると自分は記憶していた。私はそれを六万ドルで売りたい、といった。つぎの朝、モルガン氏に会うと、彼は七万ドルの小切手を私に渡した。

「カーネギーさん、あなたは間違っていましたよ。預り証にあるより一万ドル安く、あなたは売ったのです。あなたの預り額は五万ドルではなく、六万ドルでした。それにお約束の分をいれると七万ドルになるのです」と、彼はいった。

小切手は六万ドルと一万ドルの二つになっていたが、一万ドルは儲《もう》けの四分の一というのである。私はこの追加分の小切手を返して、

「そうですか、これはほんとうにごりっぱなお心構えです。しかし、どうか私の感謝のし

るとしてお納め下さいませんか」と私はいった。

「いや、ありがとうございます。ですがそれはいけません」と、彼はいった。

このような法律の権利や義務をぬきにしたほんとうの理解と思いやりの心は、実業界ではあまり珍しくないことであるが、世間はあまり知らないようである。そして、この後、彼らの厚意に感謝した私は、モルガン父子に関するかぎり、またこの商会に対しても、どんなことがあっても私が原因となって損害をかけてはならない、と固く決意をしたのであった。彼らは私のほんとうの友となったのである。

大事業というものは、きびしい誠実さの上にだけ築きあげられるもので、それ以外のなにも要求しないのである。うまく立ち回るとか、すばしこい取引きをやるなんていう評判が立ったら、大きな商売には命とりになる。法律の文言ではなく、その精神があらゆる取引きの規準でなければならない。商業道徳の規準は現在、非常に向上している。なにかの思い違いで、一商社が不当の利得をえた場合、その商社は、相手の損失にならないよう、さっそく訂正している。ある商社が、たんに法にしたがうというばかりでなく、相手方に公平と正義をもって接するという評判は、その商社の永続繁栄の基となるのである。私たちが採択し、また遵守した「疑いのある時には、いつも相手方に分をあたえること」という方針は、想像以上の多くの報酬をもたらしたのであった。こうしたことはもちろん、投機者の社会では適用されていない。あの社会ではまったく違った空気が流れている。彼らは賭博者《とばく》なのである。株の投機とまともな商売とは両立しない。最近ではロンドンのジュニアス・S・モルガンのような古風な銀行家は、たいへん少なくなったのを認めないわけにはいかない。

ユニオン・パシフィック会社を追われてからまもなく、スコット氏はテキサス・パシフィック鉄道会社の社長に就任し、この線路の開拓に力を入れることになった。ある日、彼はニューヨークにいる私に電報をよこして、間違いなく、フィラデルフィアで会ってくれといって来た。行ってみると、私の旧友たちの顔がそろっていた。問題は、テキサス・パシフィック会社がロンドンで起債した証券が満期に近づいたので、私の保証があるならモルガン商会が再発行するというのである。もし私が拒否すれば、会社はつぶれてしまう。私は非常に辛い立場におかれたのであるが、あぶない事業に手を出すのは私だけでなく、私の会社と家族生活をおびやかすことになる。私の義務はなになのか、それを考え、私は提案を拒否した。私の全資金は製造業につぎ込んであるので、一ドルだってそのために必要なのである。資本家といっても、私などはその末席を汚しているにすぎないが、自分の会社を経営しているのである。弟と彼の妻子、フィップス氏と彼の家庭、クローマン氏とその一族がじっと思案している私の眼の前に浮かんできた。私はどこまでも彼らを護らなければならないのである。

私は改めてスコット氏に、大きな鉄道を建設するためには必要な資本を全部確保してから始めるべきだといって、この事業に乗り出すのを断念させようと努めて失敗したのを、語らなければならなかった。数千マイルの鉄道線路を、期限つきの借款でやれるものではない。スコット氏は、私がヨーロッパに行っている間にこの事業に乗り出したのであるが、私の分としてとっておいた二十五万ドルを、私は現金で支払って、後くされのないようにしていたのである。このように終始一貫して慎重に行動して来た私であるから、今改めて危険をともなう冒険に乗り出すようなことは、だれのためであってもできない。私はこれを明確にした。これでスコット氏と私の事業関係は断たれることになるので、私はほんとうに心苦しかった。こんな辛い思いを一生のうちにしたことがない。

この会談後まもなく、会社は破産した。アメリカは、それまで金融界の大物といわれた人たちがばたばた倒れたので、ひどく驚いた。一八八一年五月二十一日、スコット氏は急死したが、この打撃がある点まで死の原因と見られていた。彼はまったく打ちのめされてしまったのであった。この事業に参加したマックメーナス氏とベアード氏もまもなく世を去ったが、彼らは私と同様、生産工業部門に属する人たちであって、鉄道建設などに手を出すべきではなかったのであった。

実業家にとっていろいろの問題に出会うなかで、商業上の契約書類に裏書きするほど危険なものはない、といったらよいかもしれない。しかし、そのような場合、自分に二つの問を発して、それに良心的に答えることができれば、容易に切りぬけられるのである。その第一は、これを裏書きすることによって生じる最高の額をなんの不自由も感じずに支払うだけの財政上の余裕があるかどうか。第二は、裏書きするその友人のためにこの全額をなげ出すだけの心算《つもり》なのかどうか。この二つの問に答え、その上でやるならよい。もし第一の問に対する答が肯定であったら、裏書きするのでなく、要求されただけの金額をすぐ出して、その人にあたえてしまうことである。自分の名を貸すのは最後の手段で、賢明な人は、自分の名を大切にするものなのである。

このフィラデルフィアの会議で、私は相手の要望をけってしまったのであるが、つぎの朝、招かれた人たちをニューヨークに運ぶ特別列車に私は招かれて乗った。私はよろこんで一行に加わった。車中で、資本家として重きをなしていたマックラウォー氏が私に話しかけて来た。彼は車中をじっと見回したが、この中にはたった一人まともな人がいるだけで、他はみな「たわけ者」だという結論に達した、といって「ここにアンディがいるが、自分に割当てられた分をみな払ってしまって、一ドルの借りもないんだ。したがって、この事業に関してはなんの責任もない。ここにいる人たちはみんなそうであるべきなんだ」と語ったのである。

そこで彼は、私がどうしてこのような危険な、またわずらわしいことからうまくぬけ出すのであるか、ときいた。私は、自分が全責任を負って払うことができないものに署名しないという方針にどこまでも忠実であるのをのべ、また、西部開拓者の一人である私の友人が語ったことばを告げた。「渡ることのできないところへ入っていってはいけない」というのである。今度の河は、私にとってあまり深すぎたのである。

この規約について、私は自分だけではなく、私の事業の相手にも強制したが、これでいろいろ困ったことにかかわらずにすんだのである。事業に関してはべつであるが、私たちはどのようなことにも署名したり、裏書きしたりするようなことはしないと固い約束をしたのであった。これがさきの会談で私の役に立ったのである。

この時代、私はたびたびヨーロッパへ出かけ、いろいろの証券の取引きをやったが、全部合わせると、三千万ドルほどのものを手がけたであろう。当時はまだ大西洋の海底電報が、ロンドンの金融市場にニューヨークを取り入れていなかった時代で、ロンドンの銀行家は遊金があると、それを少しばかりの金利の差でパリ、ウィーン、またはベルリンに回し、たとえ利子が高くてもアメリカへは貸そうとしなかった。彼らの目には、欧州の国々よりもアメリカ合衆国の方がより不安に映じたのである。

私の弟と協力者のフィップス氏は、製鉄事業のほうを少しの不安もなく運営してくれたので、私はなんの心配もなく、数週間留守にすることができた。そんな工合で、私が製造工業を離れて、金融界と銀行界の事業に入って行くような懸念がないでもなかった。海外でのそうした方面の私の成功は、いろいろ有利な機会を提供した。しかし、私はいつも生産事業に関心をもっていた。私はなにか有形のものをつくり、それを販売するのに力を入れていたので、私はあいかわらず金融事業で得た利益を、ピッツバーグの工場を拡張するのにつぎ込んでいた。

最初にキーストン橋梁製作所のために建てた小さな工場は、すでに他の仕事に供してしまって、ローレンスヴィルに十エーカーの広い土地を獲得し、新しい広大な工場が建てられていた。合同製鉄所はその後たびたび拡張を続け、いまでは完備した合衆国の第一流の製鉄所となった。私は一時、ペンシルヴァニア鉄道会社の友人たちと、西部諸州に鉄道を建設するのにある程度の関心をもっていた。しかし、徐々にそうしたことから手をひき、「一つの籠《かご》に手持ちの卵をみんな入れてはいけない」という諺とは逆の方針をとることにしたのであった。私は「よい卵をみんな一つの籠に入れて、その籠から眼を離さない」というのが正しい方針だと、決意したからであった。

私の所信によると、なにごとによらずめざましい成功にいたる真の道は、自分でその道を完全に習得することである。精力をいろいろの分野に散らしてしまうのを、私は賢明だと思わない。私の経験によると、たくさんの事業に関係して財政的に成功したという人にほとんど稀にしか会ったことがない。製造事業となると、成功した人はひとりもいない。成功した人たちは、一つの道を選んで、それに終始した人たちである。自分の事業に投資し、それに専心すれば、莫大な利益配当があるということを知っている人が少ないのは驚くばかりである。どのような工場であっても、そこにはどれか一つ機械をほうり出し、新しい能率的なものを入れたほうがよい、といったものがかならずある。また、機械の増設か、新しい作業の工夫によって十分の利益をあげることができるのに、それを怠って、自分の領域以外のものに投資する人が多い。そうした投資から来る最大の収益も、自分の事業を怠ることから生ずる損失をつぐなうには足りないのである。それなのに、私の知っている実業家の多くは、銀行株とか、自分の仕事とは縁遠い事業に投資し、ほんとうの金鉱は、自分の工場に横たわっているということを忘れているのである。私は終生この考え方を固く守って、わき道にそれないように努めた。私は誰よりもよく自分の資本を使うことを知っている。重役陣などよりもよっぽどよく知っている。したがって、若い人たちに私がいいたいことは、終生の仕事ときめた事業に時と注意を全部つぎ込むだけでなく、自分の資本の最後のドルまでつぎ込みなさい、ということである。私自身は若い時代にこの決意をした。鉄鋼の生産に全力を集中し、その道の達人になろう、ときめたのであった。

私のたびたびの英国訪問は、鉄鋼業界に名をなした人たちと知り合い、彼らとの旧交をあたためる絶好の機会をつくってくれた。そうした人のなかで一番有名であったのはベッセマー、続いてロジアン・ベル卿、バーナード・サミュエルソン卿、ウンザー・リチャーズ卿など、業界の大物ばかりであった。私は、イギリス鉄鋼協会の評議員に、ついで会長に選ばれたが、英国の市民でなくて会長に挙げられたのは私がはじめてであった。この名誉を私はたいへんうれしく思ったが、アメリカに居をかまえているために十分に義務責任をはたすことができないのを恐れて、私は最初辞退したのであった。

私たちは橋梁や他の建造物をつくるために練鉄の製造を余儀なくされていたのであるが、今となってみると、銑鉄《せんてつ》も自分たちの手で生産するのが望ましいと考えるようになった。一八七〇年、そのようなわけでルーシー溶鉱炉をつくることになった。もし最初から、この仕事がこんなにむずかしいものであるということが判っていたら、これに手を出すのを延ばしたかもしれない。私たちはときどき業界の先輩から、自分たちのような若い会社が急速に拡張発展するについて警告を受けてはいたが、私たちはそんなことで引っ込もうとは思わなかった。私たちは十分資本をもっていたし、社会の信用もあったし、反射炉をつくる実力はあると考えた。

建設費の見積りは正直なところ、実際にいった費用の半分にも満たなかった。それは、私たちにとって一つの実験であった。クローマン氏は、溶鉱炉の運営についてなにも知らなかった。しかし、くわしい知識はなくても、ひどい過ちはしなくてすんだ。そして、結局完成した時にはルーシー溶鉱炉の生産量は、私たちの最も楽観的な期待をさえも上回って、当時としては前例のない一日百トンという大量を、しかも一つの溶鉱炉から一週間出し続けた。世界で今まで誰もきいたことのない生産量である。私たちはレコードを保持し、たくさんの参観者はその驚異に眼をまわした。

しかし、私たちの製鉄事業は万事順調に運んだとはいうことができない。恐慌の年が間をおいてやって来た。南北戦争の後、鉄は一ポンド九セントから三セントに暴落したが、私たちはそれもなんとか無事に通過することができた。その時は破産するものも多く、私たちの会社の金融担当者は、危機に対応するための資金をつくるのに忙殺された。そのような中にあって私たちの会社は信用を傷つけずに済んだ。しかし、銑鉄の製造は、他の部門よりも私たちの頭痛の種であった。そのような時、イギリスの有名な製鉄業者のホイットウェル氏の訪問をうけた。私は彼に直面している技術上の難問題をぶちまけた。親切な、また寛容な心の持ち主であったホイットウェル氏は、業者間の嫉妬《しっと》心など微塵《みじん》もなく、自分の知識と経験によって私たちの問題を立派に解決してくれた。後日、私たちは新しい工夫を彼に提供してお返しすることができた。

13　鋼鉄時代

今日からみれば信じられないのであるが、四十年前の一八七〇年ごろには、銑鉄の製造に化学を利用することをアメリカではまったく考えていなかったのである。製鉄には、化学ほど大切なものはない。当時の溶鉱炉の主任技師はだいたい乱暴な人たちで、外国人が多く、技術のほかに、部下の言うことをきかぬものどもへの見せしめだといって、ときどき腕力をふるってなぐり倒すなどの役目をはたしていた。彼らは一種の勘で炉の状態を診断し、その技能にはなにか超自然的な神通力があるとされていた。それは水脈や油田などの所在を探すのに榛《はん》の木でできた棒をもって歩くといったようなものであった。それはまた、病人の症状よりも、自分のその時の思いつきによって薬を調合するやぶ医者のようなものであった。

ルーシー溶鉱炉は一つ難関を突破するとまたつぎへと、じつに困ったことが多かった。

それは、いろいろの種類の鉱石や石灰石、コークスなど、種々雑多のもので性質が一定せず、その成分などにはまったく無頓着で、なんでもでたらめに使用したからであった。このような状態に私たちは業《ごう》をにやしてしまった。それでとうとう出たとこ勝負の神通力を頼りとしている係長をやめさせ、若い人に溶鉱炉をまかせることにした。私たちは、ヘンリー・M・カリーという若い発送係をしていた男に以前から眼をつけていたので、彼を担当者とすることにした。

フィップス氏は、溶鉱炉をとくに自分の責任と考えて、監督していた。毎日忠実に見回ってくれたので、大きな失敗をまぬかれた。西部にある他の会社の炉とくらべて、この炉の成績があがらなかったというわけではない。しかし、他の炉と比較して私たちのは非常に大きかったので、自然にその差が、重大な結果を招いたのであった。

つぎの仕事は、カリー氏の助手、指導者となる化学者を見つけることであった。私たちはさいわい、フリック博士というドイツ生まれの学者を見つけることができ、彼は、私たちのために大きな秘密の扉を開いてくれたのであった。山から運んで来る鉱石のうち、それまでその性能を高く評価されていたものが、所定の含有量の二十パーセント、十五パーセント、悪くすると十パーセント以下であることが判った。その反対に、今まで貧鉱とされていた山が、今は非常に優れた鉱石を産出していることが明らかになった。よいといれたものが悪く、悪いといわれていたものが良質であったりして、まったくてんやわんやということになった。銑鉄製造工程のそれまではまったく不安定なものとされていたことの十中の九までは、化学の知識という陽光のもとに照し出されて、雲散霧消されることになった。

ところが、溶鉱炉がこんどこそ最高水準の製品を生産するであろうと大きな期待をかけていた時に、故障を起こしてしまったのである。理由は、今までの質の悪い鉱石にかえて、良質のもっと純な鉱石をつかったからである。そんな良鉱を溶解するために、あまりたくさん石灰石を投入したので、炉は持ちこたえられなかったのである。いいかえるなら、材料がよすぎて、私たちは大損害をこうむったのであった。

私たちはなんたる大馬鹿だったのであろうか。しかし、そこにはつぎのような慰めがあった。それというのは、自分たちの競争者とくらべてみる時、それほど馬鹿ではないようであった。私たちが化学を製造の指導として取り入れてから数年たった後でも、他の溶鉱炉の経営者たちの多くは、化学者を雇う余裕なんてないといっていた。彼らがほんとうのことを知っていたら、化学者を雇わなければ引き合わないといったであろうに。振り返って見て、溶鉱炉にはじめて化学者を雇い入れた私たちの功績を自慢するのは許していただけると思う。私たちの競争相手は、ぜいたくで浪費だといったこのことを！

ルーシー炉は、私たちの事業のうちで最も有利な部門となったが、それは科学的経営を独占することができたからであった。この秘密を発見できたので、一八七二年にはもう一つ溶鉱炉を建設しようと決意した。最初の試みとくらべて、これはよほど経済的に建てることができた。それからは、他の会社が使用するのを拒否した質の悪い鉱石や、まったく問題にならない貧鉱は、私たちのよい相手となった。質がよいというので産出する鉱石を高い値段で売っていた鉱山を、私たちは相手にしなかった。そのよい例は、ミズーリ州の有名なパイロット・ノブ鉱山である。そこで産出されるものは、いわば業界の謎となっていた。溶鉱炉をいためないためには、ごく少量しか使えないということであった。化学的に調べてみると、それは硫黄成分が少なく、シリコン含有量が非常に高いということが判った。もしそれを適当に溶解することができるなら、これほど良質の鉱石はなく、またこれほど豊富な山はなかった。それで私たちはさかんにここの産出物を買い、山の持ち主は、急に値が出たので、大いに感謝していた。

数年間にわたって私たちは、錬鉄炉から出る硫黄分の多い鉄《かな》くそを高価で売って、それと引きかえに、競争会社の熱炉から出る純粋な鉄くそを安く買ったという驚くようなことがあった。前者にくらべると、後者は鉄分は多く、硫黄分は少なかった。ときどきある会社で溶鉱炉で鉄くそを溶かそうとすると、あまり純質なのでうまくいかなかった。それで、まったく役に立たないものとしてピッツバーグの河岸に捨てていたのである。私たちは、先方のよいものと、こちらの悪いものと取りかえて、その上お礼までもらうという有様であった。

しかし、それよりもさらにおかしなことは一つの偏見で、それもまったく根拠のないものであったが、製鉄所から出るミルスケール（黒さび）を溶鉱炉に入れるといけないということであった。だが、ミルスケールは、純粋な酸化鉄なのである。ある日、私は、クリーヴランド市の同業者を訪問したが、職工が貴重なミルスケールを手押車に積んで運んでいるのを見た。社長にどうするんだときくと、彼は、

「河岸に捨てるんです。溶鉱炉の係長が溶かそうとしたんですが、いつもうまくいかないといっています」と答えた。

私はその時、なにもいわなかったが、ピッツバーグに帰って来てから、会社の専門技師と相談した。そして、彼をクリーヴランドへ派遣し、捨てているミルスケールを一トン五十セントで買い受け、ピッツバーグに送ることにした。これはかなり長い間続いて、私はいつか社長が気がつくだろうと思っていたが、そのうちになくなって、彼の後継者がこの事実を発見したのであった。

私は、ベッセマー製鋼法の発達を注意深く見守ってきた。もしこの方法が成功すれば、鋼鉄は鉄にとってかわる運命にあるということを知っていたからである。というのは、鉄の時代は過ぎて、鋼鉄の時代が招来するのは確実であった。私の友人で、フリーダム鉄工所の社長ジョン・A・ライト氏は、この新しい製法を視察するために、イギリスへ行った。彼は、業界最高の経験を積んだ専門家であって、彼は結局、ベッセマー製鋼法がよいという結論に到達し、会社を説得してベッセマー工場を建てることにきめた。それは正しい判断であったが、時期が少し早すぎた。建設費は、彼が予想したよりはるかに多額の金を必要とした。その上、当時まだイギリスにおいてさえ試験中であったものを、新しい国に移植して、最初からうまくゆくとは期待できないのであった。その試験は長期間にわたる、また高価なものにつくのは当然であった。しかし、私の友人はこれについて十分の用意がなかったのであった。

それからしばらくして、英国でこの製法が確立されるとともに、資本家たちは現在のハリスバーグにあるペンシルヴァニア製鋼所を建てはじめた。これもまた試験時代を通過しないわけにゆかず、一時は危機に見舞われ、もう立ちゆかないのではないかと思われたが、ペンシルヴァニア鉄道会社のトムソン社長が運よく援助の手を伸ばしてくれた。トムソン氏のような度量の広い活眼の有力者がいて、会社の重役陣をうまく説き伏せて、六十万ドルという大金を発展途上にある製造会社に融資して、自分の鉄道のために鋼鉄のレールを確保したのである。結果から見て、この英断は賢明な策であった、ということができる。

ペン鉄道だけではなく、他の主要鉄道会社も、鉄のレールにかわるものを何にするかは、さし迫った大きな問題であった。ピッツバーグのある地点のカーブなど、鉄のレールは六週間か、ながくても二か月ごとに取りかえなければならなかった。ベッセマー製鋼法が普及する以前に、英国ではドッズという人が、レールの頭部を炭化することによって好成績をおさめているのを知って、トムソン社長に進言したことがあった。私は英国へ渡り、ドッズ特許を買い、トムソン社長に二万ドル出資させ、ピッツバーグで試験した。私たちの敷地の中に別の鉱炉をつくり、ペンシルヴァニア鉄道会社の数百トンのレールを炭素処理して、鉄のレールとくらべてはるかに成績のよいものをつくるのに成功した。これがアメリカではじめて使用された硬頭レールであった。私たちはそれを最も激しい急カーブのところに使用してその耐久力を試し、トムソン氏の支出した投資金は十分回収してあまりがあった。ベッセマー製鋼法がもし期待したような成果をおさめなかったとしたら、私たちはドッズ法をさらに発展させ、改良を加えて、一般に採用させるようにしたことであろうと思う。しかし、ベッセマー製鋼法が生産する固い鋼鉄品にくらべると、それは比較にならないものであった。

ピッツバーグ市付近のジョーンズタウンにあるケムブリア鉄工所は、アメリカの一流のレール製作所であったが、そこの私たちの友人は、ベッセマー製鋼所を建てる決意をした。私はイギリスでベッセマー製鋼法の実演をよく見ていたので、その方法が不当な資本を消費せず、大きな危険をおかさず、成功をおさめることができるという見通しをもっていた。たえず新しい製法に注意を怠らなかったウィリアム・コールマン氏は、私と同じ結論に到達したのであった。そこで、私たちはピッツバーグ市で鋼鉄レールをつくろうということに意見の一致をみた。ペン鉄道の社長トムソン氏、コールマン氏、それに父が死んだ時、私の母に援けの手をのばしてくれたデーヴィッド・マッカンドレス氏を加えて、一八七三年一月六日、鋼鉄レール会社を組織した。

工場をどこに建てるか、敷地の選択は大きな問題であった。提案された場所は、私にとってどうもしっくりしなかったので、とうとう私は、共同出資者たちと相談するため、ピッツバーグへ出かけていった。この問題はたえず私の頭を離れなかったが、日曜日の朝、寝床の中で、一つの場所が急に頭に浮かんで来たのである。私は起きて、弟をよんだ。

「トム、君とコールマンさんの敷地の案は妥当だよ。ペンシルヴァニア鉄道とボルティモア・オハイオ鉄道と河の間にあるあのブラドックなんだ。アメリカであれがいちばんよい場所だ。会社は、私たちの敬愛する人の名をとって、エドガー・トムソン製鋼会社とよぶことにしよう。それでは、これからコールマンのところへ行って、ブラドックまで馬車で行くことにしよう」と、私はいった。

その日、私たちはその通りに行動し、つぎの朝、コールマン氏は、工場のためにその敷地を手に入れようと骨折っていた。持ち主のマッキネー氏は自分の畑地をおそろしく高く評価していた。私たちは一エーカーを五、六百ドルで手に入れるつもりでいたが、結局二千ドル払わなければならなかった。しかし、その後、工場の拡張につれて敷地がもっと必要になった時、一エーカーにつき五千ドル支払わなければならなかった。

製鋼所は、ペンシルヴァニア鉄道会社の社長に花をもたせて、エドガー・トムソン製鋼会社と名づけようと思ったが、私が許しをもとめるために出かけた時のトムソン氏の答えは、当時の考え方を反映していて、意味深長である。アメリカの鋼鉄レールに関するかぎり、自分の名前を出すのは賢明だと考えない、というのであった。なぜなら、この事業はまだ信頼をおけるところまでいっていないからである。もちろん、試験時代には不安はまぬかれない。しかし、私は、どの点からみても外国の製品に少しも劣らない立派な鋼鉄のレールを産出することができる自信があるのを、彼にいった。そして、キーストン鉄橋やクローマン車軸と同じ評判をとってみせると確言して、彼の納得をえた。

工場の建設がかなり進行して、万事順調にことが運んでいる時、私たちは一八七三年九月の金融恐慌に襲われたのであった。これは私の実業界での生活で最も不安な時代であった。すべて好調に運んでいると思っていたのであるが、ある朝、アリゲニー連山のクレッソンにある私の避暑していた仮寓に電報がきて、ジェー・クック会社が破産したと報じた。その後は、毎時間、つぎつぎと重要な会社の破綻の新しいニュースをもたらした。軒なみの倒産である。毎朝、眼をさますとともに、今日はどこが破産するかということであった。一つの会社の破産は、他の会社の資産状態を悪化させた。一つの欠損に続いて他の欠損が起きて、経済界はまったく麻痺状態におちいってしまった。毎週、どこかに弱いところが発見され、普通の時であったらなんでもないしっかりした商会がなぎ倒されていったが、その理由は、この国にはまだしっかりした銀行機構がなかったからであった。

私たちは負債の点についてはなにも心配することはなかった。私たちが借りているものを支払うだけであったら、なにも面倒なことはなかったが、どうかすると私たちに借りのある人の分まで背負い込むようなことになる恐れが多分にあった。その上、私たちが支払う勘定ではなく、私たちが受けとる勘定に気をつけなければならない。うっかりすると、両方を払わなければならぬ羽目におちいるからである。私たちの銀行でさえ、預金を引き出さないようにと頼んで来た。当時、通貨の状態がどんなことになっていたか、つぎの一例でよくわかる。私たちの俸給支払日が近づいてきた。どんなことがあっても、小額小切手で十万一千ドルが絶対に必要であった。それを手に入れるために私たちはニューヨークで二千四百ドルのプレミアムを支払い、それをピッツバーグに急送しなければならなかった。たとえ最上の抵当を積んでも、金を借りることはできなかった。しかし、私は予備としてとっておいた証券を売って、かなりの額の現金に換えた。もちろん、それは後になって会社が、私に支払ってくれた。

ピッツバーグ市を中心に運営されている鉄道会社のいくつかは、私の会社から資材を購入していたので、恐慌が来たとき、多額の金を私たちから借りていた。その中でもフォート・ウェーン会社が最高の債務者であった。私は、副社長のソー氏を訪ねて、ぜひ負債を払ってくれといったのを憶えている。

「お払いしなければならぬのはよく承知しています。ですが、現状ではどうにもならんというもののほかはいっさい支払わないことにしているのです」と、彼は答えた。

「そうですか。よくわかりました。あなたのところの運賃はその分類に入りますね。お宅の例にしたがって、私の会社が借りている運賃を一ドルも、あなたの会社に支払わないことにします」と、私はいった。

「さあ、もしそんなことをなされば、貨物の輸送をとめてしまいますよ」と、ソー氏はいった。

そのようなリスクを私は受けるといった。鉄道会社はいつまでもそんなことをしてはいられない。そんなわけで、私たちは運賃を支払わずにかなり長い間、社の製品を運ばせることができた。

このような大恐慌に直面して、私個人のことについて語るのを許してもらえるなら、私は最初ひどく興奮して、共同出資者たちのことが気にかかった。私は心の平静をもちこたえることがやっとであった。しかし、やがて自分たちの財政上の情況がはっきりして、しごく堅実なのが判ると、私は精神的な平静をとりもどし、必要とあれば、取引きしていた銀行の重役室へ入って行き、重役会に会社の真相をありのままにのべる心の用意があった。会社の実情を洗いざらいぶちまけても、社会の信用を失うようなことは一つもなかった。私たちの事業に関係している人たちは、一人としてぜいたくな暮らしをしているものはない。私たちの生活の態度はまことにつつましいものであった。会社から金を引き出して宏壮な家を建てたり、株式所で投機に乗り出すものもいなかったし、また、事業の本質と関係のないほかの仕事に投資する人もいなかった。ほかの人たちの債務を連帯保証したこともない。その上、私たちは毎年、相当額の収益をあげて、繁栄を続けていたのであった。

このようにして、私は、共同出資者たちの不安を一笑に付することができた。しかし、だれかに融資を頼みに行かなければならぬような羽目におちいらなかったのを、私ほどよろこんだものはいない。親友のコールマン氏は資産家であったし、世間の信頼も厚かったから、自発的に必要とあれば援助するといってくれた。ウィリアム・コールマンはほんとうに頼りになる人物で、この人はあらゆる誘いをしりぞけて、私の事業にだけ力を入れてくれたのである。すばらしい人物であった。

コールマン氏はまた真の愛国者であった。七月四日の独立祭にはいつもの通り工場は休みになるが、一度いつもの通り工場を見て歩くと、一団の職工が釜を修繕しているではないか。彼は係長を呼んで、これはいったいどうしたことなのかときいた。即刻仕事を中止するよう命じ、

「七月四日に働くとは！　修理のために日曜日がたくさんあるではないか」と叱りつけた。彼はたいへん怒っていた。

この一八七三年の旋風が襲来したのをみて、私たちはすぐ、会社の各部門で舟の帆をすぼめた。まことに残念ではあったが、新しい製鋼所の建設は当分見あわせることにした。この事業に投資を約束した数名のおもだった人たちは支払不能におちいったので、私はみずから彼らの株を引き受けて、すでに払い込んだ人たちには私が責任をもって払い戻しをした。そのようなわけで、会社の支配権は、私の手に帰してしまったのである。

このころまで、私は事業についてあまりに放胆で、こわいものしらずの、ある意味では

思慮に欠けている青年という批判を受けていた。私たちの事業は広範囲にわたり、その発展は急速で、まだ若いのに、数百万ドルを手がけていた。ピッツバーグ市の老人からみると、どうも私の事業のやり口は、派手ではあるが、根のないもののように思われたのであった。老練の一人は「アンドリュー・カーネギーの頭脳が彼を成功に導かないなら、彼の運がやってくれるよ」といったのを、私は知っている。しかし、このような私の人物評は、事実まことに当を得ていないものといわなければならない。私は自分自身のためにも、また私に協力してくれた人たちのためにも、どのような些細な冒険も私があえてしなかったことは、ほんとうのことを知っている人はよく知っているし、そうでない人は驚くであろう。なにか大きな事業に私が手を出した時には、かならずペンシルヴァニア鉄道会社のような大きな組織で、責任をもってくれるものが背後にあったのである。スコットランド人特有の用心深さも、いつも大きな役割を果たしていた。しかしピッツバーグの工業界の長老たちにとって、時によると私が、向こう見ずの命知らずのように映じたのは事実である。彼らは老人で、私は若いということが、このような大きな見解の相違となって現われたのであった。

ピッツバーグの金融機関が、私自身と私の事業に対して抱いていた懸念が消滅すると、それにかわって度を超えた信頼が急に盛り上って来た。事業は堅実であるとわかると、融資の申し出が殺到した。

私は、友人のスコット氏、トムソン氏その他のことでずいぶん苦しい立場に立たされたことがあるが、今度は、私の協力者であるアンドリュー・クローマン氏のことで、もっと苦境に立たされることになった。彼は、投機的な人たちの誘いに乗って、エスカバナ製鉄所に関係していたということが暴露されたのであった。彼は、これを株式会社にするのだと固く約束されて入ったのであるが、設立を見るまでに発起人たちは七十万ドルばかりの負債を負ってしまったのであった。クローマン氏を私たちの会社の元の地位に戻すためには、彼がまず破産の宣告を受けないかぎり、他に方法がないことになった。

これは、私たちにとってひどいショックであった。なぜなら、クローマン氏は共同出資者の一人として、他の同業の会社に投資する権利がなく、また、他の出資者に知らせずに、他の会社で個人的な負債を負うこともできなかったはずなのである。実業界の人たちの間の至上命令は、仲間に秘密があってはならないということなのである。この掟を無視してクローマン氏は自分だけではなく、私たちの会社を危険におとしいれたのであった。しかもそれが、あれほど周囲の事情の険悪な経済恐慌の直後に暴露したのであった。しばらくの間、一体全体この世の中になにか頼りになるものがあるかと思わせるほどであった。私たちが安心して立つことのできる基盤があるのであろうか。

この事件が発覚した後で、もしクローマン氏が実業界の人であったら、再び私たちの協力者として迎え入れることはできなかったであろう。しかし、彼はそうではなかった。彼は、多少商売の勘をもっていたが、じつは機械工で、しかもこの分野では最高の能力をもっていた。だが、クローマン氏の野心は、事務所の机の前に坐ることであった。それでは、他の人の邪魔にこそなれ、まったく役に立たない存在で、工場にあって新しい機械を考案したり、試運転していてこそ、比類がなかったのである。私たちは彼を適当な職場に配置して、そこに落ち着いているようにさせるため、それまで苦労してきた。それが彼をほかにはけ口をもとめるようにした原因かもしれない。彼はおそらく、町の社会的によく知れている人たちにおだてられたのであろう。とくにこの場合、技術的能力に加えて、彼がすばらしい事務的な能力の持ち主であるのをほめそやし、それが彼を有頂天にさせるのをよく心得ていた人たちであったのであろう。私たちはその能力を多少認めてはいたが、さきにも述べたようにあまり高く買っていなかったのである。

クローマン氏が破産の宣告を受けて、再び自由の身となった時、私たちは彼に、会社の十パーセントの持ち分を許し、時価にかかわらず現実にその額面金額だけのものを彼から徴収することにした。しかも、それは、彼の持ち株が利益配当を生むまで徴収を待つことにした。それに付帯して、彼はほかのいかなる事業にも関係せず、他人の債務を保証せず、全時間と労力を、会社の事務経営をのぞいて、技術部門にのみ傾倒するという交換条件を出した。もし彼がうまく説得されて、これを承諾すれば、数百万ドルの金持になれたはずである。しかし、彼の自負心、とくに家族の誇りのようなものがそれを許さなかった。彼は遮二無二、自分の事業をやるんだといってきかなかった。そして、私があらゆる手をつくして引きとめようとするにもかかわらず、自分の息子を事務担当者として、新しい競争会社を起こした。その結果は失敗で、彼の死を早めることになった。

私たちがなにが自分に最も適し、またできるかを知らず、一芸の達人として安心して、愉快にその道を進むことをしないのは、愚かなばかりではなく、まことに残念である。私の知っている範囲だけでも、工場ではすばらしい技能を示すのに、それに満足せず、事務的な仕事に乗り出し、みずから心身をすりへらし、不安と焦慮に圧しつぶされ、最後は失意の人として死んで行くという例を、一度ならず見て来たのである。私は、クローマン氏にわかれる時ほど辛く、またわかれを惜しんだことはない。彼は立派な、また善良な人物で、すばらしい技術的な頭脳をもっていた。もしだれもおせっかいをやかなかったなら、彼は私たちの会社に踏みとどまっていたであろうと思う。ほかからの資本の提供――しかもそれが入用になった時実現しなかった――で彼の頭がかくらんしたので、偉大な技術者は、すぐまことに無能な実業家であったことを暴露したのであった。

14 世界一周の旅

クローマン氏が私たちとの関係を断った後、私はなんのためらいもなく、工場をウィリアム・ボーントリーガーにまかせた。彼の経歴を思うとき、私はいつもほんとうに心から愉しくなるのである。彼はドイツからまっすぐ、私たちの工場に来たのであった。英語をぜんぜん知らなかったが、クローマン氏の遠縁に当たるというので工場で雇うことにし、最初は下働きをしていた。彼はすぐ英語を学び、週六ドルの給料で発送部につとめることになった。機械の知識など毛頭《もうとう》身につけていなかったのであるが、雇い主に対する熱誠と勤勉さはじつにめざましいもので、すぐ工場のどこへ行っても彼の顔が見えないというところはなく、なんでも知っていて、またあらゆるものに手を貸すという働きぶりであった。

ウィリアムは面白い人物であった。ドイツなまりがぬけず、英語の文章もドイツ式に組立てるので、後先がとんちんかんになり、それがかえって印象的なものにした。彼の指揮下に合同製鉄所は、私たちの数多い事業のうちで最高の収益をあげるようになった。数年間、この仕事に従事している間に彼は働きすぎて、疲れてきた。それで私たちはヨーロッパの旅に出すことにきめた。ワシントンを回って、彼はニューヨークに着いた。ニューヨークで私を訪ねて来たが、ドイツに帰るより、また一時も早くピッツバーグに帰りたくてしかたがないというのである。ワシントンの記念碑に登った時、その階段でカーネギーが製造した鉄桁《てつげた》が眼にとまり、また、ほかの公共の建物でもいたるところで会社の製鉄材を見かけた。それで、彼は、

「わっしゃうんと鼻が高くなっちゃいましてね。そんで、まっすぐ工場さ帰って、なんもかんもうまくいってっかどうか見たいんだす」というのである。

朝は早くから、夜は遅くまっ暗になるまで、ウィリアムは工場にいた。彼の全生活はそこにあったのである。私たちは長い歳月にわたって数名の青年を重役陣に加えたが、ウィリアムは最初の一人であった。そして、この貧しいドイツの青年はなくなる前には年収五万ドルの所得があったが、その一セントといえども、彼が額に汗して得たものでないのはなかった。彼についての面白い話はたくさんある。一年間の事業成績を祝う重役会の晩餐《ばんさん》で、みんなひとりびとりなにか一言いうことになっていた。ウィリアムの話の最後の結びはつぎのようなものであった。

「わっしたちのしなければならぬ仕事は、シントルマン、価格をつりあげ、生産費をきりつめ、だれもかれもみんな自分のお尻《バタム》でしっかりとふんまえることだす」といった。

各自の足でたつというのを、ウィリアムは間違えてお尻で立つといってしまったのであった。一座は大声で、ながく、幾度もくり返して笑いこけた。

エヴァンス大佐は一時、政府の監督官として工場につとめていた。彼はすこぶる厳格で、みんなに恐れられていた。ウィリアムは時々ひどい目に遭わされていたが、とうとう大佐を怒らせてしまい、大佐はウィリアムはけしからんといって私たちに抗議した。私たちは、政府の役人はご機嫌をとっておかなければならないということをウィリアムに納得させようとした。ウィリアムの答えはつぎのようなものであった。

「ですがね、あの人来るんだす。そしてわっしの葉巻を吸うんだす。そこで工場へ行って、わっしの鉄製品だめだとつっぱねる。こんな人、あんたどう考えるんだす。だが、わっしゃあやまりますわ。あしたはちゃんとあいさついいますわ」

大佐は、ウィリアムが態度を改めることにしたときかされて、とにかく納得したが、後でウィリアムの詫びのことばを笑いながら、私たちに話した。

「さあて大佐さん、あんたは今朝、ごきげんんだすか？　わっしゃあんたになんの文句もありゃせんのだす」といって手をさし出したので、大佐は握手して、それで和解となったのであった。

ウィリアムはある時、ピッツバーグ市の鋼鉄製造の先駆者であったジェームス・パーク氏に、私たちが使用できなかった大量の古いレールを売った。パーク氏は、それがひどく粗悪なものであるのを発見した。彼は損害の補償を要求したので、ウィリアムは、フィップス氏といっしょに行って、パーク氏に会い、問題を解決するよう言い渡された。フィップス氏は、パーク氏の事務所へ入っていったが、ウィリアムはその間に工場を歩きまわり、問題の粗悪品を探したが、どこにも見あたらない。ウィリアムはどこを探したらよいか、よく知っていたのである。彼はようやく事務所に入って来て、パーク氏が一言もいうひまがないうちに、ウィリアムが口を切った。

「パークさん、あんたに売ったあの古いレールだすが、鋼鉄でないんであんたの気に入らんときいて、わしゃ助かったと思ったんだす。みんなあんたから買いもどしますだ。一トン五ドルずつあんたの利ざやで買いもどしますだ」

ウィリアムは、鉄材がみんな使いはたされているのを知っていたのである。パーク氏はすっかり、とまどってしまった。問題はその場でケリがついた。勝利はウィリアムのものであった。

ある時私がピッツバーグへ行ったおり、ウィリアムは誰にもいわれないことで、私にだけ「特別に」耳にいれたいことがあるといった。これは、彼がドイツから帰って来てまもなくのことであった。故郷で彼はもとの学友で、大学の教授になった人を訪ね、数日彼の家に滞在したのであった。

「そんでですね、カーネギーさん、その人の妹さん、家のきり回ししているんだす。とってもわっしに親切にしてくれたんで、ハンブルクに着いた時でさあ、わっしゃなんかちょっぴりしたもん、その人に贈ろうと思ったんでね。彼女、わっしに手紙をくれる。わっしゃ手紙を出す。彼女、わっしに書いてよこす。わっしも書く。そんで、わっしと結婚してくんねいかときいたんです。彼女とっても教育があるんでね、でも、いいって書いてくれたんですわ。そんで、わっしゃニューヨークへ来てくれ、そこで迎えに行っからと書いた。ですがね、カーネギーさん、あん人たち、仕事のことも、工場のこともなんも知らんというですわ。兄貴はですよ、わっしにまたドイツに来て、そこで結婚しろというんですだ。わっしゃまた工場ほっぽり出して行かんならんです、そんで、あんたにうかがってみようと考えたんですわ」

「もちろん、君はいっていいよ。その通りだ、ウィリアム、君は行くべきだよ。家族の人たちがそう思うのは当然で、私はそこが気にいったよ。君はすぐ行って、彼女を連れて来なさい。私が手配するから」と私はいった。それから、別れるとき私は、

「ウィリアム、君のお嫁さんはさだめし美人なんだろうね。背が高くて、〝桃とクリーム〟のようなってよくいうが、そのようなドイツの若い娘さんなんだろう」といった。

「そでないだすよ、カーネギーさん、彼女しこし太ってますさあ。もし圧延ローラ機にかけられるもんだすなら、わっしゃもう一回かけますだわ」と、ウィリアムは答えた。

ウィリアムの引用する例は、みんな製鉄所の作業にたとえてあるのであった。

フィップス氏は鉄工所の販売部長をしていたが、事業が拡張されるにつれて、彼は鋼鉄事業に必要な人物となった。それで若いウィリアム・L・アボット氏がその後を継ぐことになった。彼の経歴は、ウィリアム・ボーントリーガーのとよく似ている。彼は、低い給料で事務員として私たちのところに来たのであるが、まもなく鉄工所の重要な事務を扱うようになった。彼は後日、重役にあげられ、最後には社長に昇格したのであった。

ルーシー溶鉱炉をあずかっていたカリー氏もこのころまでには立派な成績をあげ、他の二人と同様、重役の席をあたえられた。事業を成功させるためには、きわだってよい仕事をしたものをどんどん昇格させてゆく方針ほど効果的なものはない。私たちは、カーネギー・マッカンドレス会社を、エドガー・トムソン製鋼会社に統合し、私の弟とフィップス氏とを重役陣に参加させた。二人は、最初この提案を拒絶したが、私は初年度の収益を示し、もし今彼らが鋼鉄業に鞍替えしないなら、後日、後悔するであろうといった。それで、彼らは再考の結果、私たちといっしょに仕事をするようになった。これは私たちにとっても、よろこばしいことであった。

私の経験によると、新しい会社を組織するについて、いろいろの分野から新人をやたらに駆り集めても、それで活発な、また効果的な企業体制ができるものではないということである。いくつかの再編成が必要なのである。エドガー・トムソン製鋼会社もけっして例外ではなかった。レールの生産に手をつけるずっと以前から、コールマン氏は、能力や経営方針について優れた手腕をもっているといって鉄道会社が折紙つきで送った人たちについて、不満をもっていた。そして、仕事をはじめるとすぐ、彼の判断が間違っていなかったことが明らかになった。たとえば、鉄道会社の監査役であった人が私たちの会社に来た。経理については専門家であったかもしれないが、生産についてはなにも知らないのであるから、できないことを要求する私たちのほうが間違っていたのである。

鋼鉄会社はいよいよ事業を開始することになった。監査役の提案する機構の試案が、私の承認を求めてもって来られた。会社を二つの大きな部門に分け、一部をスコットランド人であるスティーブンソン氏に、他をジョーンズ氏に担当させるということになっている。私がこの案に対して下した裁断ほど、後日この会社の成功に大きなかかわりがあったものはないであろう。どんなことがあっても、一つの組織のなかで二人の人物が平等の権能をもっているということはありえないのである。二名の総司令官をいただいた軍隊と二人の船長によって操縦される船など考えられないように、一つの企業に、部門は違っても、二人の指揮者がいるなんて致命的である。

「これはいけない。私はスティーブンソンさんを知らないし、ジョーンズさんも未知の人である。しかし、どちらか一人にきめて、その人をキャプテンとして、全責任を負ってもらうことにしなくてはいけない」と、私はいった。

結局、最後にはジョーンズ氏にきまったのであって、このようにして私たちは「キャプテン」を責任者とすることになった。後日、彼はベッセマー鋼鉄の製造については最高の権威となり、広く知られるようになった。

当時のキャプテンはまだ若く、痩せ形で、動作は敏捷で、ウェルチ系の人だけあって、背丈は低いほうであった。彼は、近くのジョーンズタウンから一日二ドルの職工として、私たちの会社に入ったのであった。私たちはすぐ、これはなみなみならぬ人物であるということを見ぬいた。南北戦争の際、一兵卒として従軍し、すばらしい手柄をたて、大尉に昇進したのであった。エドガー・トムソン製鋼会社の成功の多くは、彼の手腕によるものであった。

後年、私たちは彼を株主の一人にしたいと申し出た時、彼はそれを断った。これを承諾したら彼は百万長者になれたのである。ある日私は、当時株主に推された若い人たちは彼よりもっと多額の収入があるのを告げ、彼を重役に推したいと伝えた。もちろん、財政上の責任はなにもないのである。

「いや、お断りします。この会社を運営しているだけで精いっぱいで、それ以上頭の痛くなるようなことはご免ですよ。もし私が役に立つとお思いなら、しこたま俸給を払って下さいよ」と、彼はいった。

「いいですとも、キャプテン、合衆国の大統領の俸給は君のものだ」と私は答えた。

「結構ですね」というのが、この小柄なウェルチ人の返答であった。

鋼鉄界の私たちの競争会社はみな最初、私たちを無視してかかった。自分たちが製鋼所を創設したその苦労をよく知っていたので、私たちもあと一年くらいレールの供給などできやしないとたかをくくり、私たちを競争相手として認めなかったのであった。私たちが事業を開始したころ、鋼鉄のレールは一トン約七十ドルであった。私たちは全国に販売員を派遣し、できるかぎり良い値段で注文を集めさせた。そして、競争相手が感づかないうちに、大量の注文をとってしまった。事業を開始するのに十分なだけとったのである。

機械は完全、計画は完璧、ジョーンズ大尉が選んだ工員は腕がさえていたし、彼自身もすばらしい経営者であったから、私たちの成功はめざましかった。事業を開始した最初の一か月の純益は一万一千ドルで、このような発表は珍しい記録といってよいであろう。また、とくに注目してよいことは、私たちの原価計算がまことに完全といってよいものであったから、純益の正確な額がすぐ算出できたということである。私たちの従来の製鉄の経験から、正確な計算がどのような意義をもつか、よく知っていた。事務担当者が、製造工程の一つの部門からほかの部門へ材料を送りこむさい、それをいちいちチェックするほど、重要なまた有利な方法は、ほかにないのである。

製鋼業への新しい冒険が非常に有利に発足したので、私は休暇をとることを考えはじめ、私が長い間あたためていた世界一周の旅が、具体化してきた。それで、私が「ヴァンデー」と呼んでいるJ・W・ヴァンデヴォルト氏と私は、一八七八年秋、旅に出た。私は、鉛筆で書きこむためにメモ帳をたくさん用意し、毎日、ノートをとりはじめた。一巻の本にまとめようなどとは考えてはいなかったが、このノートをまとめて、個人出版で友人に配布してもよいとは思っていた。しかし、自分の書いたものが一巻のまとまった本になるのをはじめて見る感激は大きかった。印刷所から送られて来た時、私は、友人に送る価値があるかどうか、改めて読み返した。そして、結局そうして、その上で批判を待つのがよいという結論に達した。

友人に配布するために書いた本が、酷評を頂戴する理由はないとしても、うすっぺらのお世辞をいただいて、それだけで終るという懸念はいつもある。しかし、私の場合、期待をはるかに越え、本を読んで下すった人たちは、誠意をもって楽しんだといってくれた。とにかく、著者は、そのような言葉を本気にするものらしい。そして、数か月は半ば酔ったような気持で生きていた。本は数版を重ね、書評や抜粋も新聞などに出た。そのうちに、チャールズ・スクリップス出版社が市売版の許可を求めて来た。このようにして『世界一周』は大衆にお目みえすることになり、私もとうとう「著者」の列に加わることになった。

この旅によって、私には新しい地平線が開かれた。それは、私の知的視野を大いに拡大してくれた。当時スペンサーとダーウィンが盛んにもてはやされていたのであるが、私は、彼らの著書に深い関心をもつようになった。私は、進化論者の見解にたって、人類の生活のさまざまな姿を眺めるようになった。中国では孔子を読み、インドでは仏典とヒンズー教の聖典を読んだ。ボンベイでは拝火教徒と親しくなり、ゾロアスター教を学んだ。この旅の収穫として、私はある種の精神的な安定を得ることができた。それまでなにか混乱していたところに、秩序がもたらされた。私の心は落ち着いた。私はとうとう一つの基本的な考え方をとらえることができた。「神の国は汝らのうちにあり」というキリストの言葉が、私にとって正しい意義をもたらしたのである。天国は、過去にでもなく、また将来にでもなく、現在、ここに私たちのうちにある。私たちのなすべきすべての務めは、この世に、また現在にあるのであって、未来にあるものをのぞんで、それを捉えようとあくせくするのは、無駄であると同時に、またなんの収穫もないのである。

私が生まれおちてから今まできかされて来たあらゆる神学の残骸、スウェーデンボルグが私の心にもたらした印象など、今となってはその魅力を失い、私の思考の中から影を消した。どのような国家も神の啓示を独占するものではなく、またどのような民族であろうと、真理から締め出されているものではない。あらゆる人々は自分たちの偉大な教聖をもっている。仏陀がその一人であり、孔子も、ゾロアスター、キリストもそうである。彼らの教えは倫理的に似ていて、本質的に同じであるのを私は発見したのであった。

ちょうどそのころ、エドウィン・アーノルドの『アジアの光』が出版されたが、それまでに私が読んだ詩で、これほど私をよろこばせたものはなかった。私はインドから帰ったばかりであったから、この本はもう一度、私をそこへ導いてくれたのである。私がこの詩を愛誦しているということが著者の耳に入ったので、後に私がロンドンでお目にかかり、親交を結んだ時、著者は、その原稿を私に下さった。それは、私の最も大切にしている家宝の一つとなっている。

世界を旅する人々が、東洋のさまざまの宗教の教典をくわしく研究するならば、教えられることが多いであろう。そのような研究から得る結論は、各国の住民がみな自分たちの信奉する宗教を最善のものと思っているということである。彼らは自分が運命を投じたその場所をよいところと考え、それ以外のところに住む人々を不幸だと思い込む傾向にある。彼らはだいたい幸福で、

　東は東、西は西、

　しかし、わが家は最良、

と固く信じている。

私は『世界一周』に挙げた二つの例をここにのべることにしよう。

「シンガポールの近くの森にタピオカを採集している人たちを訪れた時、子どもたちはすっ裸で走りまわり、大人はだぶだぶのぼろきれをまとって働いているのを見た。私たちの一行を、彼らは好奇の眼を見張って眺めていた。私たちは案内人に、遠くの国から来たのであるが、私たちの国では今ごろになると、そこにあるくらいの大きな湖が固く凍って、馬や車でさえその上を歩いて渡ることができるのだ、と話してくれと頼んだ。すると、彼らは驚いて、なぜ私たちがここに来て、彼らの間に住まないのか、ときいた。彼らはほんとうに幸福なのである。

またこのようなことがあった。

北極圏に入って北の岬へ行く途中、私たちはラプランド人の馴鹿《トナカイ》を飼育している村を訪れ

た。この土地出身の水夫が、私たちの道案内をしてくれることになった。私は、彼といっしょに歩いて入江の絶壁に出て、海を隔てて向こう側にある貧しい村落を見下ろしていた。ところどころにちらほらと小屋が建っているなかに、二階建の家が一つ建ちかけている。あの新しい家はなんなのだろう、と私たちはきいた。

『あれは、このトロムリ村落に生まれ、外地で金をもうけ、今度帰って来て老後をここで送ろうとしている人の家なんです。大金持なんですよ』と案内人はいった。

『君は世界中を旅したといったね。ロンドン、ニューヨーク、カルカッタ、メルボルンや、ほかにもいたんだね。君があの男のような金持になったとするね。そうしたら、君はどこに住みたいと思うかね』と私たちはきいた。

すると、彼は眼を輝かして、

『ああ、トロムリぐらいいいところはありませんね』

と答えた。

ここは北氷洋上で、一年のうち六か月は夜である。しかし、彼はそこで生まれたのだ。わが家、楽しき、楽しきわが家なのである」

生活の環境や自然の法則のうちには、私たちの目にはなにか間違っているとか、あるいは不合理で、また無慈悲だと思われるものがある。しかし、それにもかかわらず、その多くは美しさとやさしさをもっている。わが家というものはたしかにその一つで、その様相とか所在は問題にならない。至上の神は、その啓示を一つの民族や国家に限らなかったというのは、まことにしあわせであった。あらゆる民族は、その成長の現段階に適応した神の使命を授かったのである。知られざる大きな力は、なにびとをも忘れてはいないのである。

15　馬車の旅と結婚

私の生まれ故郷のダムファームリンの市民権が私に贈られたのは、一八七七年七月十二日のことであった。これは、私にとって最高の栄誉であった。その答礼としてどのような演説をしたらよいか、私はたいへん心配した。それで、私はモリソン伯父に相談し、自分が考えていることを打ちあけた。伯父はなかなかの雄弁家であったが、そのとき、つぎのような忠言をしてくれた。

「その通り話すんだよ。アンドラ。自分が思っていることをその通りいう、それがいちばんいいんだよ」

その後、大衆に話しをする時、これは私がいつも心がけているたいせつなことである。若い雄弁家に私はこの原則を差し上げたい。聴衆の前に立つとき、そこにいるのは普通一般の男女であるということを心にとめておくことである。毎日、つき合っている男女なのだ。なにか自分でないものになろうとてらっているのではないから、当惑することはなにもない。自分以外のものになろうとするから、不自然になるのだ。ありのままにふるまって、話を進めてゆく。インガソール大佐は、私の知っているかぎり最大の名演説家であったが、「雄弁家を蛇蝎《だかつ》のように嫌いなさい。自分の自然のままに話しなさい」といったが、その通りなのである。

私はまた、一八八一年七月二十七日、ダムファームリンで話したことがある。この時は母がいっしょで、町の公共図書館の定礎式を行なうためで、これは私の最初の図書館の寄贈であった。私の父は、五人の手織工の一人として故郷に最初の図書館を建てたのであった。この新しい建物は「カーネギー図書館」とよばれた。建築家は、私の家の紋章をといった。私の家にはなかったので、入口の扉の上に旭日が光をはなっている彫刻をおき、標語に「光あれ」としたらどうかといった。彼はその通りにしてくれた。

この訪問はもう一つ目的があった。それは、馬車で英国を旅するという、長年私が抱いていた計画を実行に移すためであった。一行は総勢十一名。私は事務から完全に解放され、まことに楽しい旅であった。世界一周の旅と同様、私はくわしい旅のメモをとって、これを出版した。

一八八六年は、私にとって深いゆううつの年として終った。楽しいのんきな青年時代というか、身辺の煩《わずら》わしさはみんな他の人たちが処理してくれる時代は終ってしまった。私は天涯孤独の身となってしまったのである。その年の十一月、わずか二、三日の間をおいて、私の母と弟が世を去ってしまった。しかも、その時、私はチフスの高熱にあえぎながら病床に横たわっていた。私は動くこともできず、私自身死に直面していたので、私一家に起こった災厄の打撃を感じることもできない状態にあったのは、幸運であったといったらよいかもしれない。

東部の訪問を終えて、アリゲニー連山の頂上にあるクレッソン・スプリングスの別荘に帰って、私が最初に発病したのである。この別荘で、母と私は毎夏、楽しい日を過ごしたのである。私は、ニューヨークを離れる数日前から、かなり身体の調子が悪かった。別荘で医者を呼ぶと、私の病気はチフスだという診断を下した。ニューヨークからデニス教授を呼ぶと、同様の診断であった。つきっきりの医者と看護婦がすぐ来てくれた。それからまもなく、母が倒れピッツバーグにいた弟もまた発病したという知らせがあった。

私はひどく気落ちがしていたので、周囲の人たちはもうだめだと思っていた。ところが、急に私の精神状態に変化があった。すっかりあきらめて、私はぼんやりと思案にふけっていた。痛いところはどこにもない。母や弟が危篤《きとく》だということを、私は知らされていなかった。そして、二人ともこの世を去って、私がただひとり残されたと知らされた時に、私もすぐ彼らの後にしたがうのが自然だと思った。私たちはそれまでたえず人生をともに歩んで来たのであるから、いまさら別れられるはずがない。しかし、神のおぼしめしはそうではなかった。

私は徐々に回復に向かい、将来について考えをめぐらすようになった。そこには、たった一つの希望と慰めがあった。そして、私の思いはいつもそこに動いていった。数年前から私は、ルウィーズ・ホイットフィールド嬢を知っていた。彼女の母は、私たち二人が、ニューヨークのセントラルパークを馬に乗って遊ぶのを許していた。私たちは乗馬が好きであった。ほかにも若い娘さんたちを、私は知っていた。私はすばらしい馬をもっていたので、そうした娘さんのだれかを誘って、公園や市の郊外を馬で散歩したことがある。しかし、そのような人たちは最後には縁のない人たちとして消え失せた。ただ、ホイットフィールド嬢だけが、この出会ったあらゆる人たちを抜きん出て、一人残っていた。彼女は、この時代の美しい人としての最高のテストにパスした人として、私は心にとどめるようになったのである。

私の申し出は耳を傾けてもらうことができず、成功しなかった。彼女にはほかにたくさんの、しかも私より若い崇拝者があった。私の財産と将来の計画が、私にとってかえって不利であった。私は金持で、なんでも持っているのであるから、彼女は私にとってなにもすることがなく、私の幸福を増す手だすけをすることができないと考えていた。彼女の理想は、自分の母が父に対してそうであったように、若くて、一所懸命努力している男性のほんとうの好伴侶《こうはんりょ》となり、なくてはならぬ存在となりたい、と念願していたのであった。二十一歳の時、父を失ってから、家族の全責任が彼女の肩にかかっていた。彼女はいま二十八歳で、人生に対する彼女の見方はすでに固まっていた。時には私に好意を寄せるようにも見え、私たちは文通していた。しかし、ある時、彼女は、私の手紙を全部送り返し、私と将来を誓うという考えをまったく断念しなければならぬと思う、といって来た。

私が動けるようになるとすぐ、デニス教授と夫人は、私をクレッソンからニューヨークの自分たちの家に移し、私は、教授の親切なお世話のもとに、静養することになった。私はペンをとることができるようになるとすぐ、クレッソンからホイットフィールド嬢に手紙を書いたので、ニューヨークに移るとまもなく、彼女が訪ねて来てくれた。彼女は今、私が自分を必要とするというのを見てとったのである。私はこの広い世界にまったくひとり残されたのである。今、彼女はあらゆる意味で「助力者」となることができる。彼女の感情も、知性もこれを認めたので、結婚の日取りがきまった。私たちは一八八七年四月二十二日、ニューヨークで結婚し、英国の南海岸にあるワイト島で新婚の数週を送るため、出発した。

そこで、野の草花の咲き乱れているのを見て、彼女はたいへんによろこんだ。それまでただ名として知っていたたくさんの草花を、眼で見ることができたからである。紫露草、野生の忘れな草、桜草、じゃこう草など、本で読んで、おなじみのものである。あらゆるものが魅力的であった。ラウォダー伯父と従兄が一人、スコットランドから会いに来てくれた。それから、私たちも彼らの後を追ってスコットランドに行き、私たちが夏を過ごすようにと用意しておいてくれたギルグラストンにある家に落ち着いた。スコットランドは、彼女の心をとらえた。幼いころ、彼女が愛読したのは、スコットランドの古い物語であった。スコットの小説を彼女はよく知っていた。彼女は私よりももっとスコットランドびいきになった。そうしたことはみな、私が長い間熱望していた夢の実現であった。

私たちはダムファームリンで数日を過ごしたが、これは新しい訪問であった。私の少年時代の遊び場や住んでいたところを訪ね、いろいろの人たちが当時のことを、彼女に語ってきかせてくれた。彼女は、新婚の夫を褒めることだけきかされたので、それは私にとって新しい生活へのよい踏み出しであった。

北方の旅に出たとき、エジンバラ市を通り、市の鍵を与えられ、市長の歓迎のことばをいただいた。エジンバラではたくさんの人たちに迎えられ、市のいちばん大きなホールで働く人たちのために、私は講演し、プレゼントをいただいた。私の妻もブローチを贈られたが、彼女はそれを今日でもたいせつにしている。彼女は、スコットランドの名物となっている風笛を吹く人たちを見て、とくに気にいった。一人私たちの新家庭に連れて行き、家のまわりを笛を吹いて歩き、朝、私たちを起こし、夜は食事のとき吹奏して欲しいというのであった。それで一人すぐ見つけてもらった。

私たちがニューヨークに帰ったとき、笛を吹く人と家政婦、それに数名の使用人を連れていった。家政婦のニコル夫人は今日でも私たちとともにいて、二十年の忠実な勤務のあと、家族の一員として扱われている。バットラーのジョージ・アービンは、翌年私たちの家に来たが、今日でも私たちの家族の一人としてなくてはならぬ人である。メイドのマギー・アンダーソンも同様で、彼らはみな立派な、また誠実な人たちである。

一八九七年三月三十日、私たちの間に娘が生まれた。私がはじめて生まれたばかりの娘をみた時、妻は、

「あなたのお母さまの名をいただいて、マーガレットとつけるのです。それで、もう一つお願いがあるんですが」といった。

「なんだか、いってごらん、ルー」と私はいった。

「赤ちゃんを授かったのですから、私たちは夏を過ごす別荘を手に入れなければなりませ

ん。借りているのでは、きまった時に来て、また期間が来ると出なければならないでしょう。それではいけませんわ。私たちの家でなければいけません」

「そうだね」と私は答えた。

「一つ条件をつけたいのです」

「それはなんだろう」

「スコットランドの高原地帯でなければなりませんわ」

「すばらしい」と私は叫んだ。「思うつぼだよ。私は日光の直射を避けなければならないんだ。スコットランドのヒースの生えているところほど、それに適した場所はない。私が委員の一人になって、友人たちにきいて、報告することにしましょう」

彼女がカーネギー夫人となってから、今年（一九〇七年）で二十年になる。私が母とたった一人の弟に死なれ、この世にただ一人残されてから数か月後に、私の生活に入って来て、私の生きかたを変えてくれたのである。私の生活は、彼女によってまことに楽しく、幸福なものになり、彼女の守護がなくては生きることなど考えられないのである。結婚前に、私は、彼女を知っていると思っていた。しかし、それは表面だけのことで、自分が見たり感じたりしたことだけにすぎなかった。彼女のうちにある清純さ、敬虔な態度、また知恵など、その深さには思いもおよばなかったのである。私たちの活動的な、変化の多い生活のあらゆる緊急事態に処して、また後年、多少公の生活をしなければならなくなった時、妻は、私や自分の親戚たちとのつき合いなどで、いつも外交官と調停者の重要な役割をつとめてくれたのであった。平和と友好は、いつも彼女のいるところでは感じられ、その豊かな影響力が広くおよんだのであった。まれに決断を要する時には、いつも彼女がまずこれに気がつき、進んでその役割を果たしてくれたのであった。

平和の使者である彼女は、生涯を通じて人と争ったことがない。学友とさえも争ったことがないし、この地上のだれ一人、いやしくも彼女と会ったことのある人は、彼女に対していささかの不平や不満もいだいたことがない。最良の人たちを喜んで迎え、望ましくない人たちをそれとなく避ける。彼女はこの点ひどく潔癖であった。しかし、位階、富、社会的地位など、少しも彼女に影響をおよぼさなかった。粗野な行動に出たり、荒っぽい言葉を弄することなど、彼女にはできなかった。あらゆるものごとに対して、礼を失するようなことはなかった。それだからといって、自分のもつ高い規準をくずすようなことはなかった。彼女が親しくしている人たちは、最良の人たちばかりである。彼女の心を昼夜離れない一つのことは、どのようにして周囲の人々に善行をなすことができるかということである。必要に応じてこの人に、またあの人にとよい判断に基づいていろいろのことを計画し、また贈り物をしている。

この二十年間、彼女なしに暮らすことなど、私としては想像できない。また、彼女なきあとに生きる自分など考えられない。自然の理にしたがえば、私はそのような地位におかれずにすむであろう。しかし、その時、ひとり残された彼女はどうするであろうか。男子の助力と判断と決意を必要とすることがたくさん起きて来るであろう。それを考えただけで、私は胸が痛くなる。そして、時には私がその苦しみを負うべきだ、と考えることさえある。しかし、彼女には生涯の道連れとして、私たちに授けられた娘がいる。娘が、彼女の重荷を軽くして、耐えられるようにしてくれるであろう。その上、娘のマーガレットにとって、父よりも母のほうがより必要なのである。

だが、なぜ、ああ、なぜ、私たちは地上で発見した天国を振り捨てて、いずことも知らない旅に出かけなければならないのであろうか。

16　製鉄所と働く人たち

鉄と鋼鉄について私がイギリスで学んだ一つの重大な教訓は、原料を手にもち、製品はすべてその使用目的に沿うような完成品として出すのが、必要な条件であるということであった。エドガー・トムソン製鋼会社で鋼鉄レールの問題を解決したので、私たちはすぐ次の仕事に踏み出すことにした。銑鉄の供給を順調に手に入れるについて起こる困難と不安定が、私たちに溶鉱炉をつくらせるようにしたのであった。それで私たちは三基建造したが、その一つはクローマン氏と関係のあったエスカバナ製鉄所から買ったものを改造したものであった。このような場合、ほとんど例外なしに、改造したものは新しく建造するより金がかかり、しかも、それは満足のいくものではなかった。悪いものを買うほど、損なことはない。

しかし、この買いものはいちおう失敗であったとはいえ、それは後になってみると、大きな利益のもととなったのである。なぜなら、シュピーゲルと呼ばれるマンガン白鉄をそこでつくることができ、後にさらにマンガン鉄を製出するための小型炉の役目をしたからである。アメリカでは、私たちがシュピーゲル・アイゼンをつくる第一番目の工場で、マンガン鉄をつくるものとしては第一、しかも長い間、唯一の工場であった。私たちはこの不可欠の製品を外国に依存し、それに一トン八十ドルもの高価を支払っていたのである。私たちの溶鉱炉の主任であったジュリアン・ケネディ氏が、手のとどくところに鉱物があり、私たちの小さな溶鉱炉でマンガン鉄をつくることができるといってくれたので、この栄誉は彼に帰すべきものである。この試みはやる価値があり、結果は大成功であった。私たちは全アメリカの需要を満たすことができて、その結果として、値段は一トン八十ドルから五十ドルに下落した。

ヴァージニア産の原鉱を試験しているうちに、私たちは、ここの産物がマンガン鉄をつくるために、ヨーロッパ人にこっそり買われているのを発見した。鉱山の持ち主は、それがなにか他のものをつくるために使われているのだ、といわれて、それを信じていた。私たちはすぐこの鉱山を買うことにきめた。所有主は高値をつけて来たが、彼自身としては資本もなし、また能率的に運営する技術ももっていなかった。私たちはかなりの代金を支払わなければならなかったが、とにかく、私たちはこの鉱山を手に入れることができた。

もちろん、このような取り引きが行なわれている間に、鉱石を慎重に試験し、マンガン鉱を十分に含んでいるのを知っていた。このような仕事は、超速力で運ばれ、一日もむだにしなかった。ここに私たちのような組織の特典がある。もし株式組織であったら、社長は重役と相談し、数週間、いや数か月たたなければ結論が出ないかもしれない。そのうちに鉱山はだれか他の人の所有になっているかもしれない。

私たちは引き続いて、溶鉱炉の改良につとめ、新しくつくったものは、その前のものにくらべて大きく改善され、とうとう標準型といってよいものに到達することができた。こののちさらに小さな局部的な改良は必要とするであろうが、ともかく私たちが予測しうるかぎり、これは完全と思われる工場となった。そして、私たちの銑鉄生産能力は、一か月あたり五万トンであった。

溶鉱炉部が加えられるとまもなく、私たちの独立と成功のために、さらにもう一歩の進展が必要になった。上質のコークスはコーネルスヴィル炭鉱に依存していたが、それには限度があり、供給量がきまっていた。銑鉄をつくるのに欠くことのできない燃料なしにはどうにもできないことがわかってきた。そこで、この問題を詳細に検討した結果、フリックス・コークス会社が最良のコークスをつくり、また原炭田をもち、また社長のフリックス氏が天才的な経営者であるということが明らかになった。彼は、貧しい鉄道給仕から出発して成功したのであった。一八八二年に私たちは、この会社の半数の株を買い受けた。続いて、他の小株主のも買い集めて、大部分の株を所有するようになった。

このようにしてあと欲しいものは鉄鉱石だけとなった。もしこれを手に入れることができるなら、私たちは、ヨーロッパでも屈指の会社と同等の地位を獲得できるのであった。当時、私たちは一時、ペンシルヴァニア州で、この鎖の欠けた一環を見つけたと思ってよろこんだ。しかし、それは早合点であって、私たちは多額の金をむだにしてしまった。この鉱山の露出面の一端だけが良質のものに見えたのであったが、それは時と風雨が不純物を洗い去って、含有量の多いものに変えただけであった。しかし、少し掘り進むと、それはもう採掘の価値もないほど瘠《や》せたものであった。

会社の化学者は、私たちが借りたペンシルヴァニア山間の溶鉱炉に出張して、その付近から採集した材料を分析するよう命じられていた。また、土地の住民にも鉱石の見本を持ってくるよう奨励した。ところが、その当時化学者が恐れられていたというよい例となるのであるが、彼の試験室の手伝いをするための大人も子供も、容易にみつからないのである。化学者は、悪魔の手先であるという噂がたち、石の成分を怪しげな道具で調べるなんて、ただごとではないとされていた。そのようなわけで、私たちはとうとうピッツバーグの本社から人を送らなければならなかったのを憶えている。

ある日、この化学者が硫黄分のない珍しい鉱石の分析を送ってよこした。それは、ベッセマー鋼鉄に向きそうな鉱石であった。そのような発見は、私たちを勇み立たせた。山の所有主はモーゼス・トンプソンという豪農で、ペンシルヴァニア州センター郡に、まことにすばらしい耕地を七千エーカーもっていた。鉱石の出た現地で、この人と会う手配をした。私たちは、この山は五、六十年前に木炭を使用した溶鉱炉に鉱石を送ったことがあるのを知った。しかし、評判はよくなかった。というのは、鉱石がほかのとくらべてあまりに純質で、ほかと等量の媒溶剤を使うと、製錬に支障を来したのであろう。当時としてはあまり良すぎて、かえって悪かったのである。

私たちはとうとう六か月間かけて試掘をやり、山を買いとる権利を手に入れた。すぐ試験を開始したが、山を買う人はだれでも、最も綿密にやらなければならない仕事である。五十フィートの間隔をおいて、山側に孔を掘った。百フィート進むと、そこに横坑を切った。そして、この二つの線の交錯点ごとに鉱脈にむかってシャフトを入れた。シャフトは総計八十本におよんだと記憶している。数フィートごとに鉱脈の各部分の鉱石をくわしく調べ、十万ドルを超える買価を支払うまえに、私たちはどのような鉱石を産出するか、詳細に知っていた。その結果は、期待以上の好成績であった。私の従兄弟で、当時は共同出資者であったラウォダー氏の功績で、採掘や洗滌の経費を低くおさえることができたので、それまでの他の鉱山で費やした損失をおぎなって、なおあまりある利益を生み出すことができた。この場合、私たちは化学者を道案内として、たしかな道を歩み出すことができたのである。

このようにして私たちは、損をしたかと思うと、また得もした。しかし、実業界では時には、あぶない橋を渡らなければならぬ場合が多く、危機一髪ということがよくある。ある日、鉄工所から帰る途中、フィップス氏と私は、ピッツバーグ市のペン街でナショナル信託会社の前を通った。私は、窓に金文字で大きく「株主は個人的に責任がある」とあるのに気がついた。ちょうどその朝、会社の事業成績を調べていた時、この信託会社の株を二十株持っているのに気がついた。

私は、

「もしこの会社の株を持っているなら、今日の午後、事務所へ帰る前に、すぐ処分して欲しい」と、フィップス氏にいった。

彼はそんなに急ぐ必要はない、ゆっくりかまえていたって大丈夫だ、といった。

「いや、頼むからすぐ処分してくれ」と私はいった。

フィップス氏は、私のいう通りにして、株を処分してくれた。それはほんとうに運がよかった。なぜなら、この会社はそれからまもなく破産した。私の従兄弟のモリス氏は株主の一人で、多額の負債を負わなければならなかったが、それは彼一人ではない。たくさんの人たちが、同じ不運に見舞われたのである。危機一髪というところで、私たちは災難を免かれた。たった二十株で、総額二千ドルにしかすぎないが、だれか友人に敬意を払うために買ったものである。金があまっているなら、さっぱりとあげてしまうことである。名前を貸して、あやしげな事業に名を連ねているのは危険である。私たちは教訓を学び、どんな小さなものであっても、恐ろしい爆発力をもっているものに手を出さないことにした。

近い将来に鋼鉄が鉄に替わるということは、私たちにとってはもうはっきりした。キーストン橋梁製作所でさえ、鉄のかわりにだんだん鋼鉄が使用されるようになっていた。鉄万能の時代は、鋼鉄に替わろうとしているのであって、私たちはますます鋼鉄に依存しなければならぬようになってきた。それで、私たちはエドガー・トムソン製鋼会社と並行して、いろいろの型の鋼材を製造するために、新しい工場を建設しなければならない、と考えていた。そう決意したその時、ピッツバーグ市のおもな製鋼所五、六軒が合同して建てたホームステッドの工場を私たちに売ってもよいという話が持ち込まれた。

これらの工場は、もともと製造業者たちのシンディケートとして創設されたもので、彼らのさまざまの事業に必要な鋼材の需要を満たすのが目的であった。しかし、当時、鋼鉄レールブームに誘われて、急に鋼鉄レール製作所に変更されたのであった。レールの値段が上っている間は、それで結構事業として成立したが、最初からそうした目的で建てられたのでないため、銑鉄をつくるための溶鉱炉もなく、燃料を得るコークス源もなかった。そのようなわけで、とうてい私たちと競争できる立場にいなかったのである。

この工場を買い求めたのは私たちにとって有利であった。最初、私たちはこれをカーネギー兄弟商会に合同する案を出した。所有者たちはこの案を受け入れた。平等の資格で、両者とも一ドルでゆこうということにした。しかし、私たちは、権利を売りたい人には現金払いをすると発表した。すると、一人を除くほかみんなこれを承諾した。そのようなわけで、新しい工場はカーネギー商会のホームステッド製鋼所として発足したのである。

ここで一八八八年から一八九七年に至る十年間の私たちの事業の進展ぶりを記録するのも興味があると思う。一八八八年に私たちは二千万ドル投資した。一八九七年にはその二倍以上、すなわち四千五百万ドル超となった。一八八八年の年産六十万トンの銑鉄は、十年間に三倍となり、ほとんど二百万トンに達した。一八八八年、私たちの鉄と鋼鉄の産額は、一日二千トンであったものが、十年後には六千トンを超えていた。コークス工場は、最初五千かまどであったものが、数において三倍になり、産出能力ははじめ一日六千トンであったものが、一万八千トンにのぼった。フリックス・コークス会社は、一八九七年、四万二千エーカーの炭田をもつことになった。今後十年を経ていまをかえりみるとき、またこれと同じような発展が記録されることであろう。

アメリカ合衆国のような発展する国家にあっては、製造工業は、拡張が止まると衰微するという見方は正しいといってよいであろう。

一トンの鋼鉱をつくるのに一トン半の鉄鉱石を採掘し、それをレールで湖水まで百マイル運び、さらに船で数百マイル運び、それを貨車に積み、さらにピッツバーグ市まで百五十マイル運搬するのである。一トン半の石炭を掘り出し、コークスに製して五十余マイルをレールで運ぶ。一トンの石灰石を掘って、百五十マイル、ピッツバーグまで持って来る。そうして造られた鋼鉄を三ポンドにつきただの二セントで売って、どうして損をせずにすむのであろうか。正直なところ、これは私にも信じられなかった。奇蹟としか思われない。しかし、事実はまさにその通りなのであった。

アメリカはまもなく、鋼鉄の最も高価な国から、最も安い国にかわろうとしている。すでにイギリスのベルファスト造船所は、私たちのよいお得意である。これはたんに手始めにすぎない。現状でも労働力が高価なのにもかかわらず、アメリカは他の国よりも安く鋼鉄を生産できるのである。機械の労働力が高価なら、じつは人間の労働力はそれだけ安いということになる。もちろん、それには働く人たちが自由で、満足し、熱意をもち、自分たちの仕事に準じて報酬を十分与えられているという条件がつくのである。その点で、アメリカは世界をリードしている。

アメリカが世界の市場で競争する場合、一つ大きな利点は、この国の製造業者が最良の国内市場をもっているということである。これによって、彼らはすみやかに資本の回収が期待できて、余剰生産品を有利に輸出できる。輸出による値段は、生産原価をかろうじてまかなうだけでもさしつかえないのである。最良の国内市場をもつ国家は、ことにその製品がアメリカにおけるように画一化している時には、やがて海外の生産業者を打ち負かすことができる。この関係を明らかにするために、私は英国で「余剰の法則」という言葉を使った。この言葉は後に商業界の論議に一般に使用されるようになった。

17　ホームステッド工場のストライキ

会社の生産経過を採り上げたついでに、一八九二年七月一日、私がスコットランドの高原に避暑している時に起こった従業員の闘争について書くことにする。これは、会社の全歴史を通じて他に例のない嘆かわしい事実である。二十六年間、私は、会社と従業員との関係を自ら進んで取り扱って来たのであったが、それはまことに順調にいって、お互いに満足のいくものであったということは、私の生涯の誇りであった。このホームステッド工場が闘争を続けている間じゅう、私が国外にあって、会社の首脳者たちに力を貸すために、急いで帰らなかったことについて、私の同僚で、主席重役のフィップス氏は、「ニューヨーク・ヘラルド」紙記者の質問に答えて、つぎのように手紙に書いている。彼は「従業員の要求がどんなに無理なものであっても、いつもそれに屈服する」傾向があったので、同僚たちは彼が帰国するのを望まなかったのであると。私はそのことばに値するものでありたいといつも念願していたし、また現在でもそうである。あなたとあなたの従業員が友好的関係にあるということから生まれるそのかけがえのない報酬と、また、その経済的な成果を除外しても、働く人たちに高給を支払うということはよい投資であって、またほんとうの意味で高率の配当を生むものだと、私は確信している。

鋼鉄の生産にはベッセマー式開放炉やそのいろいろの基本的な発明によって、大きな革命がもたらされた。それまで使用していた機械は時代おくれとなり、私たちの会社もそうしたことを認めて、ホームステッド工場に数百万ドルを投じ、工場の再建と拡張をはかった。新しい機械は、古いのに比較して六十パーセントがた鋼鉄の産出を増加した。二百十八トン工員（生産する鋼鉄のトン数に応じて給料を受けるもの）は、三年契約のもとに働いているので、前年のある期間は新しい機械の下で作業した。したがって、彼らの収入は、契約の期限が切れる前に約六十パーセントがた増加をみた。

会社は、後日制定する新しいスケールをもってこの六十パーセントを彼らに分配すると、提案した。いいかえるなら、工員の収入を旧制よりも三十パーセント増加し、あとの三十パーセントは会社の収入として設備費の償却に振りむける仕組であった。改善された機械が仕事をするのであるから、工員の労働は以前よりも苦しくなったというわけではない。であるから、会社の提案はしごく穏当で、また寛大であるともいえるもので、これが普通であったなら工員たちに感謝をもって迎えられるべきものであった。しかし、会社は当時、合衆国政府のために武器を製造していた。これは、会社が二回にわたって辞退したのであったが、政府の緊急の要求で断りかねたのであった。その他、シカゴ万国博覧会の材料を供給する契約もしていた。工員の指導者たちのあるものはこうした事情を知っていたので、さきに述べた六十パーセントを全部要求して来たのである。彼らは、会社は譲歩を余儀なくされると考えたのである。そんな要求に会社は応じることはできないし、また、このように相手ののど笛をつかんで「さあ、出せ」といどんで来るなど、とても承服できなかった。もちろん、会社はこれを拒否した。その態度は正当で、もっともだと思う。よし私が現場にいたとしても、こうした脅迫がましい強請には絶対に応じることはしなかったであろう。

　ここまでは、どの見地から見ても十分に筋が通り、正しかった。私は、作業員と意見の食い違いがあった場合、気長に待ち、彼らと議論を続け、彼らの要求が公正でないことをわからせるという方針を、いつもとってきた。そして、彼らの職場に新しい人を雇い入れるなどということはしたことがない。そんなことは絶対にしなかった。ところが、ホームステッドの工場長は、争議に加わっていない三千名の工員が工場は自分たちで運営すると申し出たのを、そのまま受け取ってしまったのであった。この三千名は、団結して組合に加入した二百十八名の人たちを追っ払うのに懸命であった。その理由は、彼らが鋼鉄部の予熱工員と圧延部工員だけを組合に入れて、他の部門に働く三千名の加入を許さなかったからであった。

私の同僚である共同出資者たちは、この工場長によって誤らせられたのであるが、彼自身も、判断を誤ったのであった。彼はつい最近、下の地位から上ったばかりであったから、このような事態に処する経験をあまりもっていなかったのである。少数の組合従業員の不当な要求と、三千名の非組合工員の相手側が正しくないという意見が、彼に自分のやることが面倒なことに発展すると考えさせなかったのは、当たり前といえばいえないこともない。彼はまた、三千名の工員は約束した通り働くだろうと思ったのである。三千名のうちには、二百十八名の仕事を代行することができ、また代行したいと希望していた人がたくさんいた。少なくとも、後に私にはそう報告された。

今、振り返ってみて、職場を開放して他の工員に渡すという重大な措置に出るべきではなかったというのは容易である。会社がなすべきことは、工員につぎのようにいうべきであった。「今、労働問題で論争が起きているが、それは諸君の間で解決すべきである。会社は、君たちに最も寛大な提案をしたのである。論争が解決したら工場は仕事を開始するが、それまでは開かない。その間、君たちの職場はそのままにしておく」

あるいは、工場長が三千名の人たちにこういったらよかったかもしれない。「よろしい、君たちが出動して、他人の防護をかりずに工場を運営できるなら、やりなさい」と。このようにして、二百十八名を向こうにまわして、三千名が自分を護る責任は、自分たちのものとなったのである。ところが、そうする代わりに、治安官が一隊の国防軍を引率して二百余名にむかって三千余名を護ることにしたのであった。これは、州の役人たちが万一を憂慮したからだ、と私はあとできかされた。しかし、前者の頭目たちは狂暴で、ひどく攻勢に出た。彼らは銃やピストルをもち、事態がすぐ明らかにしたように、三千名の工員たちを震えあがらせてしまった。私がかつて自ら文書にしておいた会社の規約をここに引用しよう。

「私の考えは、会社はその所属する工場において、工員が作業休止を続けることを許すのをあらかじめ明らかにしておくこと。会社は、彼らと自由に、他意なく話し合い、彼らが再び作業に帰るときめるまで、忍耐深く待つこと。新しい人員を入れることは絶対に考えぬこと――以上である」

人間としての最高の人物で、また最も優秀な工員は、職をさがして街をうろうろしてはいない。一般的にいって、技術の劣った人たちだけが職にあぶれているのである。私たちが要望しているような種類の人たちは、不況の際でさえ、めったに職を失うのを許されない。新人を雇い入れて、現代の製鋼所の複雑な機械をうまく使いこなすのを期待するのは不可能である。新人を入れようとしたために、働きたいと思っていた数千の熟練工を熱のないものとしてしまった。働く人々は、いつも新しい人たちが雇い入れられるのをこころよく思わないものである。彼らをどうして非難できようか。

しかし、私がいたとしても、私も、工場長のすすめにしたがって、工場の門を開くよう説得されたかもしれない。そして、私たちの古い従業員が約束した通り職場へ帰るかどうか、試したかもしれない。ここに一つ注目していただきたい重大な点は、私の同僚たちが最初に工場を開けた時には、新人を入れるためではなかった。それとはまったく反対で、私が帰国してから報告を受けた通り、数千の古参工員の要求に応えて開けたのであった。これは重大な点である。私の同僚たちが、工場長の献策を試したことについては、一点の非難すべきものもみられない。新人を雇い入れるのではなく、現職者の復帰するのを待てという私たちの規約は、その時まだ破られていなかった。

闘争している工員たちが、治安官たちに向かって銃を発射した後で、第二回目の工場の門を開いた点について今から振り返ってみて「古参職工たちが復帰すると自発的に決意するまで工場を閉めておいたらどんなにかよかったであろう」と批判するのは、たやすいことである。しかし、その間に、ペンシルヴァニア州の知事は、八千の州兵を動員し、事態を自分の管理下においてしまったのであった。

この不祥事が起きた時、私はスコットランドの高原を旅していたので、二日後になってはじめてそれをきいたのであった。私の一生を通じて、後にも先にも、この事件ほど私を深く傷つけたものはなかった。私の実業界の経験のなかでも、このホームステッド工場の問題で受けた傷の痛みほど、後々までも残って痛手となったものはない。それはまったく不必要なできごとであった。工員たちは全面的に間違っていた。ストライキをやった工員たちは、新しい機械によって、新しい賃金率の下に一日四から九ドルの収入があることになっていた。これは、古い機械のときに比して三十パーセントの増収入なのである。スコットランドにいた私は工員、組合の役員からつぎのような電報を受けとった。

「親切な社長、貴下は私たちがどうするのを望むか、指示して下さい。私たちは、貴下のためにご意志に添うようにします」

これは強く私の心を打った。しかし、悲しいことに、もう手遅れであった。最悪の事態に突入してしまったのである。工場は知事の手に渡ってしまった。時期はもう失われていた。

海外にあって私は、事態をよく知っている友人たちからたくさんの通信をもらったが、彼らはどんなに私が悲痛な思いをしているか知って、同情してくれた。そのなかでも、私を感激させたのはイギリスの首相グラッドストーン氏からいただいた手紙であった。

もちろん、一般大衆は私がスコットランドにいたことを知らず、またホームステッド工場の擾乱《じょうらん》が何によって起こったのか、なにも知らなかった。私が支配権を握っているカーネギー工場で、工員が数名殺された、ということだけ知っていた。それだけで、数年にわたって私の名は世界の嘲笑《ちょうしょう》の的となるのに十分であった。しかし、とうとう私に満足感を与える一つのできごとが到来した。マーク・ハンナ上院議員は全国市民連盟の議長で、オスカー・ストラウス氏はその副議長であった。この団体は資本家と労働者から成っていて、雇用者と従業員の両方に大きな影響をもたらした組織であった。ハンナ氏は自邸の晩餐会に私を招き、連盟の役員と懇談したいということであった。ところが、その日を控えて、長年の私の親友で、また元クリーヴランド市の私の会社の代理人であったハンナ氏が急逝された。

私は晩餐会に出席した。食事が終ると、ストラウス氏は立って、ハンナ氏の後任として連盟はいろいろ考えたが、全国のあらゆる労働機関からの便りによると、この地位に私を推したい、といって来ていると報告した。その席には数名の労働界の指導者たちがいたが、ひとりびとりつぎつぎに立って、ストラウス氏の意見を支持した。

私はこの時ほどびっくりしたことは一生のうちに一度もなかったし、また正直なところ、こんなに感謝感激に満ちたことはかつてなかった。労働界からそのような好意ある態度をもたれるのは、私は当然だとは思っていた。私は働く人たちにいつも温かい同情をよせていたし、私の会社の従業員たちからも敬愛の念をもって見られていた。しかし、ホームステッドの争議以来、全国の人たちの感情からいえばまったくその逆であった。国民大衆にはカーネギー会社といえば、労働の正当な報酬に対してカーネギー氏の挑戦を意味していたのであった。

ストラウス氏の晩餐会で私は立って、どうしてこの大きな栄誉を受けることができないか、役員たちに説明した。私は夏の暑さを避けなければならないのだが、連盟の議長は四季を通じてどんな突発事件が起きても、それに対処するためその場にいなければならないので、引き受けることができない。私はひどく当惑したが、結局、この推挙は私に与えられた最大の名誉で、私の傷ついた心を癒やす良薬であるということを、列座の人たちによく判ってもらった。もし私が、惜しまれて逝《い》った友人に代わって、執行委員会に名を連ねることができるならば、私は喜んでその栄誉を受ける、と述べた。私は、満場一致でその地位に推された。このようにして私は、ホームステッドの不祥事件と工員を殺したことについて労働界全般から私が責任者とされているという感から救われることができたのであった。

私に対する汚名から私を擁護して下さったオスカー・ストラウス氏は、私の労働問題について書いたものや演説をよく知っていてくれた。そして、あらゆる機会にそれを引用して、働く人たちの説得に努めてくれたので、私は彼に負うところが多い。この晩餐会にはピッツバーグ市の労働界の指導者が二人出席していたが、彼らも熱心に私の実績を述べてくれた。

その後、ピッツバーグの図書館ホールで、私を迎える働く人たちと家族の勤労者大会が催されたが、私は全身全霊を打ち込んで、彼らにあいさつした。その時私が語った一つのことは、資本と労働者と雇用主とは三脚椅子であって、どちらがさきにとか、上位だとかいうことがあってはならない。三位一体で、三つとも欠くことのできないものである、ということであった。それから、私たちは親愛の握手をかわし、これですべて釈然とした。こうして、私の身も心も、従業員と家族たちと固く結ばれたので、私は大きな重荷が取り去られたように思えて、ほっとしたのであった。しかし、事件の現場から数千マイル離れていたとはいえ、私にとっては怖ろしい経験であった。

このホームステッド争議から生まれた一つの物語は、私の友人であるラットガース大学教授のジョン・C・ヴァン・ダイク氏によって語られている。

一九〇〇年の春、カリフォルニア湾に面したグアイマス市から、私はラ・ノリア・ヴエルデにある友人の牧場へ歩いていった。ソノラ山で一週間ばかり猟でもして遊ぼうと思ったからである。牧場は、文明と名のつくものからは遠く離れ、そこには二、三のメキシコ人とたくさんのヤキ族のインディアンしかいないものと、私は思っていた。ところが、驚いたことには、そこで私は、英語を話す、しかもアメリカ人を発見したのであった。なぜ彼がこんなところに来たのか私が知るようになるのに、あまり時間がかからなかった。なぜなら、彼はとても淋しく、話し相手を求めていたからであった。彼はマックラッキーといって、一八九二年までカーネギー商会のホームステッド製鋼所に雇われていた熟練機械工であった。彼はいわゆる〝首席優秀工〟と呼ばれる人のひとりで、当時、高給をとり、家庭をもち、家も財産も相当あって、楽な暮らしをしていた。その上、土地の人たちの信用も厚く、ホームステッドの区長でもあった。

一八九二年の争議のさい、マックラッキーは、必然的に争議を起こした側に与《くみ》した。その時、工場を護り、秩序を保つために船でホームステッドに送られた私的探偵の一団を、彼は区長の資格で逮捕する指令を下した。それを彼はどこまでも正当な行為だと考えていた。彼が私に説明したところによると、私偵団は、自分の領域に侵入して来た武装集団で、彼らを逮捕し、武装解除をさせる正当の権限がある、と考えた。ところが、この指令が流血の惨事を招いた。そして、闘争は本格的なものとなってしまったのである。

ストライキの経過はもちろん、みんなに広く知られているので、改めてくり返す必要はない。争議をひき起こした人たちはついに敗れた。マックラッキーはといえば、殺人、騒擾《そうじょう》、反逆その他、数えきれないほどの罪名で起訴された。彼は国外に逃亡しなければならなくなり、傷ついて、飢えにせめられ、官憲に追われ、擾乱の嵐が吹き去るまで、どこかに身を隠さなければならなかった。その後、彼はブラックリストに載せられ合衆国内のあらゆる鋼鉄業者に知られていたのでどこへ行っても職にありつくことができなかった。持ち金を使いはたし、その上妻に死なれ、家族は分散してしまった。さまざまの不幸に遭遇した後、彼はメキシコへ行く決意をしたのであるが、私が彼に会った時には、ラ・ノリア・ヴェルデから十五マイルばかり離れたところにある鉱山で仕事を見つけようとしていたのであった。しかし、メキシコ人たちにとって、彼はあまりにも腕ききの職工であった。彼らが鉱山で必要としたのは農奴みたいな安い賃金労働者であった。彼は仕事にありつくことができず、金もなかった。文字通り、最後の一銭まで使いはたしてしまったのである。彼の不幸な話を一部始終きいて、もちろん私はたいそう気の毒に思った。とくに、彼がほんとうに聡明な男で、自分の不幸について余計な泣き言を一言もいわなかったので、なおさら私は同情した。

その時私は、自分がカーネギー氏をよく知っていることも、ホームステッドの争議が起きてからまもなく、私はスコットランドで彼といっしょであったことも、またカーネギー氏を通じてあちら側の話をきいていることも、マックラッキーにはいわなかったと思う。それはともかく、彼は、カーネギー氏を非難するような口ぶりを慎重に避けて、幾度もくり返して、もし〝アンディ〟がいてくれたらあんなことにはならなかった、といっていた。彼は〝若いものたち〟は〝アンディ〟とよくウマがあっていたが、重役のなかにはそうでない人たちがいた、と考えているようであった。

牧場に一週間滞在しているうち、私は、夜になるとよくマックラッキーに会った。そこを去ると私はまっすぐアリゾナ州のトュリンへ行き、そこからカーネギー氏に手紙を書く用事があったので、ついでにマックラッキーに会ったことをつけ加えた。私が彼をたいへん可哀想だと思ったこと、また彼が不当に扱われたのではないかと思うということを書き添えた。カーネギー氏からすぐ返事が来たが、手紙の端に鉛筆で〝マックラッキーに欲しいというだけ金をやってくれ。しかし、私の名をいってはいけない〟と、走り書きがしてあった。私はさっそくマックラッキーに手紙を書いて、いるだけの金を送るからといってやったが、金額は書かなかった。しかし、彼の再起に十分な額の金であるのははっきりわかるように書いた。彼はそれを断った。彼は、伸《の》るか反《そ》るか、自分で闘って、自分の途《みち》を歩むというのである。それがアメリカ気質なので、私は彼の心構えに敬意を表せずにはいられなかった。

私は、友人で、ソノラ鉄道会社の総支配人をしているI・A・ニューグル氏に、彼のことを頼んだ。そんなことで、マックラッキーはこの会社で職を得ることができて、非常に重宝がられていた。一年たって、あるいはその年の秋であったかもしれないが、とにかく私が再びグアイマスを訪れた時、彼は鉄道会社の修理工場で監督の地位にいた。彼の生活環境はずっとよくなって、幸福そうであったが、たぶんこれはメキシコの女性を妻にしたことによるものであったろう。そこで、今、彼の上にのしかかっていた暗雲がとり除かれたので、私は、援助を申し出たのは誰であったか彼に打ち明け、彼と争わなければならぬ立場に追い込まれた人たちを悪く思わせないようにしたいと考えた。それで、彼と別れる前に、「マックラッキー君、君にお金を出すといったのは、じつは私ではないんだよ。今だからいうが、アンドリュー・カーネギーさんだったんだよ。あれは、彼が私を通じて出そうといってくれたんだよ」といった。

マックラッキーは、腰を抜かさんばかりに驚いた。そして、やっと口をついて出た言葉は、「そうかい、アンディはりっぱだよ、そうじゃないかね」というだけであった。

マックラッキーのこの私に対する判決を、私は天国への旅券に使おうと思っている。それは人間の考え出したあらゆる神学の教義よりも、ずっと役に立つだろうからである。マックラッキーが善人であるということを私はよく知っている。ホームステッドの彼の財産は、三万ドルを超えるといわれていた。彼は区長であったがために警官を射った罪に問われたのであるし、またホームステッドの工員組合の議長であったからでもある。そのようなわけで、彼はすべてを後に残して逃亡しなければならなかったのであった。

18　労働の諸問題

この辺で私が手がけた労働争議について少し書き残しておきたいと思うが、それは資本と労働の双方になにか参考になるかもしれないと考えるからである。

私たちの鋼鉄レール製作所の溶鉱炉で働いている工員が、ある時会社がもし給料を上げてくれるのでなければ、月曜日の午後四時、溶鉱炉を放棄すると連名で申し入れて来た。さて、これらの工員が納得して署名した契約はその年の暮までのもので、あとまだ数か月の有効期間を残していた。もし彼らがいったん約束したことを、ここでこんなふうに反古《ほご》にするなら、あとどんな約束をしても無意味だ、と私は考えた。しかし、ともかく私はニューヨークから夜汽車に乗って、朝早く、ピッツバーグの工場に顔を出した。

私は工場長に、工場を支配している三委員会を招集するよう命じた。闘争に入っている化成炉関係の委員たちだけでなく、製錬部と圧延部の委員たちも招集させた。彼らは集まって来た。私はもちろん礼を厚くして彼らを迎えたが、それは礼をつくすのが政策的に賢明だからというわけではなく、私はいつも社の従業員と会うのを楽しみにしていたからである。働く人たちを知れば知るほど、私は彼らの徳性を高く評価するようになるということを、ここではっきりいっておきたい。しかし、イギリスの作家バリーが女性について「神はいろいろのものをたいそうよくおつくりになった。これについてはなんの疑問もないが、女に関するかぎり、なにかとてもおかしなゆがみを残しておきなすった」といっているが、労働者についても同様のことがいえるのである。彼らは、彼ら独得の偏見をもっていて、それは硬いしこりのようなものであるが、私たちはそれを丁重に扱わなければならないのである。なぜなら、そのよって来るところは無知であって、敵愾心《てきがいしん》ではないからである。

委員たちは私の前に、半円形に席についた。彼らはもちろん帽子を脱いでいた。私も脱いでいた。それは見たところ、まことに模範的な会合のように思われた。

製錬炉の委員長にまず私は話しかけた。彼は眼鏡をかけた老人であった。

「マッケイさん、会社と君との間には、今年いっぱい契約がありましたね」

彼はゆっくりと眼鏡をはずし、それを手にもってこういった。

「はい、そうです、カーネギーさん。そして、わたしたちがそれを守らないと、会社は困るんです」

「それはほんとうのアメリカの働く人の言葉だ。私は君のような人物を大いに自慢にする」と、私はいった。

つぎに私はレール製作部の委員長に、

「ジョンソンさん、あなたとも同じ契約がありましたね」といった。彼は小柄な痩せた男で、慎重に口をきいた。

「カーネギーさん、契約書が私のところへ署名するためにもって来られる時、私はそれをよく読んで、それでいいと思えば、署名します。もし気に入らなければ署名しません。いったん署名したら、それを守ります」

「君もまた自尊心をもったアメリカの工員です」

それから、溶鉱炉委員の委員長であるアイルランド人のケリーに同じ問いを発した。

「ケリーさん、会社は君と今年いっぱい有効な契約があるんでしょうね」

ケリーは、はっきりしたことはいえないと答えた。書類が回って来たので、署名はしたが、注意して読まなかったし、なにが書いてあったかよく判らなかった。その時、工場長のジョーンズ大尉が急に大きな声を出して叫んだ。彼はすばらしい支配人であったが、気が短くて、衝動的であった。

「だってケリー君、僕が二回も読んできかして、君と詳しく話しあったじゃないか、それを憶えているだろう」と、彼はいった。

「静かに！　静かに、キャプテン」と私はいった。「ケリーさんは自分の立場を釈明する権利があるんです。私も、会社の弁護士や重役たちが署名してくれって持って来る書類に、いちいち読まずに署名することがよくある。ケリーさんは、それと同じような事情のもとに、その書類に署名したといわれるのだ。だがね、ケリーさん、私のこれまでの経験からいって、軽率に署名した契約書であっても、署名した以上はそれを履行して、つぎの時にはもっと慎重にやるというのがいちばんりこうなやりかただということになる。あなたの場合も、この契約のもとにあと四か月勤務を続けて、このつぎの契約に署名するときには納得がいくまで調べるとしたらどうであろうか」

これに対してだれも答えなかったので、私は立って、こういった。

「溶鉱炉委員会の諸君、君たちは会社を威嚇《いかく》して契約を破棄し、溶鉱炉の火を落す（それは大きな損なのだ）といって、今日の四時までに君らの威嚇に対する私の返答をせまっている。まだ三時にならないが、君たちへの回答はもうできている。溶鉱炉を放棄してよろしい。君たちの威嚇に屈するよりは、溶鉱炉のまわりに草をぼうぼうと生やしたほうがましだ。労働界はじまって以来の最悪の日は、働く人たちが自分たちが署名した契約を破って、自分たち自らを汚辱したその日なのである。それが君たちに対する回答である」

委員たちはしずしずと部屋を出ていった。重役たちはしいんとして黙っていた。商用で会社に来ていた一人の客は、廊下で委員たちに出会ったそうだが、彼はつぎのように私に報告した。

「私が入って来る時、眼鏡をかけた男が、ケリーとかいうアイルランド人に呼びかけ、その男の側へよって来て〝君たち、今のうちに目を覚ましたほうがいいぞ、後ではどうにもならなくなるからな。この会社じゃ威嚇やいやがらせは役に立たないんだ〟といっているのをききましたよ」

それはいわずもがな、工員は自分の持場に帰るということであった。あとで、私たちは溶鉱炉でどんなことが起きたか、事務員の一人からきいたのであるが、ケリーと委員たちは、まっすぐ工員の集まっているところへ行った。もちろん、工員たちは首を長くして待っていたので、帰って来ると、委員たちはとり囲まれた。ケリーはみんなをしたがえて溶鉱炉のところへ行った。そして、声をあげて叫んだのである。

「さっさと仕事につけ、てめえたち穀《ごく》つぶしどもめ、ここでなにをぶらぶらしているんだ。おれたちはおやじにこっぴどくやっつけられて来たんだ。おやじは闘わないんだ。だが、おやじは腰を据《す》えて坐り込むというんだ。おやじが腰を下ろしてねばるとなったら、骸骨《がいこつ》になるまで腰をあげないのを、おれたちはよく知っている。そら、仕事にかかれ、てめえたち穀つぶしめ」

アイルランド人と、スコットランドとアイルランドの混血の連中はおかしなやつらだ。しかし、一筋縄《ひとすじなわ》でいかない彼らも、こっちが扱いのコツさえ心得ていれば、しごく単純な、すばらしい人たちなのである。このケリーという男はその後、私が最も頼りにする人間となり、また彼は彼で私の崇拝者となった。この事件が起きるまで彼は最も過激な、困り者の一人であったのである。私の経験によると、勤労者の大集団はいつでも正しいものを支持し、正しく行動するとはっきりいうことができる。もちろん、彼らが一つの立場をとって、自分たちの指導者にとことんまでついて行くと約束した場合は別である。しかし、もしそれが間違っていたとしても、自分たちの指導者に対する忠誠は立派なもので、その点を高く評価しなければならない。自分たちのうちに忠誠の感をもっている人たちなら、どうにでも指導できるのである。彼らをいつも公平に扱いさえすればよいのである。

もう一つ私たちの鋼鉄レール製作所で、ストライキを未然に抑えた話も興味があるかもしれない。この場合も、一部所の百三十四名の工員が秘密裡《ひみつり》に団結し、数か月前から年末には給料増額を要求すると誓っていた。その年は、年が明けるとすぐ財界は不景気に襲われ、他の製鉄所や製鋼所は全国的に、賃金の値下げを行なっていたのである。だが、私の会社の一団はそれ以前に、昇給がないなら働かないと秘かに誓っていたので、この要求をひっこめるわけにゆかないと考えていた。競争会社がこぞって減給しているとき、私たちが増給することはできない。したがって、会社は業務停止ということになった。この一団のストライキによって、製作所の全部門が休止状態に追い込まれたのであった。溶鉱炉も、約束の一両日前に火を落して職場放棄となって、私たちは非常にあわてた。

私は急いでピッツバーグに駈けつけ、溶鉱炉が火を落しているのを見て驚いた。これは契約を無視した行為であった。私はピッツバーグに着いた朝、工員たちと会うことになっていた。ところが、工場が私に通知して来て「工員は溶鉱炉を放棄したので、明日会う」というのである。失礼な歓迎ぶりだ。そこで、私はつぎのように回答した。

「いや、それはだめだ。私は明日、ここにはいないと告げてくれ。だれでも職場を放棄することができる。それは簡単だ。問題は、職場の再開にあるのだ。いつか、工員たちが気のむいたとき、工場を再開してもらいたいと思って、それをやってくれる人はだれかときょろきょろ見まわし、探すことであろう。その時、私はつぎのように答えるであろうが、それは今、現在私がやることと同じなのである。それは、会社の製品の売り値を基礎として、それに準じたスライディング・スケールによる賃金でなければ、工場は絶対に再開しない。その順応率は三年間変更しない。しかも、工員が提出するものではない。いままでいくども工員のほうから賃金スケールがさしだされたが、今度は、私の番である。会社が、彼らにスケールを出すのだ」

私は、つぎに重役たちに「さあ、それで私は午後にニューヨークに帰ることにする。もうなんにも打つ手がないからね」といった。

工員たちは、私のメッセージを受け取るとまもなく、私が帰る前に、午後会見できるかどうかきいて来た。

「よろこんで会おう」と私は答えた。

彼らはやって来た。そこで私はつぎのようにいった。

「諸君、ここにいる君たちの委員長であるベネットさんが君たちに伝えた通り、私が来て、私がいつもやって来たように諸君と話し合って、なんとか問題を解決するようにしたい、といった。その通りなのだ。彼はまた、私に闘争の意志がないということも、君たちに話したが、それもその通りである。彼はほんとうの予言者である。しかし、諸君に伝えたことのなかに一つ少し間違っていることがある。彼は、私が闘えない、といったのである。諸君！」と、私はいってベネット氏をまともに見据えて、拳を握り、ふりあげて言葉を続けた。

「彼は、私がスコットランド人であるということを忘れたのだ。しかし、ここで一つはっきりいっておこう。私は、君たちと絶対に闘わない。労働界を向こうにまわして闘うなんて、そんな馬鹿なことはしない。私は闘わないが、私は坐り込み戦術で、どんな闘争委員であろうと完全に負かして見せる。それで、私は腰を据えて坐ってしまったのだ。この製作所は、全工員の三分の二の多数で再開の決議をしないかぎり、絶対に開かれないのだ。しかも、その時は、私が今朝、君たちにいったように、こちら側で出すスライディング・スケールによるのだ。私のいうことはこれだけである」

彼らは退席した。

その後二週間ばかりたって、私がニューヨークの家の書斎にいた時、使用人の一人が名刺を一枚もって来た。それには私の会社の工員二名と、牧師の名が書いてあった。ピッツバーグの工場から来たので、私に会いたいというのであろう。

「この二名のうち、契約に反して溶鉱炉の火を落した人がいるかどうかを確かめてくれ」

私は使用人にいった。

彼は下に行き、そうではないのを確かめて来たので、

「それではもう一度下へ行って、お会いするから二階へ上って下さい、といいなさい」と私は告げた。

もちろん、私は、彼らを温かく、また礼を尽くして迎えた。一同腰をおろし、しばらくの間、生まれて初めて訪れたというニューヨークの話をした。

「カーネギーさん、私たちはほんとうは製作所の闘争についてご相談いたしたいと思っておうかがいしたのです」と牧師はしびれを切らして口火をきった。

「ああそうですか。工員は採択したんですか」と私はきいた。

「いいえ」

そこで、私はつぎのように答えた。

「それなら、その問題について話し合いをするのはご免をこうむりたいのです。工員の三分の二の多数で、再開を決議するまで私は絶対に話し合いはせんとはっきりいってあるんです。みなさんはニューヨークは初めてだそうです。私がご案内して、五番街とセントラルパークを見物して来ましょう。一時半に宅で昼食をさしあげますから、それまでに帰りましょう」

私たちはその通りにした。いろいろ話がはずんだが、彼らがいちばん話したいと望んだことだけは故意に避けた。私たちは愉快に見物を終り、客は昼食を楽しんだことは私によくわかった。この点について、アメリカの労働者と外国の人たちとの間には一つ大きな違いがある。アメリカ人は人間としてできている。彼らは、他の人たちと昼食の席について、まるで生まれつきの紳士のように（事実そうなのであるが）ふるまうのである。これはじつにすばらしい。

彼らは工場について一言もいわずに、ピッツバーグへ帰っていった。しかし、それからまもなく工員は票決をした。工場再開反対の票はごくわずかであった。それで、私はまたピッツバーグへ行った。私は、委員たちの前に彼らが働く条件の賃金スケールを差し出した。それは、製品の値段に基づいて割り出されるスライディング・スケールの賃金制なのである。このようなスケールは、資本と労働を共同企業体とするのであって、繁栄も不況も運命をともにすることになる。もちろん、それにも最低線があって、工員はいつも生活給だけは保証されているのである。工員たちはすでにこの順応率を見ていたので、今改めてそれを検討する必要はなかった。委員長は、

「カーネギーさん、私たちは全部承諾します。それで……」と彼はちょっとためらって

「一つお願いがあるのですが、これだけは認めていただきたいのです」といった。

「そうですか。みなさん、もし理屈に合うことなら、もちろん承知しますよ」

「それはこうなんです。組合の役員たちが工員のためにこの契約書に署名するのを認めていただきたいのです」

「ああそのことですか、いいですとも。歓迎しますよ。それでは、私のほうからも一つお

願いがあるんだが、諸君のを認めたからには、私の申し出も許していただきたい。私を喜ばせるために、役員が署名した後で、工員たちがひとりびとり自分で署名して欲しいんだ。ベネットさん、君の知っている通り、この順応率は三年間続くのだ。長い有効期間なのであるから、工員か、工員の一団が、そのうち組合長がそんなに長く自分たちを拘束する権限があるかどうか問題にするようなことになるかもしれない。しかしもし、ひとりびとりが署名しているなら、そんなとき誤解が起こらないのです」

一瞬だれも口を開かなかった。それから、ベネット氏の側に坐っていた男が、彼にささやいたが、私にははっきりときこえた。

「やれやれ、完全な負けだよ」

その通りなのだ。しかし、それは正面きっての攻撃ではなく、側面迂回《うかい》の攻撃法によってである。もし私が組合役員の署名を拒否すれば、それをもとに文句が出て、結局は闘争の口実となる。ところが、私がそれを許したからには、彼らとしても私のまことに簡単明瞭な要求を断るわけにはいかないことになる。自由で独立したアメリカ市民のひとりびとりが署名するというのは当然のことなのである。私の憶えているかぎり、組合の役員は結局署名しなかった。認められていながら、やらなかった。各個人の署名が要求されている以上、署名したってなんの役にもたたないからである。そのうえ、工員たちは賃金スケールが採用された以上、組合は自分たちのためにもうなにもできないのをよく承知しているので、組合費を払うのを怠り、組合はさびれていった。その後また組合のうわさもきかない。これは一八八九年のことである。賃金スケールは、その後一回の変更もなく続いている。工員たちは変えろといったって変えはしない。私が最初からいっていたように、この制度は自分たちの利益になるからである。

私が労働界に貢献したいくつかの仕事のうち、この賃金スケールを案出したことが、いちばん大きかったと思う。それは、資本と労働問題の解決であった。順境においても、逆境においても、労資を共同出資者とするのである。ピッツバーグ地区にははじめのころ、年ぎめの賃金制はあったが、それはよい制度ではなかった。工員も雇い主も、賃金契約がきまるやいなや、さっそくつぎの年の闘争方針の準備をはじめるということになるからであった。雇うものにとっても、雇われるものにとっても、いつ契約が切れるか、はっきりした期日をきめておかないほうがよい。六か月でも一年でもよいから、双方のどちら側からでも予告して、それから改める、としておけば、何年でも継続することができるのである。

労資のあつれきがどんなにつまらないことによって起こり、またどのような方向に走るか、二つ例を挙げよう。これは、一見ほんの小さなことから一転してうまく解決された例なのである。あるとき、私は、工員の委員会へ出かけて行き、彼らと会見したが、私たちの考えでは、彼らは不当な要求をしていたのである。私は、工員たちは一人の男に牛耳《ぎゅうじ》られているときかされていた。この男は製鋼所に勤めていたが、またこっそり酒場を開いていたのであった。彼はごろつきであった。真面目《まじめ》な着実な工員は、彼を恐れていたし、酒を飲む連中は彼に借りがあって、頭が上らなかった。彼がこの闘争のほんとうの扇動者であったのだ。

私たちはいつもの通り友好的な気持で会見した。私は、この人たちと会うのがうれしかった。なぜなら、彼らの多くとは長い間のつき合いで、名を呼びすてにするほど親しかったからである。テーブルについた時、扇動者である男がその一端に陣どり、私が他の端に席についた。だから、彼と私は向い合って坐ったわけである。私が会議に会社の提案を出して説明してから、私は、この男が床においてあった帽子を拾いあげ、たっぷり時間をかけて頭に載せているのに気がついた。退席するぞという合図なのである。私はこの機会を見逃さなかった。

「君、君は紳士たちの集まりに出ているんだよ、どうか帽子をぬいで下さい。でなければ部屋を出ていって下さい」

私は、彼をじっと見つめていた。部屋はしーんとなって、ひどく緊張した気分がただよった。このならず者はちょっと気を呑《の》まれた形であったが、ここで彼がつぎにどう出ようと負けであるのを、私は知っていた。もし彼が席を立って出て行けば、彼は帽子をかぶったりして、会議に対する礼を失し、自分が紳士でないことを証明したことになる。また、もし彼が部屋にとどまり、帽子をぬげば、彼は私のけん責に屈服したことになる。どう出ようと、私はかまわない。彼は二つとる道を与えられたのであるが、どっちをとっても彼には致命傷となるのであった。彼は、私の手中に身をまかせた。彼はまたたっぷり時間をかけて帽子をとり、それを床の上においた。その後、会議の間じゅう、彼は一言も発言しなかった。私は後になって、この男は会社をやめたときかされた。工員たちは、この時のできごとをたいへん愉快がっていた。そして、事件はすべて和解的に解決された。

三年間の賃金制が工員たちに提案された時、十六名の委員が選ばれ、私たちと交渉に当たったのである。はじめは交渉がなかなかはかどらなかった。それで、私は約束があってつぎの日、ニューヨークに帰らなければならない、といった。ところが、彼らは他の工員たちを委員に加えたいので、三十二名になるが、それでもさしつかえないかときいて来た。彼らの間で仲間割れをしているたしかな証拠なのである。もちろん、私たちは承諾した。

委員は製鋼所からピッツバーグ市の本社に、私を訪ねて来た。会談の口火を切ったのはビリー・エドワーズといって、会社の最優秀工員の一人であった。私はこの男をよく憶えているが、後日彼は高い地位を占めるようになった。ビリーの考えでは、提供された総額は公正であるが、みんなに振りわける率が不公平だというのである。ある部門ではそれで結構であるが、他の部では正当な扱いを受けていない。工員の大部分は当然こうした意見であった。だが、それでは、はたしてだれが十分な賃金を支払われていないか指摘することになると、自然そこで意見が割れてしまうのであった。別々の部門を代表する人たちの意見は一致のしようがない。ビリーはこういうのである。

「カーネギーさん、一トンあたりで支払われる全体の額は公正だと、わしらの意見は一致しとるんです。これについて文句はありません。だがですね、わしたちの間の分配のやりかたがうまくないんです。そこで、カーネギーさん、今かりにあんたが私の仕事をとるとして……」

「待った、待った」と私は大きな声で叫んだ。「ビリー、それはいかんよ。カーネギーさんはたとえだれのものであろうと、人の仕事をとるようなことはしない。他人の仕事を取ることは、熟練工員の間では許すことのできない違反なのだ」

爆笑が起こり、つぎに拍手、そして、またみんなお腹をかかえて笑いこけた。私も彼らとともに笑った。私たちはビリーに勝ったのだ。もちろん、論争の点はすぐ解消した。工員たちにとって、この種の問題は金銭だけのことではない。彼らの立場をよく理解し、親切に扱い、公正に折衝する——こうしたことこそアメリカの勤労者を動かす大きな力なのである。

雇い主は、自分の従業員に対してほんのわずかの費用でとってもたくさんのよいことをしてやることができるのである。ある会合で、何かしてあげることはないかと私がきくと、この同じビリー・エドワーズが立って、工員はほとんどみんな、日用品を買う店に借金をしているが、その理由は給料が月払いになっているからだ、といったのを、私はよく憶えている。ビリーのいったことは、私の頭に焼きついている。

「わっしはいい女を女房にもっていますんで、世帯の切り回しをよくやってくれます。わっしたちは、毎月第四番目の土曜の午後、かならずピッツバーグ市へ行って、つぎの月にいる物をみんな卸《おろ》し値《ね》で仕入れるんで、三分の一ほど倹約になります。うちの工員でこんなことのできるものはほとんどありませんわ。この近所の店はとっても高いんです。もう一つあるんですが、商売人は石炭をとっても高くふっかけるんです。もし社長が一か月でなく、二週間ごとに給料を出して下さりゃ、しまつなものにとっては、給料を一割か、あるいはもっとあがったくらいありがたいんです」

「エドワーズ君、君のいう通りにしよう」と私は答えた。

それを実行に移すために手間がかかり、事務員を数名増やさなければならなかったが、そんなことは些細なことであった。日用必需品の値段が高いというビリーの話から、私はなぜ従業員が消費組合の売店を開くことができないのか、考えはじめた。これもまた実行することにした。会社が建物の家賃を支払うことにきめたが、私は、工員が株をもち、その運営を自分たちでやるのを強制した。このような組織からブラドック消費組合が誕生したのである。これはいろいろの意味で重要な機関となったが、そのうちでとくに有意義であったことは、工員たちに事業というものは、いろいろむずかしいことがあるものだ、ということを教えたことである。

石炭についての問題は、会社が買う原価で全工員に売る協定を結んだので、難なく解消した。それは石炭商から買う半値だ、と私はきかされた。その上、買い手が運ぶ実費を払いさえすれば、各家庭に配達する手配をした。

その他に、もう一つ問題があった。私たちは、従業員が貯金について不安をもっているということを、発見した。なぜなら、用心深い人たちは、銀行に預金するのを懸念していたからである。不幸にも、当時、アメリカ政府は、イギリスの郵便貯金の制度を採用していなかった。私たちは、各工員の貯金を二千ドルまで預って、それに対して六分の利子を払うのを提案した。これは勤勉を奨励するためであった。彼らの預金は、会社の金とは別にして、信託預金として扱い、自分の家を建てたいという人たちに貸し出した。これは質実な働く人たちのために、私たちがしてあげることのできる最もよいものの一つだと考えている。

このような配慮は、私の会社がやった最も有利な投資であることが立証された。経済的な見地からでさえ、同様のことがいえるのである。従業員に対しては契約や証文を乗り越えても、酬いられるところは大きいのである。私の共同出資者である重役たちは「どんなに無理なことであっても、労働者の要求ならいつも聞き入れる私の極端な態度」といって非難したが、私は過去をかえりみて、この方面の私の弱点はもっともっと大きくてもよかった、と思っている。私たちの従業員の友情ほど、よい配当をもたらす投資はないのである。

このようにして、私たちはまもなく、他に比類のないほど優れた一団の工員をもつようになった。最高の工員で、また人間としてかけがえのないほど優れた人たちの集まりと、私は心から信じているし、争議や闘争はもう昔話となってしまった。ホームステッド製鋼所の工員たちが、もし最初から私たちと仕事をして来た古参者ばかりであったら、一八九二年の争議が起きるなど、ほとんど考えられないのであった。ところが、あそこの工員は当時、急にそこらからかき集めた人たちが多かったのである。鋼鉄レール製作所の賃金スケールは、一八八九年に採用されてから現在（一九一四年）まで続き、あれから一回も労働関係のいざこざがあったのを私は知らない。さきに述べたように、従業員は自分たちの古い組合を解散してしまった。自分たちが三年間の契約を結んでいる以上、組合に会費を払う必要を認めなかったからであった。彼らの労働組合は解散したが、それに代わって経営者たちと従業員との間に、親愛のこもった組合ができて、これこそ両方のすべての人たちにとって最適のものであった。

雇い主にとって自分の下に働く人たちが十分の収入を得て、確実な仕事をもっているということは大切なことで、自分の利益になるのである。スライディング・スケール制で会社は市場に対応できるようになる。注文をとり、工場の作業を継続するよう努力するが、それは労働者にとって重大なことである。高い給料もたいへん結構ではあるが、確立した不断の仕事とくらべたら問題にならない。エドガー・トムソン製鋼会社は、労資関係に関しては最も理想的なものと、私には思われる。私の時代はもちろん、今日でも工員たちは三交代よりも二交代を好むといわれている。しかし、三交代の時代が来るのはもう疑う余地がない。私たちが進歩するにつれて、労働時間は短縮されるべきである。八時間制になるであろう。八時間働き、八時間ねむり、八時間を休養と娯楽にというのが理想的なのである。

私の事業家としての生涯にいろいろ事件があったが、労働問題のいざこざはかならずしも賃金についてばかりとは言えないということがはっきりした。争議を防止するいちばんよい方法は、従業員の存在を認め、彼らの福祉に深い関心をもち、彼らのためをほんとうに考えているのだということを知らせ、彼らの成功をともに喜ぶことなのである。これは、私が正直にいえることであるが、私はいつも労働者たちと話し合うのを心から楽しんだのである。話題はいつも賃金のためとはかぎらなかった。そして、私は、工員たちを深く知れば知るほど、彼らを好きになった。雇い主が一つの徳をもっているとすれば、彼らはだいたい二つの徳をもっている。彼らはたしかに相互にもっと寛大で、同情的である。

労働者は多くの場合、資本家に対して無力である。雇い主は工場を閉鎖するときめるかもしれない。彼はしばらくの間、利潤にありつけないかもしれない。それでも彼は衣食住、また娯楽など、かえる必要はない。もちろん、心身をおびやかすような欠乏の恐怖もない。これを労働者の生活とくらべて見るとよい。生活の資《もと》が減ったということは、彼をすぐさいなむのである。彼は生活を楽にする少しの余裕もないばかりでなく、妻や子を健全に暮らさせるための必需品にことかき、病んでいる子に適当な医療を加えてやることもできない。私たちが擁護しなければならぬものは資本家ではなく、よりどころのない労働者なのである。もし私が明日、実業界に復帰するのであったなら、労働争議の心配など、私の頭に浮かんで来ない。しかし、貧しい人たちに対する思いやりと、お人好しの労働者ではあるが、時として誘惑されて間違ったことをやる人などが、私の関心のまととなって、私を寛容にさせることであろう。そうすることによって、彼らの心を和げるのである。

一八九二年、ホームステッド争議の後で、私がピッツバーグに帰って来た時、私は工場へ行き、争議に参加しなかった多くの古参者たちと会った。彼らは、もし私がアメリカにいたならば、あのストライキは絶対に起こらなかったであろうといった。私は、会社はじつに寛大な条件を出したのであって、私でもあれ以上のことはできなかったであろう、といった。また、彼らの無線電報がスコットランドにいた私にとどいた時には、もう州知事が軍隊を現場に送り、法的処置を講じてしまったことも、彼らに告げた。したがって、問題は私の同僚たちの手のとどかないところへ行ってしまったのであった。私は言葉を継いだ。

「君たちは悪い勧告に動かされていたのです。会社の重役の提案を受諾すべきだったたんです。それは非常に寛大な条件だった。私だったらあれだけいい条件を出したかどうかわからない」

私のこの言葉に、圧延部員の一人はつぎのように答えた。

「いや、カーネギーさん、そりゃドルの問題じゃなかったんです。職工たちは、あんたに蹴られたって文句はいいませんよ。ですがね、他の人たちには頭をなですことだってさせやしません」

勤労階級の間でさえ、人生の現実の問題になると、感情が思いもよらないほど大きく働くのである。彼らを知らない人たちは、概してそうしたことを信じない。しかし、資本家と労働者との間に起こる争いのうち賃金問題は半分も占めていないのを、私は信じて疑わない。雇い主側が、従業員を正しく理解し、彼らの労を感謝し、親切に扱おうとしないことが、原因となっているのである。

あの大争議のあとで、ストライキの首脳者たちに対して訴訟が起きていた。しかし、私は帰国すると、すぐそれをみな取り下げた。古くからいた人たちで、暴力行為に参加しなかったものはみな、復職させたのである。

19 『富の福音』

一九〇〇年に、私は『富の福音』と題した書物を出版した。これは一八八六年までに、私がいろいろの雑誌に載せたものを集めて、一巻としたものであった。この本が刊行されてから、私はこの題に含まれている教えにしたがって、これ以上財を積むために苦労するのをやめると決心したのは当然であった。もう世俗的な富を集積するのに終止符をうって、それよりももっと真剣な、またもっと困難な仕事である賢明な分配に専心する決意をしたのである。会社の収益は年四千万ドルにのぼり、また将来もっと多額の増収の見込みがあるということは、私を驚かせた。私は、これまでいろいろの事業を経営して来たが、それを全部一括してモルガンを主宰者とする合衆国鋼鉄会社に五億ドルで売り渡したのであった。私たちの後継者たちは、買い受けてすぐ年六千万ドルの利益を挙げている。もし私たちが事業を続け、かねての拡張計画を実施していたら、同じその年に七千万ドルの収益を挙げるのはたしかであったろう。

鋼鉄は王座にのぼり、他のすべての劣性の金属を市場から追放したのである。前途には大きな将来があるのは一目でよくわかっていた。しかし、私に関するかぎり、私の目前に横たわっている分配の大事業は、すでに老境に入った私の精力を最大限に要求するのをよく知っていた。

一九〇一年三月のことであった。私がさきに挙げたようなことを考えていた時、モルガン氏が私の親友を通じて、私が事業界から引退するつもりなのか、ほんとうのことが知りたい、といって来た。もしほんとうにそうなら、彼が手配することができると思うというのであった。友人はまた、私の重役たちとも話し合ったが、条件によっては事業を手離してもよいという意向を表示した、と告げた。モルガン氏は魅力を感じさせるような申し出をしているということであった。そこで、私は、友人にもし同僚が売るというのに同意するなら、自分にも異存はないと答え、そんなことで売ることにきめたのであった。

当時、投機者たちが古い鉄工所や製鋼所の買占めに手を出し、値をあおって、なにも知らない買手に押しつけるようなことをしていた。百ドルの株が時には、きわめてわずかの金で取引きされた。であるから、私はそうした値段目あての売りかたはしたくなかった。もしそうしたなら、私はもう一億ドルぐらい儲かったであろう、と後日、モルガン氏は私に語った。そのころは繁栄の絶頂にあって、私たちの鋼鉄事業はそんなに高く評価されていたのであった。であるから、私が後にそうした金額を要求してもよいわけであった。しかし、私はすでに十分財産をもっていたし、それを分配する仕事で手いっぱいであったのだ。

私の最初の分配は、工場の従業員のためであった。つぎの手紙が寄付の要旨を説明している。

「ニューヨーク市、一九〇一年三月十二日

私はここに余剰の富のうちから、事業を引退するに当たって、第一抵当つき五分利社債で四百万ドルを、私の成功に多大の寄与をした従業員に対し深甚な感謝をこめて、返礼として贈る。これは、事故などによって苦境におちいる人々を救済し、また老境に入って援助を必要とする人々に少額の年金を出すための資金とするためである。

これに加えて、同様の債券百万ドルを贈り、その利子をもって私が従業員のために建てた図書館と集会所などの維持にあてる」

これは「アンドリュー・カーネギー救済基金」と命名され、従業員のなかから選ばれた管理委員会は、一九〇三年二月二十三日付で一か年の報告と感謝状を、ルーシー溶鉱炉の従業員は、感謝の辞を刻んだ銀の大皿を贈ってくれた。

それからまもなく、私はヨーロッパの旅に出た。そしていつもの通り、私の同僚であった重役たちの多くが船まで私を送ってくれ、わかれを惜しんでくれた。しかし、まあなんという相違であろう。口ではなんといっても、またどのようなことをしたって、事態ははっきりと変わったのである。私はこれを痛切に感じないではいられなかった。これまでの絆《きずな》を断ち切るのはつらいもので、このさよならはまた永遠の別離なので、私の胸は痛んだ。

数か月後にまた私がニューヨークに帰って来たとき、私はまったくいる場所がなくなったように感じた。しかし、私を迎えに波止場に来てくれた昔の「仲間」を数名見つけて、ようやく元気をとり戻した。同じ親友たちなのではあるが、なんだかすっかり違ってしまったように思われる。私は同僚を失ったのではあるが、友達はたくさんいる。これはしあわせで、ほんとうにありがたい。それでも、なにか空虚な感じはぬぐい去られない。私は今、余剰の富を賢明に分配する自らに課した事業に専心しなければならない。それは、私の関心を大きく占めるであろう。

あの日、私の眼は「スコッティッシ・アメリカン」といって、スコットランド人でアメリカに移った人たちのために刊行されている新聞の一行に釘付けされた。私はこの新聞の愛読者なのである。そこに私は一つの尊い宝を見つけたのであった。その一行というのは、

「神々は巣を張るために糸を贈ったのである」というのであった。

それはまるで直接、私あてに贈られた言葉のように思われた。これは私の心に深く刻み込まれた。そして、私はすぐ、最初の巣を張る仕事に着手することにした。神々の贈られた糸は、ニューヨーク市の公共図書館を代表するJ・S・ビリング博士という人物となって現われたのであった。私は一気に六百二十五万ドルを出して、ニューヨーク市に六十八の公共図書館の分館を建てる約束をした。その後、まもなく、市の一地区をなすブルックリンに二十の分館を建設することにきめた。

私の父は、すでにこの本の初頭に述べたように、故郷のダムファームリン町の五人の先駆者の一人として、自分の手許にあったわずかばかりの本を集めて、そのような幸運にめぐり合うことのない隣人に読ませるようにした。私は、彼の足跡にしたがって故郷に図書館を寄贈した。その礎石を私の母がすえたのである。であるから、じつはこの公共図書館が、私の最初の寄贈であった。つぎにアメリカでの私たちの最初の居住地であったアリゲニー・シティに公共図書館と公民館を贈った。ハリソン大統領はワシントン市からいっしょに来て下さって、開館式に臨席された。その後まもなくピッツバーグ市が図書館が欲しいといって来たので、私はよろこんで寄贈した。これがきっかけになり、時がたつうちにだんだんと発展し、博物館、絵画陳列館、工業学校、女学校などを加えて、一群の建物がこの地帯を占めるようになった。この建物はみな、一八九五年十一月五日、公共のために提供された。ピッツバーグで私は資産をつくったのである。この一連の建物に私はすでに二千四百万ドルを使ったのであるが、市が私に与えてくれたもののほんの一部をお返ししたばかりにすぎない。市はもっと多くもらうに値するのである。

第二の大きな寄付は、ワシントン市にカーネギー協会を創設するためであった。一九〇二年一月二十八日、私は五分利社債で一千万ドルを寄贈し、さらに協会の業績を考慮して千五百万ドルを追加し、正味二千五百万ドルの金額に達するまで支出できるようにした。私は、この問題についてルーズヴェルト大統領にはかりたいと思い、もしできるならば、時の国務長官ジョン・ヘイ氏に会長となってもらいたいと思ったが、彼はこころよく引き受けてくれた。理事は私の知友である第一級の人たちに依頼した。

私が、ルーズヴェルト大統領に理事になるのを承認してくれた著名人の名簿をお目にかけると、たいそうよろこんで、ほめてくれた。彼は協会の創設に好意をよせ、それは一九〇四年四月二十八日、合衆国連邦議会の決議によって法人組織として発足した。

この協会は、調査、研究、発明などをより広範囲に、またより自由な態勢のもとに行なうことを奨励し、また、知識を応用して、人類の向上に資するためのものである。とくに科学、文学または美術などの部門において調査を行ない、それを財政的に補助し、援助するためで、その目的遂行のため政府、大学、専門学校、工業学校、学界、個人その他と協力する、となっている。

この協会のすばらしい業績は、出版物によって広く知られているので、私がここにくわしく述べる必要はない。しかし、そのうちでもとくに珍しい二つの仕事を挙げてみたいと思う。その一つは、木材と真鍮でつくったヨット「カーネギー号」で、それは世界の海を航海し、すでに作成された航海地図の誤りを訂正することによって、全世界に大きな貢献をしている。これまでの海洋の測定は、コンパスの偏差によって誤りが多かった。真鍮は磁力の影響を受けないが、鉄や鋼鉄は非常にその力をうけて偏差の原因となる。その顕著な一例は、キュナード会社の汽船のアゾレス諸島付近での坐礁である。カーネギー号のピーターズ船長は、この事件をとりあげて試験してみるべきだと考えた。その結果として、遭難した汽船の船長は、英国海軍省の作成した水路図に示された通りの海路を取って進んでいたので、少しも落度がなかったのを発見した。従来の測定が間違っていたのである。偏差による誤謬《ごびゅう》はさっそく修正された。

これは、船で大洋を渡る全世界の国々に報じられた数多い修正の一つにしかすぎない。彼らの感謝は、私たちにとって十分な報酬である。これを寄贈するときに私は、この若い共和国がいつか、なにかの意味で旧大陸に負っている大きな負債をお返しできることがあれば仕合わせだと思うといった。ある点までにそうすることができたということは、私にとってまことに口に尽くせない満足感を与えてくれるのである。

海洋を渡り歩くカーネギー号によって前例のないサービスが行なわれているが、それについで私がここに挙げたいのは、固定した天文観測所である。これは、海抜五八八六フィートのカリフォルニア州のウィルソン山にある。ヘール博士が所長である。地上七十二フィートのところから、新しい星の写真をとった。その第一枚目を現像すると、十六の新しい新世界が発見された。第二枚目の乾板には六十、そして第三の乾板には百余の新しい宇宙が発見され、そのなかのいくつかは太陽よりも大きいということである。その中には光線が八年もかからなければ地球に達しないというほど、遠いものもある。このようなことをきく時、私たちは頭をたれて「私たちが知っているものはみな、知らないものにくらべれば、ものの数にも足りない」と、ささやかなければならない。現在ある最大のものの三倍もある怪物のような新しい望遠鏡がつかわれることになったら、どのような新発見があるであろうか。もし月世界に人類が住んでいるとすれば、はっきりと見えるであろう、ということである。

第三の会心の事業は、善行基金の創設で、これには私の全心が傾けられたのであった。私は、ピッツバーグ市の付近の炭坑で起きた悲惨な事件を耳にし、炭坑支配人のテーラー氏についてきいたことに強く心をうたれたことがある。テーラー氏はその時、ほかの仕事をやっていたのであるが、事故ときいて、なにか役に立ちたいと思って、現場に急行した。挺身隊を集めたが、たくさんの人たちが参加してくれた。彼はその先頭に立って坑内に入り、救出作業に突進した。しかし、悲しいことには、この勇敢な指導者は自分の生命を失ってしまったのである。この事件を私は、こころからぬぐい去ることができなかった。そして、その時、善行基金を創設しようと思い立ったのである。

それで五百万ドルの基金を設定した。その目的は、勇敢な人々の善行に酬いるとともに、その犠牲となった人、つまり自分の友につかえ、あるいは友を救おうとして倒れた人たちの遺家族を維持するため、また不時の災難のため家計の責任者を失い、雇い主や他の人たちの助けによってかろうじて生活している人たちに救済金の補助として使用するというのにある。この基金は一九〇四年四月十五日に設定されたのであるが、創設いらい、あらゆる点からみて、決定的な成功であった。これはだれからの発案でもなく、私自身の考えであったから、私は父親らしい愛情をもっている。私の知るかぎり、このようなことをだれも考え出した人はないので、これこそ「私自身の子」なのである。後に、この基金を、私の生国であるイギリスにも創設し、その本部をダムファームリンにおいた。しばらくして、私はこの制度をフランス、ドイツ、イタリア、ベルギー、オランダ、ノルウェー、スウェーデン、スイス、そしてデンマークに及ぼした。

ドイツでこの基金がどのような業績をあげているかについて、私は、ベルリン駐在のアメリカ大使J・ヒル氏から手紙をもらったから、その一部をここに掲げよう。

「私がこの手紙をさしあげる主な目的は、ドイツ善行基金の運営について、皇帝がどんなに喜んでいられるか、あなたにお伝えしたいからであります。陛下はことのほかこの仕事に深い関心をよせ、あなたがこれを設立するにあたっての明察と慈悲のお心について、口をきわめて賞揚しておられます。陛下は、この基金がこれほどまでに重要な役割をはたすとは予想されなかったのでありますが、ほんとうに心を打つ多くの例を挙げられ、この基金がなかったならば、適当な措置が行なわれなかったということを語られました。その一つは、溺れる子を救いに行った若者です。子供を助け、ボートに救いあげたのですが、彼は力がつき、水に沈んでしまいました。一人の男の子をかかえた彼の美しい妻は、すでに善行基金のおかげで小さな店を出し、生活を支えています。遺児の育英手当も保障されています。これは一例にしかすぎません。(後略)」

イギリスのエドワード国王も、この基金の趣旨に深く感動され、自筆のお手紙によって私に感謝の意を表せられたのである。国王は、私に肖像画をご下賜された。

アメリカの新聞の一部では善行基金の趣旨に疑問を抱き、第一回の年報は批判をあびたのであるが、それはもう過去のことで、今日では基金の成果は、大衆から賞賛されている。この基金が死滅するようなことは社会が許さないであろう。過去の野蛮な時代には英雄といえば、同胞である人間を傷つけ、殺すような行為をした。文明の今日の社会では、真の英雄は同胞に奉仕し、彼らを救う人たちなのである。

善行基金は結局、主として年金制度の形をとることになるので、すでにたくさんの人たちが年金を受けている。善行をほどこした人たち、あるいは彼らの未亡人や遺児たちが、その対象となっている。最初、これについておかしな誤解が起こったのであった。一部の人たちは、この基金は英雄的行為を奨励するために設けられたものと勘違いし、報酬を目あてに英雄的な行為をする人たちが現われるのを恐れたのである。そんな馬鹿げたことはない。そんなことは、私の思いもつかぬことであった。ほんとうの善行者は、報酬など考えていない。彼らは義侠心に燃え、自分を忘れて、同胞の危急だけが念頭にある。であるから、この基金は、もし彼らが人を救うために怪我をするとか、また不幸にも生命を失うようになった時、その遺族が路頭に迷うようなことがなく、善行に対して十分な酬いを与えられるためなのである。基金は順調に発足し、その目的と業績が広く理解されるにつれ、年々名声を高めてゆくであろう。今日すでにアメリカでは、千四百三十名の受賞者たちが、年金によって生活を保障されている。

20　教育振興基金

老齢の大学教授たちのための千五百万ドルの年金基金は、第四番目の私の大きな寄付であった。後日、これはカーネギー教育振興財団とよばれるようになったのである。一九〇五年六月に設けられたこの基金の運営のために、合衆国の教育機関の総長たちのうちから、二十五名の委員を選ばなければならなかった。

この基金は、私にとって非常に身近な、また心をこめたいとおしいものであった。というのは、まもなく、この基金から恩恵を受けるようになるたくさんの学者たちと、私はすでに親しくしていたのであるし、また私は、彼ら自身の偉大な価値と、彼らが社会に尽くした業績の真価をよく知っていたからである。あらゆる職業のうちで、たぶん教職ほど最高の地位におかれていながら、最も不当に、また最も酬いられることの少ないものはないであろう。高い教育を受け、青年を教えるために一生を捧げている人たちは、ほんの涙金をもらうにすぎない。私がはじめてコーネル大学の理事の列に加わった時、私は、教授たちの薄給なのを発見して、ほんとうに驚いた。彼らの多くは、私の会社に勤めている事務員たちの多くのものよりずっと低いのであった。彼らが老後に備えて貯えをもつことなど、考えられないのである。したがって、年金制度のない大学では、もはや仕事に耐えられなくなり、また必要としない教授たちを、現職にとどめておくしか道がなかったのである。であるから、この基金の有用なことは疑う余地がない（一九一九年までに、この基金の全額は二千九百二十五万ドルにのぼった）。はじめて発表された受益者名簿は、問題なしにこの点を明確にしたのであった。彼らの多くは、国際的に名声を博した人たちで、彼らはまた、人類の知識の集積に寄与したことの多い人たちであった。彼らと、多くの学者の未亡人たちは、私に感激にあふれた手紙を送って下さった。これを私はけっして破棄することはできない。なぜなら、もし将来私が気がふさいで楽しまないことがあるとするならば、このたくさんの手紙を再読することこそ、唯一、確実のいやしの道であるのを知っているからである。

ダムファームリンの私の友人トマス・ショー氏は、イギリスの評論誌の一つにスコットランドの貧しい人たちの多くは子供に大学教育を与えるために自分たちの生活を極端に切りつめているにもかかわらず、なおかつ授業料を払うことができない、と書いていた。シヨー氏の記事を読んだ私の頭に一つの案が浮かんで来た。それは、五分利社債で一千万ドルを寄付し、それからあがる利子の半額を貧しい子弟の授業料にあて、残りの半分をスコットランドの大学改善に当てるという考えであった。

この基金はスコットランド大学カーネギー基金と名称されるようになったのであるが、その最初の理事会は一九〇二年、エジンバラの外務省で、スコットランドの著名人を集めて開かれた。司会者は首相のバルファー卿であった。私はなぜ自分が各大学から選ばれた人たちにこの基金を委託しないか説明した。彼らにはまだ社会的な眼が開かれていないからである。首相はこれに同意した。私が基金の趣旨を説明した時、彼らはこれに賛意を表したが、どうもその内容が漠然としていて、自分たち理事の義務責任はどんなものであろうか、この点を具体的にしていただかないと、運営に困る、というのであった。バルファー卿も、寄贈者にこんなに信頼してもらえるのはありがたいが、自分たちとしてはそのような重い責任を負うのが妥当かどうか判らない、といわれるのであった。

「それでですが」と私はいった。「バルファーさん、私はいまだかつて将来の人たちのために立法を講じることのできる政治家を存じ上げていません。正直なところ、自分たちの世代のために立法しようとする議員たちでさえ、あまり成功したといえない場合が多いのです」

英国最高の政治家を集めたこの会の出席者たちは笑い出し、バルファー首相も彼らとともに笑った。それから、首相はつぎのようにいった。

「たしかにそうです。その通りなんです。しかし、私の知っているかぎり、そのような見解をとるほど聡明な慈善事業家はあなたをもって嚆矢《こうし》とするといってよいのです」

将来のことはだれも予測できない。もし私がいまこの基金にいろいろな条件をつけるとしても、遠い将来事情が変わった時、それがかえって邪魔をして、その有効性を疑わせるようなことになるかもしれない。賢明な方法は大きな枠をつくり、その内容については後に来る人にまかせるというのが私の考えで、理事たちはこれに同意してくれた。

一九〇二年に私は、セント・アンドリュース大学の名誉総長に選ばれたが、これは私の人生にとって非常に重大なできごとであった。これまで私とはまったく縁のなかった学園の世界に歩み入るのを許されたのであった。はじめて教授会に出席し、創設以来歴代の著名の総長が坐った古い椅子に腰かけた私は、心から感激したのであった。

スコットランドには四つの大学があるが、妻と私は、四名の総長と彼らの家族を私たちの家であるスキボーに招待し、一週間をともに暮らしていただくことにした。バルファー卿ご夫妻、エルジン卿ご夫妻も参加された。これがきっかけとなって、毎年、スキボーで「総長週間」を開く慣例ができた。私たちが親しくおつき合いできるようになったばかりではなく、大学間の相互連絡もよくとれるようになり、協力の精神が育てられていった。最初の一週間が終った時、ラング総長は私の手をとり、
「スコットランドの大学総長たちは五百年かかって、はじめてともに手をつないで歩むことを学んだのです。一週間をともに暮らすということが、問題に正しい解答を与えました」といわれた。

私はセント・アンドリュース大学の学生たちの全員一致の投票によって、第二期の総長の役をつとめることになった。これは私にとってたいへんうれしいことであった。大学には総長の夕べというのがあって、学生たちが総長を独占し、教授連はだれも招かれていない。これはいつも愉快な会合であった。第一回の会合の後で、学生たちがつぎのようにいっていたと、私はきかされた。
「何々総長は私たちにお説教した。何々総長は訓示をたれた。みんな演壇からである。ところがカーネギーさんは私たちの間に坐って、みんなといっしょに話した」

私は外国の大学だけではなく、自国の高等教育機関もいろいろの場合に援助してきた。しかし、ハーバード大学やコロンビア大学など、五千から一万名の学生を収容しているものは、もうこれ以上拡張する必要はないと考えたので、私は手を出さなかった。むしろ、小さな専門学校式の単科大学こそ援助が必要であって、余剰の富はそこでほんとうの役に

立つ、と私は考えた。したがって私は自分の援助の範囲をかぎったのであるが、これは賢明であったように思われる。その一例は、オハイオ州にあるケンヨン大学に「スタントン記念経済学講座」をおいたが、エドウィン・スタントン氏は、フィラデルフィア市で私が電報配達夫として彼のところに来る電報をとどける時、いつも親切に私に話しかけてくれた人なのであった。また、私がスコット氏の助手としてワシントンに勤めていた時も、彼はほんとうに親しみを表わしてくれた。この他にも、大学図書館を建てたり、講座を設けたりして、小規模の大学を援助してきた。

黒人の教育機関であるハンプトン学園とタスキギー学院との私の縁は切っても切れないほど深く、また酬いられることの多いものであった。私たちが以前奴隷の地位においていた黒人たちの地位を高めるために、これらの教育機関が大きな役割をはたしてくれたということは、私にとって大きな満足とよろこびの源泉であった。とくにブカー・T・ワシントンの親交を得たということを、私は稀に与えられる特権と考えている。自分を奴隷の地位から引きあげただけでなく、数百万の自分の属する民族を文明の一段と高い段階に引きあげるために力を供したという人物に対して、私たちは頭が下るのである。私が、六万ドルをタスキギー学院に寄付してから数日たって、ワシントン氏が訪ねて来られた。そして、一つ提案をしてもよいかときかれたので、私は「どうぞ」と答えた。

「あなたはご親切にも、この基金の一部を私と妻の老後の生活を支えるために確保するようにという条件をつけて下さいました。私たちはたいへんありがたいことだと存じます。ですが、カーネギーさん、その金額は私たちが必要とするものをはるかに超えて、私たちの民族にとっては巨大な資産といってよいほどなのであります。もしご異存がありませんでしたら、あの条項を消しまして、ただ〝適当と思われる配慮を〟とかえていただけませんでしょうか。私は、理事たちを信頼いたしております。家内も私も、ほんの少額しか必要としないのであります」と、ワシントン氏はいった。

私はこれに同意し、現在のように基金に対する規約を改めた。それで、理事長が書類整理するに当たって、私がワシントン氏に宛てた原文を要求したところ、彼は訂正された規約を渡して、原文を手ばなさないのであった。なんと高貴な、また潔白な人物なのであろう。これほど誠実な、また自分をまったく犠牲にして他のために尽くす偉大な人はなかったであろう。人類の最高の人で、地上に住んではいるが、神に近い存在であった。

私が教会にオルガンを寄贈するのは、かなり若いころからの習わしであった。父がスウェーデンボルグ教会の熱心な信者であったから、私はアリゲニー・シティの教会に一つ贈った。会員は百名たらずであった。最初は教会を新しく建てるために寄付を申し込んで来たのであるが、そんなにわずかの会員のために多額の金をつかうのを私はいさぎよしとしなかったから、オルガンを贈ったのである。すると、その後、大きなカトリック教会から、村の小さな礼拝堂に至るまでたくさん申込みがあって、私はその扱い方について忙殺された。どの教会も新しいもっとよいオルガンが欲しいというので、古いのを売って、それを教会の財源とするということもあった。ひどく小さな教会なのに大きなオルガンを注文して、入れてみると、建物の梁につかえてしまうようなこともあった。また、私のところに申し込む前にオルガンを注文して、小切手を送ってくれるならありがたいという教会も出て来た。それでとうとう寄贈について厳格な制度を設けることにした。たくさんの問を書いた用紙を印刷し、それにいちいち詳しく書き込んで送って来た上でなければ、行動に移らないことにしたのである。この仕事は現在すっかり態勢をととのえ、よく運営されているが、教会の大きさに応じてオルガンの型をきめることになっている。

教会にオルガンを寄贈して、キリスト教徒の礼拝を堕落させるといって、一度、私はひどく叱られたことがある。スコットランドの高原地帯にある長老教会では現在でも「神が人間に与え給うた声を使わず、笛をならべた楽器で神を礼拝するなんて、けしからん」というのである。叱られた後で、私は罪を犯すなら共犯者をつくるほうがよいと考えて、新しいオルガンが欲しいのであったら、その半額を私が支払うが、他の半分は教会員の負担にすることにきめた。私たちのオルガン部は、今日でも新しい申込みが殺到している。

慈善的な性格を帯びたあらゆる私の仕事のうちで、公開せずに私が個人としてまかなっている年金が、私にとって最高の、また最も尊い報酬をもたらしているといってよい。今かりにあなたが最も長く知っている、親切で善良な人がいたとする。ところが、その人が自分になんの過失もないのに老年に至って、独立の生計を営むことができないことになったとして、その人が物乞いせずに、まともな生活を維持できるようにしてあげることができるというのは、あなたにとってなにものにも勝る満足感を与えるのである。本人がそれに値するのはもちろんである。きわめてわずかのお金でできることなのである。わずかの援助で、老後の落魄《らくはく》から幸福へと乗り換えることのできる人がどんなにたくさんいるかというのを発見して、私は愕然としたのであった。私が実業界から引退する以前にもこのような人たちに会い、彼らに救いの手を伸ばすことができて、私は非常に大きな満足感を味わったのである。私の年金の名簿に名を連ねている人たちのうち、そのような援助に値しないような人はひとりもいない。この名簿こそ、ほんとうに名誉ある人たちの記録で、お互いに愛情の通ったものである。みんなじつに立派な人たちである。これについては絶対に公開されていない。誰がそこに名を連ねているか、誰も知らない。一言も他の人たちには語られていないのである。

「神が私に与え給うすべてのご慈悲に値するものとして、私はどのようなよいことをしているのであろうか」という疑問はいつも私の心から消えないのであるが、年金の名簿に名を連ねる人たちは、私への最もよい答である。またそれは私に満足を与える回答でもある。私は人生の幸福の、私として正当に受くべきもの以上の分け前をいただいて来た。であるから、私は、神になにものをも祈り求めなかった。私たちは宇宙の法則のもとにあるのであるから、黙々として頭をたれ、うちなる良心の裁きにしたがうべきで、なにものをも求めず、なにものをも恐れず、ただ自分の務めを一途につとめ、現在も、また死後にもなんの酬いも求むべきではない。

受けるよりも与えることのほうが、もっと幸福なのである。もし私たちの立場が転倒すれば、これらの愛する善良な友人たちは、私と私の家族たちのために、私が彼らにしたと同様のことをしてくれるであろう。私はそれを信じて疑わない。私は貴重な感謝の言葉をたくさんもらっている。ある人たちは、毎夕、彼らの祈禱のなかに私を忘れず、あらゆる神の恩恵を私のために乞うことにしている、と語ってくれた。それに答えて、私はしばしば自分の本心を打ち明けないではいられないのであった。「どうぞ、そのようなことをなさらないで下さい。これ以上私のためになにもお願いにならないでいただきたい。私を審判する公正な委員ならだれでも、すでに私に与えられている恩恵の半分以上をとりあげてしまうでしょう」と、私はいうのである。

鉄道恩給基金も同じような性格のものであった。ピッツバーグ管区の旧友の多くと、またすでに物故した人たちの妻は、その恩恵に浴していた。それは数年前に設定され、現在のような大規模のものに発展していったのである。それは私がペンシルヴァニア鉄道会社のピッツバーグ管区の監督であった時に私の下にいた誠実な従業員と彼らの未亡人で、援助の手を必要とする人たちに与えられている。これらの鉄道従業員の仲間入りをした時、私はまだほんの子供であった。私たちはお互いに姓ではなく、名をよび合っていた。彼らは、私にほんとうに親切であった。恩給を受けている人たちの多くを、私は個人的によく知っている。彼らは私の親友なのである。

鋼鉄業従業員年金として私が工場に働く人たちのために寄付した四百万ドルの基金は、現在私が会ったことのない数百の人たちにおよんでいる。しかし、その恩恵に浴している人々のなかには、またかなり私がよく憶えているものがいるので、これも私にとってほんとうに身近なものとして意義がある。

21　平和のために

少なくとも英語を使用する人々の間にだけでも平和を招来したいという念願は、早くから私の心のうちにあったに相違ない。一八六九年に英帝国は巨大な軍艦モナーク号を進水したが、これほど大きなものはそれまでに建造されたことがなかったのであった。ところが、現在ではなぜだかすっかりその理由は忘れられてしまったが、とにかく、これが英米親善をもたらすものといって、アメリカで宣伝されたのである。アメリカはこの軍艦を迎えたかったのである。私は、当時英国政府の閣僚であったジョン・ブライト氏に電報を打った。海外電信のサービスははじまったばかりであった。電文は、「モナークのできる第一の最良のサービスは、ピーバディの遺骸を祖国に送りとどけることである」であった。

ジョージ・ピーバディ氏はアメリカの実業家で、慈善事業家であったが、一八六九年、ロンドンで客死したのであった。

この電報に差出人の名はなかった。不思議なことに、英政府はこれを採り上げ、実行に移してくれた。このようにして、モナーク号は平和の使徒となったのである。それから数十年たって私は、バーミングハムの小さな夕食の会でブライト氏に会い、あの匿名の通信を送ったのは、若い自分であったことを告げたのである。ブライト氏は電報に記名してないのに驚いたが、自分の信念に基づいて実行したのだといわれた。

ブライト氏は共和国の友人であって、南北戦争のさい、アメリカが友達を必要とした時力を貸してくれたのであった。彼は、私の父の英雄であったが、またいつも公職にある人として私が崇拝していた生きた英雄であった。最初は粗暴な過激主義者としてひどく非難されていたが、節を曲げず、誠実な歩みを続け、とうとう国家が彼の見解を受け入れるようになったのである。いつも平和を念願し、もし彼の言い分が通ったならば、クリミア戦争ははじまらなかったであろう。ローズベリー卿が後日認めたように、この戦争でイギリスは間違った馬にかけたのであった。彼の胸像のひどく拙いのが、英国の議事堂に飾られてあったが、私はブライト家の許可を得て、一流の彫刻家に依頼し、立派な像とおきかえてもらったが、友人として私は非常に誇りに思っている。

私がまだ若いころ英国を訪問したさい、イギリス平和協会に深い関心をもち、その例会にたびたび出席した。後日、英国議会の有名な労働者の代表であるクレーマー氏が議会連盟を結成した時、私はとくにこの組織に強くひかれたのであった。現在生きている人たちで、クレーマー氏と比較できる人物はひとりもいないと思う。その年平和に最も多く貢献したというので彼はノーベル平和賞を授けられた。ところがその賞金八千ポンドのうちどうしても必要であるという千ポンドだけとって、彼は残りを全部、仲裁委員会に寄付してしまったのである。なんとすばらしい自己犠牲の現われであろう。ほんとうの偉い人にとって、金銭など重荷となるだけである。クレーマー氏は、自分の商売から上る週五、六ドルのお金で議員としてかろうじてロンドンで生活していたのであった。そんなところに大量の賞金が転がり込んだのであるが、それを平和のために投じてしまったのである。これは最も勇敢な、また気高い行為である。

一八八七年、国際仲裁委員会のメンバーがアメリカに来た時、私は、彼らをワシントン市でクリーヴランド大統領に紹介する光栄を与えられたのであった。大統領は礼を尽くして彼らを迎え、心からの協力を約束されたのであった。その日から戦争の防止という問題が私の頭にいっぱいになって、とうとうしまいには他の問題はみな影をひそめてしまうようになった。第一回のハーグ会議は急転直下して、新しい方向に動き出したので、私はとび上るほど嬉しかった。会議は主として、軍縮問題を考慮するために招集されたのであるが、会議は緊急な現実の問題として、国際紛争を解決する恒久的な裁判所を創設したのであった。これは、人類がこれまでにしたことのうちで最もはっきりした平和への歩みよりとして、私は大きな期待をかけたのであった。つぎには戦争放棄のための国際法廷が設けられるのを私は望んだのであるが、第二回のハーグ会議が開催される前に議長のホールズ氏の死によって不可能になってしまった。

アンドリュー・ホワイット氏とホールズ氏がハーグの会議より帰られてから、ハーグ市に平和の殿堂を建てるために必要な費用を提供してくれないかと申し込まれた。私はそのような思いあがったことは自分として絶対にできない。しかし、もしオランダ政府がそのような殿堂を建設するのを希望し、私にその費用を負担してくれないかといわれるなら、その時は改めて考えてみてもよい、と伝えた。彼らは、どの国の政府でもそのようなことを申し出すのを期待できないといって、ためらった。それなら、私はこの問題について手を出すことはできない、といった。

とうとうオランダ政府は、ワシントン市駐在の公使を通じて私に提案して来た。私は嬉しかった。しかし、私は慎重を期して、オランダ政府の見積書を出していただくなら、それによって考慮することを書面で回答し、金は送らなかった。政府は見積書を送ってくれたので、私は百五十万ドルの小切手を送った。私にとって一個人が平和の殿堂を建設するために経費を提供するというような栄誉を担うべきではない、という感が非常に強かったのである。その目的とするところは聖の聖なるものであるから、これこそ世界の最も神聖な建物なのである。私たちは、神をお助けすることはできない。平和をもたらす殿堂は、人の手で築くことができない、と私は考えたからである。

一九〇七年に数名の友達が訪ねて来て、ニューヨークに平和協会を組織しようと骨折っているが、私に会長の役を引き受けてくれないか、ということであった。私はすでにたくさんの事業に関係しているので、多忙ということを理由に断った。もちろん、それは事実であったが、断ったことについて後で、私は良心に責められた。もし自分が平和のためによろこんで自分を犠牲にするのでないならば、なんのために身を捧げるつもりなのか。自分はなんのために生きながらえているのであろうか。幸い数日後、牧師と平和のため献身的に努力している人たちが、私に再考をうながすために訪ねて来てくれた。私は彼らの意を洞察して、なにもいわなくてもよい、自分は良心に責められて悩んでいたので、会長の重任を受諾し、自分の最善を尽くすと、申し出た。その年の四月、平和協会の全国大会が開催され、三十五州の代表の他に、多くの知名な外国の代表も参加して、協会の歴史を飾ることができた。

私の最初の記憶は、故郷のダムファームリンの町が、寺院の境内と宮殿の廃墟を市のものとして保存する権利を獲得する運動についてであった。祖父のモリソンは、この運動を始めた一人であった。伯父たちの時代にも続けられ、この領域を所有していた一族との闘争が絶えなかった。私の家は古蹟《こせき》保存運動の張本人と見られていたため、この地域に立入り禁止ということになっていた。伯父たちはよく私にお前がいまに金持になったらこの地域を全部買い占めて、公共の公園として町に贈るのだ、と幼い私をそそのかしたのであった。この問題について、私は大いに気負って、少年時代の楽園であったあの美しい寺院の境内と宮殿の廃墟をいつかは手に入れて見せると決意していた。

この地域はピッテンクリフと呼ばれていたが、私の心の底にはいつもなつかしい思い出となって残っていた。一度、それは売ってもよいということであったが、たいそう高い値をつけていたので、友人たちの勧めにより私は手を出さなかった。

ところが、一九〇二年の秋、私は健康を害して、ロンドンで静養していた。私の思いはまた故郷のピッテンクリフに走り、親友の一人で、この問題に深い関心を寄せているロス医師に電報を打って来てもらおうかとさえ考えていた。ある朝、妻が私の部屋に入って来て、だれが来たかあててごらんといったので、私はすぐ「ロス先生」といった。その通りで、以心伝心とでもいうか、彼がやって来たのである。私たちはピッテンクリフのことで話し合い、当時エジンバラに住んでいたショー氏を通じて、持ち主に交渉し、もしいま適当な価格で手離さないなら、機会を失することになるかもしれない、と伝えることにした。その後まもなく、私はニューヨークに向かって出発した。するとある日、電報がショー氏から来て、持ち主は四万五千ポンドで売るというが、契約を結ぼうか、ということである。私は「承知した、ただし、ロス医師に相談されたい」と返電した。

一九〇二年のクリスマスの前夜に、私はショー氏から再び電報をもらったが、それにはただ「万歳、ピッテンクリフの城主」とだけであった。私に関するかぎり、この地上でこのような称号を頂戴することは名誉のかぎりである。私は、これを故郷の町に贈呈し、美しい公園とするため、どんな努力も犠牲も惜しまないと、固く決意した。立入りを禁じられていた貧しい少年が、今はたくさんの子供が自由に遊ぶことのできる広場を提供できるのである。私は五分利公債で五十万ドルをその維持費として町に贈ることにした。

私が財産をつくるのをやめて、すでに蓄積したものを分配する仕事にとりかかってから、すでに十三年になった（一九一四年時点）。もし私が生活に足るだけの財産をつくって、引退したのであったら、それはまったく意味のないことで、すぐ退屈したであろう。しかし、私には読書の習慣と愉しみがあった。私は著述も好きであったし、またたまには講演をするのも楽しかった。また、実業界から引退する前にたくさんの教養ある人たちを知り、彼らと親交を結んでいた。引退してから数年間、私はどうしても製鋼所を訪ねる気になれなかった。行けば、悲しいことには、たくさんの物故した人たちを思い出すからであった。もちろん、昔の同僚で、しっかりと手を握って語り合う友達はもうほとんどいなかった。会社にはまだ一、二の古参者が残ってはいて、彼らは私を「アンディ」と呼んでくれた。

だからといって、私が若い同僚者たちを忘れてしまったなどとは考えていただきたくない。彼らもまた、私が新しい生活態勢になじむよう私を支持して、重要な役割をはたしてくれた。私が会社を退いてすぐ、彼らは「カーネギー古参者会」を組織し、これを最後の一人になるまで継続するということになっているが、とくにこの会が私に大きな慰めとなった。年一回、私たちはニューヨークの私の家で晩餐会を催すことになっているが、これは私にとって最大のよろこびとなり、その愉しさは一年中続くほどである。古参者の中には遠くから出かけて来るものもある。「私の仲間」に対する親愛感は年ごとに深まってゆく。そして、私がなにか思いに沈んでいるとき、私を慰め、再起を誓わせるのは、彼らとの友情である。

私と私の妻とはたくさんの親しい友人に恵まれ、そのうちには知名の男女がたくさんいる。しかし、私の若いころからの「仲間」に対する親愛感は少しも変わらない。妻は、第一回の古参者会の晩餐に「昔の同僚を第一番に」といって、この会と会員たちを最高の地位におくのを約束したのであったが、これはたんに言葉の上ではなく、彼女の心の底から出た宣言なのであった。私の妻は、会の最初の名誉会員にあげられ、私たちの娘が二番目に推せんされた。私が最年長者ではあるが、私たちはみんな「仲間《ボーイズ》」なのである。完全な信頼と共同の目的が私たちを固く結びつけている。目的は、私たち自身のためばかりでなく、広く他にもおよぼす社会的なものなのである。私たちはまず友人であって、それから仕事の上で同僚となった間柄である。四十五名の同僚のうち四十三名はこのようにして終生の結びつきを誓ったのであった。

私たちの年中行事のなかでもう一つ記録にとどめておきたいものは、同好の士を集めた「文学晩餐会」であった。これも毎年、私の家で催されるのであったが、世話役は「センチュリー」誌の編集長リチャード・W・ギルダー氏で、私たちの親友であった。ギルダー氏は、その年の主客の著作品のなかから短い文章や句を見つけて、それを席の前におくカードに書いておくのである。彼はじつにこんなことがうまくて、その文句と人物がぴったり当てはまるようにつとめるので、宴会はにぎやかになって、客は急に親しくなるのであった。

ある年、宴会のある夜、夕方早くギルダー氏が現われて、客の席次を見たいといった。

一通り見てから私の部屋に来て、見ておいてよかったと私にいった。彼は、ジョン・ポローズとアーネスト・トンプソン・シートンが隣り合って坐ることになるのを発見したのであった。この二人は有名な博物学者で、とくにシートンは『動物記』で広く知られていた。当時二人は動物や鳥類の習性について熱烈な論争をたたかわしていたのであるが、どちらも譲らないので仇敵《きゅうてき》という形にまで発展してしまったのである。両人をならべて食卓につけるなんて、思いもよらないことだ。席を離した、とギルダー氏はいうのであった。

私は何もいわなかったが、こっそりと食堂に入って行き、席においてあるカードをもとにもどして来た。食事が始まって、この二人がならんでいるのを見て、ギルダー氏の驚きようといったら、ほんとうに見物《みもの》であった。しかし、その結果は私の予想した通りで、二人の間に和解が成立し、帰るまでに二人はまた親友となったのである。教訓は、もし、和平工作をしようと思うのであったら、仲たがいをしている人たちを、お行儀よくしなければならぬ席で、隣り合って着席させることである。

ポローズとシートンはまんまと私のかけたワナにひっかかったのであるが、両人ともそんなこととは露知らず、一夕を楽しく過ごしたのであった。私たちが誰かを嫌いだという時、多くの場合、相手をよく知らないからである。それなら、争っている人たちを食事に招き、いやおうなしに、いっしょにすることなのである。けんかや論争など、会って話し合えば和解できるのであって、それをせずに、いろいろの人やジャーナリズムを通じて意見の違いだけをきかされていたのでは、疎遠になるばかりである。争っている人たちも、誰か友人が調停の役を買って出てくれたら、それを快く受けるべきである。もしそれを拒否するなら、その人は一生不愉快な思いをしていなければならない。一度親しかった友と争ったり、疎遠になったりするのは、人生にとって大きな損失である。それでなくてさえ、人間は年をとるにつれ、友人たちはつぎつぎに死んで行き、自分ひとり残されたという気持になるものなのである。

私が実業界から引退したのを心からよろこび歓迎してくれた友人たちはたくさんあったが、いちばんよろこんだのはマーク・トウェーンであった。新聞が私の財産について大きく書きたてている時、私は彼からつぎのような手紙をもらった。

「親愛なる友人よ

このごろ君はたいへん景気がよいそうではないか。君の崇拝者である僕に一ドル半貸してくれないであろうか。賛美歌を買うためなんだ。もし貸してくれたら、神は君を祝福してくれるであろう。僕はそう確信しているし、またそうして下さるのを知っている。もちろん、僕は大いに感謝するよ。もし他からの申込があったら、これは考慮におよばない。

君の友人　マーク

M.」

付記

賛美歌ではなく、金を送ってくれ。僕が自分で選びたいのだ。

マーク・トウェーンがニューヨークで病床に横たわっていた時、私はたびたび見舞に行った。床から起きられないほど重い病気なのに、彼はいつもの通り朗らかで、冗談をいっては私たちは愉快なひとときを過ごすのであった。ある時、私はスコットランドへ出発することになっていたので、別れのあいさつに行った。私が出発してからまもなくニューヨークで、私が大学教授のために恩給基金を設定したことが発表された。私はスコットランドでマークから手紙をもらったが「聖アンドリュー」宛としてあって、その一部を引用することにしよう。

「僕の円光を君に贈ることにしよう。僕の病床に君のやった善行を知らしてくれさえしたら、その時その場ですぐ君に贈ったのに、残念であった。この円光は純粋のブリキ製で、天から下って来たときに、僕が〝関税〟を払ったんだから、その点心配ご無用」

アメリカが生んだこの偉大なユーモア作家は、本名をサミュエル・クレメンスといったが、世間の人は彼の一面しか知らない。マーク・トウェーンのこっけいな面だけを知っているのであるが、人間として魅力のあるすばらしい人物であった。政治や社会のいろいろの問題について強固な信念の人であると同時に、高い徳義の人でもあった。

マーク・トウェーンの七十歳の誕生日を祝うために、たくさんの人が集まった。文学者たちが圧倒的に多かったが、マークは、自分が困った時に力となってくれたH・H・ロージャース氏を招き、自分の側に坐らせるのを忘れなかった。著名な作家たちは立って、主客の文学的貢献をほめたたえた。私の番になったとき、私は、他の面にふれて語った。ユーモア作家として財をなしてから、彼は出版業に出資したのであるが、一八九五年にこの会社は破産した。これはマークの責任ではなく、同僚の判断の過ちからであった。彼にとって最も安易な、また正当な措置は、破産の宣告を受け残務を処理し、それでもなお残った債務は帳消しにしてもらう、という法的手続をとることであった。しかし、彼はその道を選ばなかった。彼は私財を一文残らずなげ出し、つぎの五年間、アメリカ国内はもちろん、世界一周の講演の旅に出て、借金を全部返したのであった。

危機に当たって、人間の真価が試されるのであるが、マーク・トウェーンとはこのような立派な人物なのである。大衆は彼の話に笑いこけ「面白いやつだよ」とだけいって、その裏にかくされているほんとうの姿をみきわめることをしない。

マークの妻も立派な、女傑といってもよい人物であった。苦難の時代に彼を支えていたのは彼女で、守護の天使といってよいであろう。辛い講演の旅に、影のように付き添って彼を助けたのであった。これについて、マークは親しい友人たちにいつも語り、妻に感謝していた。彼女がなくなった時、私はお悔みに行くと、彼はひとりじっと坐っていた。お互いにひとこともいわぬさきに、彼は私の手を固く握り、眼を閉じていたが、やがて「家庭の破滅、家庭は破滅してしまった」とつぶやいた。私は返す言葉もなく、長い沈黙が続いた。私は、数年たった現在でもこの言葉を思い出し、胸が痛むのである。

自分に対して最も忠実であること、これが究極的には私たちの救いとなるのである。『ハムレット』の中にポローニアスはこういっている。

「いちばん大事なことは、自己に忠実であることで、この一事を守れば、あとは夜が昼に続くごとく、万事は自然に流れだし、他人にたいしても、いやでも忠実にならざるを得なくなる」

22 M・アーノルドと他の友人たち

一生のうちに、私はたくさんの著名な人たちに会っているが、ほんとうにチャームのある人といえば、マシュー・アーノルドを挙げなければならない。この人物といっしょにいる時、また、彼の会話をきいている時に私が身にしみて感じる強い影響は、チャームということば以外に表現するものがないのであった。彼の容姿はもちろん、だまってじっと坐っている時でさえ、魅力的であった。彼は詩人であり、随想家であったが、また偉大な思想家でもあった。

一八八〇年、私たちはいっしょに馬車でイギリスの南部を旅した。美しい村にさしかかった時、アーノルド氏はちょっと馬車を止めてくれないかと、私にいった。ここに彼の名づけ親であるケベル僧正の墓があって、お参りしたいのだ、と説明した。

「ああ親愛なケベル先生」と彼は深い思いに沈みながら、ことばを続けた。「私は神学上の問題について、ひどく先生にご心配をかけたのです。先生は当惑され、また深く嘆かれたのですが、私がオックスフォード大学で詩の講座を担当するという話が持ちあがった時、わざわざ大学まで出かけて、私を支持してくれたのです」と語った。

私たちは静かな墓地に入っていった。恩師の墓の前に頭を下げて立っている彼の姿は、私の頭に焼きついたように残っている。墓参を終ってから、彼は自分の神学上の見解について語り、それが自分の親友たちをどんなに悲しませたかを、私に話してくれた。時代に先んじていたために、学界に受け入れられず、大学を追われるようになったのであった。しかし、自分の信じるところを正直に書かずにはいられなかったのであった。今日となってはそれはもう大衆の良識となっている。彼は聖書にある奇蹟を否定したのであった。超自然的なことは、この世にありえない、というきわめて明白なことが、大きな論議をまき起こしたのであった。時の首相グラッドストーンは、強硬な反対論を展開し、アーノルドを非難攻撃した。

アーノルド氏と彼の娘が、一八八三年にアメリカに来て、私のニューヨークの家に滞在し、またアリゲニーの山荘の客となったので、私たちは非常に親しくなった。ニューヨークで初めて講演会を催した時、母と私は公会堂までいっしょに馬車で乗りつけた。集まった人たちは一級の人たちばかりであった。しかし、アーノルド氏は公開の席で話をする能力がなかったため、講演は失敗に終った。すばらしい内容であるにもかかわらず、聴衆を捉えることができなかったのである。帰ってくると、彼が最初にいったことは、「さあ、みなさんのご感想をきくことにしましょう。どうでしたか。私は講演者として試験にパスするでしょうか。正直にいって下さい」であった。

私は心から彼の成功を念願していたので、話術を特別に勉強して身につけるのでないなら、絶対に成功する可能性がないのを歯に衣《きぬ》をきせないではっきりいった。専門家について勉強しなくてはいけない、と私が強くいったので、彼はそうするといった。私たちがみんないちおう意見をのべた後で、彼は私の母に、

「それでは、ミセス・カーネギー、みなさんのご批判をきいてよくわかりましたが、私のアメリカの初めての講演をおききになったあなたのご感想をどうぞ」といった。

「あまりにお説教じみていますよ、アーノルドさん」と、母はゆっくりと、おだやかな口調でいった。そのものずばりなので、アーノルド氏はその後もよくこれを口にして、私の母の的確な批判をほめていた。西部地方の講演を終ってニューヨークに帰って来た時には、彼の話術はすっかりいたについて、ブルックリンの音楽院でやった講演は大成功であった。私の忠言にしたがって、彼はボストンで話術の教授につき、数回レッスンをとったので、その後は万事たいそううまくいったのであった。

一八八七年にアーノルドは、スコットランドにいた私たちを訪ねて来てくれた。ある日スポーツについて話していた時、彼は狩猟はやらないといった。翼をかって、晴れた青空を高く飛ぶ鳥類は、どんなものでも撃つことができないのだ、といった。しかし、つりはやめることができない、とつけ加えた。「それについているアクセサリーがいいからね」といった。ある公爵が、年に二、三回つりに招いてくれるのであるが、それが非常な楽しみなんだといった。この親切な公爵がだれであったか、私はいま忘れてしまったが、とにかく、当時この人物はなにかあまり評判のよくないことをやっていたので、それが話題になった。一体全体なぜかれがこんな男と親交を結んでいるのか、ときかれた時に、アーノルドはつぎのように答えた。

「だがね君、私たちにとって公爵はやっぱり一角の社会的存在だからね。頭が悪かろうと、やることが問題になろうと、爵位はやっぱりありがたいものだ。われわれはみんなお上品にかまえたいんだよ。俗物なんだよ。数百年の歴史がそうさせたんだよ。どうにもしかたがないんだよ。われわれの血の中を流れているんだ」

彼は、なかば嘲笑的にこう語って、けっして自分が全面的に俗物主義に傾倒しているのではないのを明らかにした。彼自身は俗物ではなかった。しかし、長い伝統をもった名声にそっぽを向けることはできなかったのである。彼は、富と階級をもった人に興味をもっていた。ニューヨークにいた時、彼はヴァンダーヴィルトにぜひ一度会いたいといったのを、私は思い出すのであった。私は、この人だって普通一般の人たちとなんのかわりもないのだ、と彼にいった。すると、

「いや、それはよく判っているよ。だがね、世界一の大金持を知っているということはなにか意味があるんだ。自分の腕で巨万の富をつくりあげた人物は、先祖から爵位を譲り受けたのと違うだろう」といった。

当時アメリカでたいへん人気のあったユーモア弁士はジョッシ・ビリングスで本名はショーといった。私は、ショー氏をよく知っていて、また彼が大好きであった。それで、いつかアーノルドとショーの二人を引き合わせたいと思っていた。最高の文化人であるアーノルドと、荒削りのダイヤモンドではあるが、とにかく本物のダイヤモンドであるショーとは面白い組み合わせだ、と思ったからである。幸いある日ジョッシが、そのころ私たちが居をかまえていたウィンザー・ホテルに訪ねて来た。話しているうちに、彼はアーノルドの崇拝者であるということがわかった。そこで私は、

「君は今夜、その人といっしょに食事をするんだ。家の婦人たちは出かけてしまうので、アーノルドと私は家で食事をすることになっている。君が来てくれると、三位一体となっ

て都合がよい」と私はいった。

ジョッシは謙遜《けんそん》な人だから、しりごみして、なかなか承諾しなかったが、私は強引に頑張って、どんな言いわけも受けつけない、私を喜ばすためだと思って出てくれといって、とうとう陥落させてしまった。食卓では、私がまん中に坐って、これはほんとうに楽しい会合であった。アーノルドは、ショーの物のいいかたに非常に興味をもち、とくに西部のいろいろの面白い話になると、お腹をかかえて笑いこけていた。ショーは合衆国の人口一万余の都市で、過去十五年間にわたって、いたるところで講演をして歩いていたのであるから、話題が豊富で、つきることを知らないのである。

アーノルドは、講演者はどうして聴衆をひきつけることができるか知りたい、といった。「そうですね」とショーは切り出した。「あんまり長く笑わせておくのはいけませんね。笑っているうちに、自分たちが笑われていると思うようになるんです。なにか面白いことをいった後、急に真面目になって、うんと真剣な顔をするんです。たとえば、『人間の生涯には二つ、まったく予想もしないようなことが起きるものだ。どなたかそれを挙げてくれませんか』といいますね。いろいろ出ますが、最後に誰か〝死〟というんです。『そう、誰かもう一つ挙げてください』っていうと、財産、幸福、権力、結婚、税金なんていろんなものが飛び出しますよ」

そこで、ジョッシは急に真面目な顔つきをして、

「この世の中で二つ誰も予想もしないものが飛び出すことがあるが、それは双子なんです、というんです。小屋が揺れるほど笑い出しますよ」といった。

アーノルドも笑いこけてしまった。

これは私の思い出に長く残った一夕であった。アーノルドはこういった。

「ショーさん、いつか英国に講演しに来られるようでしたら、私は大いに歓迎しますよ。そして、最初の講演会で、ぜひ私にご紹介する役を引き受けさせてください。何々公爵なんていう阿呆があなたを紹介したほうがきっと私よりはお役に立つでしょう。しかし、私はどうしてもやらせていただきたいんです」

文化の使徒として自他ともに許しているマシュー・アーノルドが、アメリカの第一級の道化師をイギリスの洗練された聴衆に紹介しているその光景を想像しただけでも、私はおかしくてしかたがなかった。その後、私がアーノルドに会うたびに、彼は、あの面白いショーさんはどうしているかときくのを忘れなかった。

アリゲニー連山のクレッソンにある私の別荘から、ある日私はアーノルドを連れ出して、煙で薄暗くなっているピッツバーグ市を見物するために出かけた。エドガー・トムソン製

鋼会社から停車場へ行ったが、駅では長い階段を二つ上り下りしなければならなかった。ブリッジを三分の二ばかり上ったところで、彼は急に足を止めた。息切れがしたからであった。欄干によりかかり、手を心臓の上において、

「ああ、これがいつか私の命とりになるのだ。私の父もこれで倒れたのだ」といった。

私はそれまで、彼が心臓が弱いということを知らなかった。しかし、このことを忘れることができないでいるうちに、その後まもなく、ロンドンで彼が急死したという報に接したのであった。彼は自分の死を予測していたのであったろうが、私にとってこれは大きな損失であった。

23　英国の政治的指導者たち

ロンドンで、ローズベリー卿が、グラッドストーン首相に私を紹介するため、夕食に招いてくれたことがあった。ローズベリー卿は、グラッドストーン内閣の閣僚の一人で、政界の新鋭として注目されていた人物であった。私は、世界の第一人者として知られていたこのイギリスの宰相と会う機会をあたえられたことをたいへん嬉しく思った。これはたしか一八八五年のことであったと思う。なぜなら、私の著書『民主主義の勝利――共和国五十年の歩み』が出版されたのはその翌年で、私はその準備のために集めた統計をグラッドストーン首相に語ったのを憶えているからである。

それからまもなく私は、グラッドストーン首相からはじめて晩餐会への招待を受けたが、すでに他の人と約束があったので、断らなければならなかった。王侯からの招待は強制的なもので、なにをおいても出席を要求されるということになっているが、大英帝国の実権を握る宰相のお招きである。しかし、国王ではない。私はひどく誘惑されたが、結局、前約を尊重してお断りした。これが社交上の礼儀だと心得たからではあったが、この時ほど自分を抑制するのに骨折ったことはない。というのは、私が最も会って語りたかったのは、この人物であったからである。しかし、幸い私はまた機会をあたえられ、お目にかかることができた。

ローズベリー卿は、私が故郷の町に寄贈した図書館の開館式に来て下さったのであるが、これは私の寄贈した数多い図書館の第一号であった。彼はまた一九〇五年にストロノウェーに贈ったものの開館式にも出席された。ニューヨークを訪問された時、私は馬車でハドソン河畔のリヴァーサイド・ドライブを案内したが、世界中でこんなに美しい都会はないといってたいへん感激されたのであった。彼はじつに有能な人物で、才知にたけていたが、物ごとの判断になると、どうも過去の重苦しい拘束に災いされている。彼が貴族の子弟として生まれ、なんの苦労もなしに金メッキした上院の席にすっぽり腰を下してしまう代わりに、もし彼が勤労階級の子として生まれ、若くして下院に議席を獲得していたのであったなら、人生の荒波にもまれて強じんな人間として育っていったかもしれない。しかし、そうでなかったため、些細なことに傷つきやすく、政治生活に欠くことのできないねばり強さに欠けていた。彼は能弁家で、優雅なスタイルの持ち主であった。

　ある朝、私は前もって打合せしてあったように、彼を訪れた。あいさつが終ると、彼は封筒をとって私に渡した。私は部屋に入って来た時、それが目につくところにおいてあるのを見逃してはいなかった。

「あなたの秘書を首切ってもらいたいのだ」と、彼はいきなりいいだした。

「それはたいへんなご注文ですね。あの男は私にとってなくてはならぬ人物ですし、また彼はスコットランド人なのです。彼がなにかお気に召さないことをやったのですか」と私はきいた。

「これはあなたの筆蹟ではない。秘書が書いたんです。ローズベリーという綴りを間違う男を、あなたはどう考えるんですか」

　もし私がそんなことを気にかけていたら、私の人生は耐えられないものになるであろう、と私はいった。

「私が家にいますと、たくさん郵便が来ます。毎日来る手紙のだいたい二割から三割まではカーネギーという私の名前を間違って綴っているのです。カラネキヘイとするかと思えば、カルナゲー、カーランギーなど、まったく想像もつかぬ綴り方をしています」

　しかし、ローズベリー卿は大まじめなのである。こんな小さなことが、ひどく彼のカンにさわるのであるが、行動する人物はそんなちっちゃなことは一笑に付してしまうのを学ぶべきである。そうしないと、自分自身がちっちゃくなってしまう。内心は魅力のある人柄なのであるが、人づきあいが悪く、感情的で、気まぐれで、また少しお高くとまっている。こんな性格は、下院で数年もまれているなら、是正されるのにと、私は思わずにはいられなかった。

革新的な人物として上院をびっくりさせ、また物議をかもしたこともある彼であるから、私はある時、民主的な自分の考えを述べて、彼の反省をうながそうとしたことがある。

「勇気を出して下院議員として立候補するんですね。あなたの世襲的な階級を捨て、あらゆる市民の権利となっていない特権にあずかるのをいさぎよしとしないと宣言することなのです。そうしてこそあなたは大衆のほんとうの指導者となることができるのです。貴族でいる間は、あなたはリーダーにはなれない。あなたはまだ若いし、天分に恵まれ、人を魅する力を身につけていられるし、また雄弁家なのです。この決意をされるのなら、首相になるのは確実です」

ところが、私が驚いたことには、彼は私のいったことに相当感銘したようであったにもかかわらず、しんみりとした口調で、

「ですが、下院は、私が貴族であったから受け入れてくれないのです」と答えた。

「そうするべきです。もし私があなたの立場におかれたなら、私はこれを問題として挑戦

します。拒否されても空席ができるまで待って、また出馬するのです。世襲的特権を返上し、市民となったものは、公選によるどのような地位にもつくことができるのを、主張することなのです。デモクラシーは、望ましくない先例を打倒し、新しい先例をつくる人を重視するのです」と、私はいった。

私たちはこの問題について、これ以上話を続けなかった。

ローズベリー卿はすばらしい人物であったが、貴族に生まれたということが彼の邪魔をしたのである。それに反して私の親友であるジョン・モーレーは庶民の子として生まれ、外科医であった彼の父は貧しくて、息子を大学に送るためにひどく苦労した。しかし、今日彼は爵位をあたえられ、名誉勲章を授けられている。彼の偉大な功績によるものであるが、彼は以前と少しも変わらず、素朴な生活を続けている。ボッブ・リードは下院の議員を長くつとめていたが、彼は現在ロールバーン卿である。ホールデン卿、首相のロイド・ジョージなど、庶民の階級から上った人たちを私はたくさん知っている。彼らはみな、大衆の人たちで、最も民主的な人物なのである。

世界の第一級の市民として知られていたグラッドストーン首相が逝去された時、だれが彼のあとを継ぐかがイギリス人の大きな問題となったのであった。ハーコートか、それともキャンベル＝バーナマンであろうか。前者の道に横たわる大きな、また致命的な障害は、彼は恐ろしく短気であって、自分をおさえることができないということであった。これはリーダーとして最も望ましくない性格であって、英国は冷静沈着で、判断を誤らない人物を必要としていたのであった。

私はハーコートと親しくしていたし、彼もまた、まことに熱心なアメリカ共和国の賛美者であった。しかし、私と同郷人であるキャンベル＝バーナマンが、一八九八年十二月、自由党の党首に選ばれた時、私は心からよろこんだのである。彼は、「今回私が党首に選ばれたのは、私の幹事長ベーリー・モリソンの努力によるものだ」と謝意を表せられたのである。

ベーリーは、私の故郷の革新派の指導者で、私の伯父である。当時としては私の家族はみな革新的であった。カーネギー家も、モリソン家も、新しい共和国の熱烈な賛美者であった。彼らはワシントンと彼の同僚たちを崇拝していた。私は、イギリスとアメリカは革命によるのでなく、革新によって進歩発展するというのを金科玉条とする法と秩序を尊重する国々として固く結ばれるということを信じて疑わないのである。このような考えかたは広くアメリカの植民地に普及している。愛する昔の祖国のめんどりは、そのひなとしてあひるの子を抱いている。ひなは荒波を越えて沖に泳ぎ出したので、親鶏にたいへん心配をかけた。彼女は心配のあまり気も狂わんばかりになって、岸に立って泣き叫んでいる。しかし、彼女もやがて泳ぐのを習って、波を乗り切ることができるであろう。

一度名誉市民に挙げられ、市の鍵を授与されると、その後は自動的にこの栄誉をあたえられるように思われるほどである。一九〇六年、私は本拠をロンドンにおいていたが、ある時、六日間続けて六つの都市の名誉市民に挙げられ、次の週は二回この栄誉を担うことになった。だいたい一日がかりの行事で、朝早く汽車で出かけ、夕方帰って来ることになる。このような儀礼は単調で、あきてくると思われるかもしれないが、じつは各都市がみな特徴をもち、状況も異なるので、けっしてそんなことはない。私は市政にあずかっている市長、市議、またその有力者たちの中にじつに立派な人たちがいるのを発見した。コミュニティはみな各自の個性をはっきりともち、独自の問題に対策を講じ、成功し、また時には失敗している。問題はたくさんあるが、その中に一つほかのあらゆるものを乗り越えて、市民の関心をよびさまし、改善して欲しいものがある。英国の都市町村は、各自が一つの完全な孤立した世界をなしている。市議会は小型の内閣で、市長は総理大臣である。

内政問題について、市民はいそがしく論議をたたかわせている。外交も見逃されていない。近郊の都市町村との間に、水道、ガス、電気など、公共事業に関して多少の連絡はあるが、この点、まだ相互の福祉のために十分に提携していないと思われるのである。

都市の政治を見ていると、旧世界と新世界の相違が非常にはっきりとして来るのである。旧世界においては、家族は数代にわたって生まれた場所に住みつき、その土地に愛着をもっている。父が市長にあげられるなら、その息子もまたこの栄誉を獲得したいと努力する。これが自分の生まれ故郷に対する愛情となり、郷土の誇りを育成するのである。市議になるのは自分の一生のうちなにか郷土に奉仕し、また子孫のためによい社会を残したいからである。したがって、市の最もよい人物が市政に参与することになる。これが彼らの志望するところで、それ以上のものを望まない。なぜなら、国会議員になるためには、なんの報酬もなしにロンドンに駐在しなければならないので、だいたい財産をもった人たちに限られているからである。しかし、これも時の問題で、近く英国もほかにならって、立法府の議員に適当の俸給を支払うことになるであろうから、事態は変わることになる（一九〇八年にこれは実現され、議員は年俸四百ポンド支払われることになった）。

そうなると、イギリスの議会もたぶん、世界のほかの国々にならって、日中開催されることになるであろう。いままで選出された議員たちは一日中、各自の仕事に従事し、疲れて帰って来て、夕食を終ってから国の政治にたずさわっていたのであるが、朝、はつらつとした頭脳を働かせて、国事に参与するのはどんなによいかいわずもがなである。

英国の都市の議会には最良の人物が選ばれていて、彼らは高潔な、公共心のたくましい人であり、また家庭を誇りとし、忠実な家の長である。合衆国でも最近この方向に進んではいるが、イギリスにくらべてこの点まだおくれている。しかし、国の人口が、密になるにつれ、大衆は一つのところに定住するようになるであろう。そうなると、私たちも郷土愛をもつようになり、自分の生まれた場所を少しでもよくして、後世に残したいと考えるようになるであろう。私は古い都市をたくさん訪問したが、だいたい市長は庶民の出であって、自分の額に汗し、手で働いて来た人たちであった。市議の人々もだいたいこの種の人たちである。彼らは惜しみなく、無償で自分たちの郷土のために尽くしている。彼らと会って語ることは私にとって大きな愉しみであり、また名誉であった。

そのようなわけで、都市の名誉市民に選ばれるということは、英国の地方自治体について私に真の理解をあたえ、またイギリスの愛国心に深くふれる機会を与えてくれたのである。したがって、いろいろの儀礼的なこともけっして私にとっては退屈ではなかった。私は、市長たちといっしょにいるのが愉しみであり、また大きな感激でもあったから、私たちが通過する大通りに町の人たちがならび、窓から旗を振って迎えてくれるのをちっともきまり悪いなんて思ったことはない。市長のあいさつにも、私は地域の人たちがなにを考え、なにをしようとしているか教えてくれるので、大いに学ぶところがあった。

私の結論は、英帝国の地方自治体はまことに健全で、また最高の人物によってよく治められているということである。一般大衆の投票がこれだけ賢明に、良識をもって使用されているところは、今日の世界にイギリスだけだといっても、少しもいいすぎではない。この有権者の健全さが、英帝国の基盤となっているのである。都市町村の議員たちをそのまま国会に移しても、彼らは立派に、また能率的に国の政治を行なってゆくであろう。たぶん将来、国会の議員が適当な報酬を受ける制度にかわるとき、この人たちはウェストミンスター議事堂に席を占めるようになるであろうし、これは英帝国にとって有利なことであると、私は考えるのである。

24　グラッドストーンとモーレー

一八九二年四月、妻と私が、グラッドストーン氏の私邸に客となった時、九年前に私が書いた『アメリカ人の馬車の旅』と題するイギリス見聞記をたいそうほめていただいた。ある日彼は、新しく建てた図書室で本を整理するから私にいっしょに来ないかと招いて下さった。彼は、自分の図書にはだれにも手を触れさせず、みんな自分で整理していた。であるから、ここでは、私たちはだれにも妨害されず話すことができる、というのであった。書棚を見て歩いているうちに、珍しい本を一冊見つけたので、私は、主人に声をかけた。彼は、図書室の梯子のてっぺんに登って、重い本をあっちこっち動かしていたので、私は大きな声を出さなければならなかった。

「グラッドストーンさん、ここに私は『ダムファームリン人物誌』という本を見つけたのですが、この著者は、私の父の友人なのです。ここに出て来るいくたりかの人物を、私は子供のころ知っていたのです」と、私はいった。

「そうですか」と彼は答え「そこから左に向かって三冊目を見てごらんなさい。ダムファームリン出身の人が書いた本がもう一冊ありますよ」といった。

いわれた通りにして見ると、私の『アメリカ人の馬車の旅』があった。しかし、私の手がこの一巻に触れる前に、梯子のてっぺんからオルガンのような荘厳な声が聞こえて、「マホメット教徒にとってメッカが、仏教徒にとってベナーレスが、キリスト教徒にとってエルサレムが聖地であるように、ダムファームリンは、私にとってすべてである」と語っているのであった。

私の耳はたしかにこの声をきいたのであるが、これが私自身の書いたものであるということを私の頭が捉えるまでにはちょっと時間がかかったのであった。イギリスの南部の旅を終って、馬車で故郷に近づき、ダムファームリンにさしかかり、ふるさとの面影を見た瞬間の感じを、私はあのように書き綴ったのであった。

「一体全体どうしてこの本を手に入れられたのですか。この本が出た時、私はまだお目にかかる栄誉に浴しておりませんでしたので、差し上げることはできませんでした」と、私はたずねた。

「その通り」と彼は答えた。「当時はまだお目にかかる機会がなかったんです。しかし、だれでしたかね、そう、ローズベリーだったと思いますよ。その本のことを私に知らしてくれたので、私は買いにやって、読んだんです。とても感激しましてね、とくにダムファームリンをあなたが賞賛しているところが、私の印象に深く残ったんです。一生忘れることはできません」

本が出版されてから八年、グラッドストーンが読まれてからも八年はたっているであろう。彼の記憶力のすばらしさを、この一事がよく語っている。私がいまこのことを書くのは、著者の虚栄と解していただきたくない。もちろん、私は非常にありがたく思ったが、同時にこの偉大な人物の祖国愛の一端として書きとどめておきたかったからである。

公職にあって、たえず世人の眼にさらされている政治家の宗教的関心について、大衆は疑いの眼をもって見ているようである。日曜に教会に行くというのも、ほかに目的があるからだと思われがちである。正直なところ、グラッドストーン氏をよく知るまで、私も、この老獪《ろうかい》な紳士はこうしておけば票をなくすことはないと計算に入れてやっているのかもしれない、と考えたことがあったのを告白しなければならない。しかし、彼の真価を知るようになってから、このような疑いはまったく消滅した。彼のようにまことに敬虔な、また誠実な人物はまれにしかないといってよいであろう。下院に予算を提出するに当たって、彼は長時間その説明に首相として精魂をかたむけているのであるが、いつも「聖霊の力」

によってささえられるよう祈っている、と自分の日誌に書いている。ある人は、天地宇宙の創造者である神が、地上の小さな一点にもすぎないグラッドストーン氏の予算に関心をもたれるなど思いもよらぬことだというかもしれない。しかし、尊いのはその心構えであって、そのような敬神の態度が人間に偉大な仕事を成就させることになるのではなかろうか。

一八八七年六月、ビクトリア女王の即位五十年の祝賀祭のおり、私たちはピカデリー街にあるウォルバートン卿邸で、グラッドストーン夫妻を主客とする晩餐会に出席することになっていた。私たちはたっぷり時間を見積って、馬車でメトロポール・ホテルを出たのであるが、群衆が街にたくさん押しかけているので動きがとれず、馬車をすてて歩きはじめた。通りに出ても前進することができないので、警官を一人見つけ、どこへ行くのかわけを話し、連れていってもらうよう頼んだ。彼は職権を発動し、群衆をおし分けてさきに進んでくれたので、私たちは後についていった。それでも、私たちがウォルバートン邸に着いたのは九時をまわっていた。祝宴は十一時まで続いた。

グラッドストーン氏は、ハイド・パークを通り、裏道をまわってやっと来たといっていた。当時夫妻はカールトン・テラスに居をかまえていたが、また同じ道すじを通って帰るのだ、といっていた。私は、アメリカ下院の議長をつとめていたことのあるブレーン氏といっしょであった。そこで私たちは街の様子を見たいと思い、群衆にもまれながら歩いてホテルに帰ることにした。街に出て、人の流れにしたがってゆっくりと動いていたのであったが、リホーム・クラブの辺まで来た時、私の右にある建物の近くで声が聞こえた。私は、ブレーン氏に、「あれはグラッドストーンさんの声ですよ」といった。

「そんなことありませんよ。邸へお帰りになるって、さきほど別れたばかりではありませんか」

「そんなことはどうでもよいんです。私は顔よりも声を憶えているんです。あれはグラッドストーンさんのお声です」

それで、私は彼に二、三歩後に戻るよう説得した。私たちは建物の近くによって、数歩後に下った。私は頭と顔をすっかりかくした人に、

「こんな真夜中に、いったいなにをしていられるのですか」といった。

グラッドストーン氏を見つけたのである。私は彼がおつきの人に小声でものをいっているのをきいた、とつげた。彼は、

「若いものがこんな時間にうろついていてはいけない、さっさと帰って寝なさい」といった。

私たちは数分間いっしょにいたが、彼は頭や顔をかくしているマントに気をくばっていた。そのころはもう夜中をすぎていたのであるが、八十ちかい老首相は、まるで少年のように、夫人を無事に家に送りとどけてから、こっそりとぬけ出して街の様子を見に来たのであった。

晩餐会の席でグラッドストーン氏はブレーン氏と、議会の運営について、英国とアメリカの相違を話し合っていた。彼はとくに下院の議事進行について、アメリカが不必要な論議を続けないよう制限をつけたのに関心をもって、それについてこまかくたずねていた。もちろん、老宰相はこのようなことだけでなく、世間一般の問題についても関心をもち、根掘り葉掘りきくのであった。たとえば、アメリカでは鉄筋コンクリートの建物をたてるとき、三階と四階の工事をそのままにしておいて、五、六階を使用できるようにするが、どうしてあんなことが可能なのか、などということである。私が説明すると、しごくご満足のようであった。物ごとを徹底的に追究するというのが、彼のやり口であった。

モーレー氏はこのころまでに爵位をあたえられていたが、彼はいつになっても、私に関する限り「正直もののジョン」であった。私たちは古くからのつきあいで、彼は「フォトナイトレー評論」誌の編集長で、私の随想を載せてくれたのであった。これは、私がイギリスの雑誌にはじめて登場した記念すべきできごとであって、その後、二人の親交はますます深まっていったのであった。長年にわたって私たちは日曜の午後、お互いに気のむくままに筆をとって、短い通信を交換することにしていた。もちろん、時には長いのもある。

性格的に私たちは少しも似ていなかった。いや、むしろ正反対といってもよい。私たちがお互いに強く引きつけられたのは、異なったものは益するところが多いためであったからである。私は楽天的である。私のあひるはみな白鳥である。ところが、ジョン・モーレーは悲観的で、将来の危機を見通して、それを真剣に検討し、暗い面を強調するのであった。時にはありもしない危機を思い浮かべて、心配していた。私にとって世界は明るく、この世はほんとうの楽園のようにさえ思われた。であるから、いつも私は愉快で、自分の幸運にいつも深く感謝していた。モーレーはまったくその反対で、とび上って喜ぶなんてことはめったになかった。彼の判断はいつも慎重で、彼の眼はいつも太陽の黒点を見ているのであった。

ある時私は、なにもお気に召さず、いつも文句ばかりいっている悲観論者と、なんでも気にいって、いつもご機嫌のよい楽観論者の話をしたことがある。この二人は天国に入るのを許されたので、天使がお祝いのことばを述べた。ところが、悲観論者は、「そう、ほんとうにいいところですね。しかし、どうしたことか、この内容は私の頭にぴったりと合わないんです」と答えた。この話に私の友人はたいへん興味をもったが、自分の人生観を変えるようなことはしなかった。

長い間、私はモーレーにアメリカを訪問するようすすめていたのであるが、とうとう説得することができて、一九〇四年に合衆国の大部分を視察した。私は、アメリカの著名な人たちに、なるたけたくさん会ってもらうよう努めた。ある日、私はイライ・ルート上院議員に頼んで、モーレーに会ってもらった。二人の会見は長時間にわたった。モーレー氏はたいへんよろこんで、ルート氏が帰った後、このような立派なアメリカの政治家に会うことができたのはしあわせであった、といっていた。堅実な判断力と合衆国の政治について彼ほどよく知っている人は少ないので、私もたいへん嬉しかった。

モーレーは私の家を去って、ルーズヴェルト大統領をホワイトハウスに訪れることになり、このすばらしい人物を相手に得るところの多い数日を過ごすことになった。帰って来てからモーレーは、

「私はアメリカの二大不思議を見ましたよ――ルーズヴェルトとナイアガラの瀑布です」

といった。

じつにうまい表現で、その通りなのである。どちらも怒号し、荒れ狂い、泡をとばす不思議な存在で、休むことを知らず、天から与えられた使命を果たしているのであった。

モーレーにとって静養するためには、スコットランドのスキボーにある私の家は最適で

あった。これは私たち夫婦にとってたいへんなしあわせであって、毎夏数回訪れ、家族の一員となってくれた。モーレー夫人もご一緒であった。彼は私と同様にヨット遊びが大好きで、二人にとって、これは万能薬であったが、私たちにとってこれもしあわせであった。どんなに偉くなっても、私たちにとって彼は「正直者のジョン」で、彼とともにいるのはゆるぎない盤石の上に立っているような気持であった。慎重で、前後左右をよく考慮して進むのであるが、同時にまた、おおらかな気持をもっていた。彼の心の奥に秘めている慈悲が、そのままに現われる機会はあまりなかった。ごく稀ではあるが、必要とあればまた自分の存在と力を相手にはっきり印象づけることもできた。

チェンバレンとモーレーは、革新的な思想の持ち主として親友で、私は英国に滞在している間によく二人と会い懇談した。自治問題が起きた時、イギリスでは、アメリカの連邦組織について関心が高まった。私はよく頼まれてたくさんの都市で講演し、合衆国の連邦は、自由独立のたくさんの地方自治体の政府がどのようにして最も強力な政府を構成しているかを説明した。チェンバレン氏の要請に答えて、私は、アナ・L・ドーウス女史の『私たちはどのようにして統治されているか』という本を参考のために贈呈し、モーレー、グラッドストーン、その他の人たちとこの問題について話し合った。

最初のアイルランド自治制案は、代表を英議会から追放するというのであったから、私はこれに反対した。私がグラッドストーン氏に会った時、彼は私がこのような考えをもっているのをたいへん残念だといわれたので、これから論議が大きく発展していった。「もしアイルランドの人たちが議会に席をもつのを拒んだら、どうしますか」彼はたずねた。

「文明のあらゆる利器を動員することです。まず、郵便をとめてしまうことです」と私は答えた。

彼は一瞬じっと考え、

「郵便をとめてしまう」と、私のことばをくり返した。これは麻痺状態をもたらすものであるのを知って、しばらくだまっていたが、すぐ話題を変えてしまった。

その後、私はたびたびこの老政治家にお目にかかり、国家や教会の行き方について懇談した。ある時、私は、将来広い領土をもった国々にくらべて、英国の人口が比較的に減少して行くことについて語った。

「あなたのイギリスの星占いはどんなものですか」と彼はたずねた。

私は、古代に繁栄した国家のなかからギリシャを挙げて話を進めた。それから、過去数百年の間にチョーサー、シェークスピア、スペンサー、ミルトン、スコット、バーンスなど文豪が出現したこと。科学ではダーウィン、思想界ではベーコンやヒューム、その他各部門に優れた人たちを出している。天才は物質的な資源によるものではない。英帝国がもはや工業国として優位を保持することができなくなるとしても、今日のギリシャの例にかんがみて、世界の国々の間に道義の優勢を誇ることができる、と私の意見を述べた。グラッドストーン氏は「道義の優勢、道義の優勢」と私のことばをくり返し、もの思いにふけっていた。

私はひとりの人物と懇談して、こんなに得るところの多かったのははじめてであった。私は再び彼の私邸を訪れた。しかし、最後の訪問は一八九七年の冬、南仏のカンヌのランダール卿の宅であったが、病気はかなり重かった。だが、まだ昔の魅力を多分にもっておられ、私の弟の未亡人であるルーシーにとくに懇切であった。彼女ははじめてお目にかかったのであったが、老政治家に強く心をひかれた。そして、私たちが邸を辞して帰る途中、彼女は「病める鷲《わし》ですわ、病める鷲ですわ」と小声でひとりごちていた。その日のやせ衰えた人類の指導者を表わすのに、これくらい適切なことばはないように私には思われた。彼は偉大な人物であっただけでなく、またじつに善良な人で、常に前途を臨んで高邁《こうまい》、純真な理想の下に進んでいたのである。彼が「世界最高の市民」という称号を得たのは当然であった。

一八八一年、イギリスで私は、サミュエル・ストーリーという下院議員と共同で事業を開始した。彼は有能な人物で、革新系に属し、また熱烈な共和制の支持者であった。私たちは英国の新聞社を十八も買収し、革新系の線に沿って、政治的啓蒙運動を始めたのであった。ハスモーア・エドワーズと他の人たちが私たちと協力してくれたが、結果はあまり面白くなかった。私の英国人の友人たちの間で調和を欠いたので、私はとうとうこの事業から手を引くことに決意したが、幸い大きな損失をこうむらないですんだ。

私の第三の創作活動は『民主主義の勝利』と題する著書であったが、これを思い立ったのはよく社会の事情に精通している外国人が、英国人でさえ、アメリカについてはなにも知らず、しかもわずかばかり知っていることはどんなに偏見に満ちたものであったか、私は気がついたからであった。私が会った著名なイギリス人たちが新しい共和国についてなにも知らないのは驚くばかりであった。一八八二年に私がはじめてグラッドストーン氏に会った時のことを、私は忘れることができない。そのおり私は、英語を話す人々の大多数は現在共和制の支持者で、君主制の信奉者は少数グループに属するといった時、彼は、

「それはまたどういう意味なんです」ときかれた。

「それはですね、グラッドストーンさん、合衆国は、英本国の人口と英語を使っている植民地の人たちを合わせたよりもっと多くの人々を統治しているのです」と私は答えた。

「ほおー、それはどうしたことですかね、あなたの国の人々はどのくらいなんです」

「六千六百万です。貴国のはその半分にもなりません」

「ああそうですか、驚きましたね」

両国の財政についても、私の申し立てはこの老宰相を愕然とさせたのであった。一八八〇年の国勢調査によると、百年の誕生を迎えた合衆国は楽にイギリスとアイルランドを買収し、表記された資本金と投資の金額を支払い、また英帝国の外債を支払うことができるのであった。しかも、まだ十分国庫にお金が残っている。しかし、もっと驚くような事実を私は挙げることができたのは、私たちが自由貿易について懇談した時であった。アメリカは世界最大の工業国であるのを、私は指摘した（後日、ホールデン大蔵大臣が同じ間違いをして、英国は世界最大の工業国であるといわれたが、私の訂正に対して礼をいわれた）。私はムルホールの統計を引用して、一八八〇年に英国の工業総額は八億一千六百万ドルであったが、アメリカのは十一億二千六百万ドルに達していたといった。グラッドストーンは、たったひとこと、

「まったく驚いた」といわれた。

私が他の数字を挙げたとき、彼は、

「なぜだれかこのような問題について簡単な数字を挙げ、事実を世界の人たちに知らせな

いのであろうか」とたずねた。

私はそのころ正直なところすでに『民主主義の勝利』を執筆するために材料を集めていたのであって、私が希望するようなサービスをやるつもりでいた。それで私は彼にそのことを知らせた。

さきに私は『世界一周』と『馬車の旅』と題して二つの本を書いたが、それは自分の旅の思い出や記録であったから、少しも骨が折れなかった。しかし、一八八二年に手をつけた『民主主義の勝利』は、その下調べからまったく容易ならぬ仕事であった。みっちりと周到な調査を要求した。統計はみな再検討し、取捨選択しなければならない。しかし、やっているうちに興味がだんだん深まって、数か月の間、私の頭は統計でいっぱいになってしまった。気がつかないうちに時間がたって、まだお昼ごろだと思っていると、もう夕方になっていた。考えてみると、私の生涯のうちの第二回目の重い病気は、この仕事の無理が原因となっているようであった。この調査研究にたずさわっている間に、私はもちろん、自分の関係しているいろいろの事業も見なければならなかった。数字のような魅惑的なものに手をつける前に、私は今後よく気をつけなければならないと思う。

25　スペンサーと彼の弟子

十九世紀の後半に思想的に大きな影響を残したのはハーバート・スペンサーであろう。哲学者、社会学者としてはもちろん、彼は新しい進化論的哲学を育てた人であった。一八八二年、スペンサーと彼の友人ロット氏と私はセルヴィア号で、リバプール港を出帆し、ニューヨークに向かった。私は、モーレー氏からスペンサーにあてた紹介状をもっていたが、じつはそれ以前にロンドンでこの哲学者に会っていた。私は彼に傾倒しているたくさんの弟子の一人であった。旅なれている私は、この二人のお世話を引き受けた。航海中、私たちは食卓をともにした。

ある日、私たちの会話は、著名な人にはじめて会った時の印象に移っていった。彼らは、私たちが想像した通りであったか、それとも違っていたであろうか。各自が自分の経験を語り合った。私のは想像していたのとはまったく違っているということであった。

「ほおう」とスペンサー氏は驚いたような表情で「たとえば、私の場合ですが、やはりそうでしたか」と問うた。

「そうです」と私は答えた。「先生の場合はとくにそうでした。私は、自分の尊敬する先生をあらゆる事態に超然とし、不動の心境で仏陀のように沈思黙考している偉大な哲学者を想像していたのです。チェシアかチェダー・チーズのことでひどく興奮している先生など思いもよらないことでした」

前の日、給仕がチェシア・チーズをもって来ると、スペンサーはひどくいらいらして「チェダー、チェダーなんだ、チェシアではない。チェダーといったではないか」と、給仕をどなりつけたのであった。

私の話にみんな笑いこけたが、とくにスペンサーはもう我慢ができないというように腹をかかえて笑った。これは彼の『自叙伝』に語られている。

スペンサーは面白い話をきくのが大好きで、またよく笑った。アメリカの話をなによりも喜ぶように見受けられ、私はたくさん興味ある話を知っていたので提供することができた。そのたびに彼は爆笑した。彼はとくにアメリカの西部地域について知りたいと思っていたが、当時ヨーロッパでは大きな関心をよんでいた。テキサスについて私が語った話を彼はとくに喜んだ。がっかりした移民がアメリカから祖国に帰って来た時、当時の荒涼と

した新大陸についてきかれた時、

「あんた、テキサスについてわっしがいうことはこれだけですわ。いまかりに、このわっしがテキサスと地獄をもっていたとすると、わっしは、テキサスを売りますわい」と答えたというのである。

初期の時代とくらべて、現在はなんという変わりかたであろうか。テキサスは今日、人口は四百万を超え、昔の広漠とした土地は、一八八二年にはこの州だけで全世界が生産するより以上の大量の綿を産出している。

この哲学者をピッツバーグの私の家に招待した時、門を入って玄関に行く道を歩いていたが、私はもう一つアメリカ的な話を思い出した。客が庭の小路を歩いて来て門を開けた時、大きな犬が吠えて飛びかかって来た。客はあわてて退却し、襲われる寸前に庭の門を閉じた。すると、家の中から主人が、

「大丈夫ですよ。吠える犬は嚙みつかんというではありませんか」といった。

「そう」と客は震えながらこういった。「僕もあんたもそれを知っていますが、犬はそれを知っているんですか」

ある日、私たちが応接室に坐っていると、一番年上の甥《おい》がそうっと戸を開けて、のぞいているのが見えた。後で母親がなぜそんなことをしたのかと聞くと、十一歳の少年は、

「お母さん、僕は、文法を勉強する必要はないって本に書いた人を見たかったんです」と答えた。スペンサーはこれをきいてたいへんよろこび、その後たびたびこれを人に語っていた。私の甥に将来を期待したようであった。

私のロンドン滞在中の一日、私たちはトラファルガー広場を見下ろすグランド・ホテルの部屋に坐っていた。近衛兵が街を歩いているのを見て、次のような会話が私たちの間でかわされた。

「スペンサーさん、この十九世紀に、世界の国々の中で最高の文化を誇りとしているこの国で、まだ軍人を志願する若い人たちがいるっていうことは、いつも私を悲しませ、また腹をたてさせるんです。しかも、あの奇妙な服装をした近衛兵というのは最近までは紳士の唯一の仕事と考えられていたということですね。人を殺す最も確実な手段方法を学ぶというのですからねえ」

これに対してスペンサー氏は次のように答えた。

「私も、おっしゃる通りよくこの問題について考えているのですが、どうして腹を立てないでいるかお話しましょう。私はむかむかして来ると、エマソンの次のような話を思い出し、心を落ち着けるのです。あの夜エマソンはボストン市のファニヴァル公会堂で勇敢に奴隷制廃止の講演をしたのですが、やじり倒されて壇を降りなければならなかったのです。

歩いて家に帰る途中、無性に腹が立ってしかたがなかったのですが、家にたどりつき、庭の木戸を開け、庭とまことにお粗末な自分の家との間に枝を伸ばして生い茂っている高いにれの木の間を通りながら、ちょっと空を見上げたのです。するとたくさんの星が枝の間に輝いているのです。星は〝なんですか、そんなにかんかんになって、小さな人間よ〟といっているではありませんかとエマソンは私に話してくれたのです」

私はこの話をたいそう嬉しくきいた。そして、たびたび「なんですか、そんなにかんかんになって、小さな人間よ」と自分にいってきかせているが、それだけで十分効果がある。

スペンサー氏のアメリカの訪問は、第一級の料亭デルモニコで催された彼の歓迎宴でクライマックスに達した。私は馬車で彼を案内して行ったが、偉い人がこれほどとまどっているのを見たことがない。彼は、宴会でする講演のほかなにも考えることができなかった。たぶんそれまであまり公開の席で話したことがなかったのであろう。それで、彼は最初に自分を認めてくれたアメリカの人たちには、なにか意義のあることをいうことができないのではないかと、びくびくしているようであった。それまでたくさん宴会に出たことがあったろうが、この時ほど著名人が集まった会合はなかった。それは画期的な催しで、スペンサーの功績について、各分野の最高の人たちが賛辞を送った。最後に、宗教界の強力な指導者であるヘンリー・ウァード・ビーチャーが立って、次のように述べた。

「私は、肉体の誕生を父と母に負うのでありますが、知性の誕生については、まったくあなたによってであります。人生の危機と直面して、あなたが泥沼のなかにあった私に、安全な道を示して下さったのであります。あなたは私の敬愛する師なのであります」

ビーチャーはゆっくりと、おごそかな口調でこう語ったが、私はその裏に秘められている深い感動をこの時ほど強く感じたことはない。彼は心の底から感謝にあふれていたのであった。スペンサー氏は、彼の言葉に強く動かされた。ビーチャーのこの言葉についてはいろいろな含みがあり、後に物議をかもすようなことになった。それからまもなく彼は一連の説教をして、進化論に対する自分の見解を明らかにした。彼が、スペンサーを師とよび、彼の影響を公然と声明したとき、宗教界は驚き、またあわてたので、この連続の説教によってどのような結論を出すか注目されていた。ビーチャー氏の結論は、自分はある点までダーウィンの説く進化論を信じるが、創造主が人間に与えた最高の機能にまで到達するとき、あらゆる生物のうち人間だけが聖霊によって、神格にまで向上することができる、というのであった。このようにして、彼は自分を批判する人たちに答えたのであった。

スペンサーは機械というものにたいへん興味をもっていた。私の工場を訪問したときにも、新しい機械や機具に感心して、後日、たびたびこのことに言及し、アメリカの発明力と前進するその力とを高く評価していた。もちろん、彼はアメリカでとくに丁重に扱われ、歓迎されたのをよろこんでいたのは自然であった。

私は、イギリスへ行くたびにスペンサーを訪ねることにしていた。海の見えるブライトンへ移ってからもよく訪ねたが、彼は海が好きで、心が静まるといっていた。一つ一つの行為に、また言葉に、彼ほど細心の注意を払い、どんな小さなことであっても、自分の良心の命に従うというのを、彼は鉄則としていた。宗教的な問題についても同様であったが、神学の分野になると、儀礼や戒律については無関心であった。なぜかといえば、それは、真の意味の成長を妨げる誤まったものだ、と考えていたからである。賞罰という慣例など、人間の劣情に訴えようとする卑しいものと、きめつけていた。

スペンサーはいつも平静を失わない哲学者であった。終生、彼は道義に反する行為をしたことはなく、他の人に対して義理を欠くようなこともしなかった。彼はほんとうに良心的な人で、私はあらゆる機会を通じてこの人物を知ろうと努め、また、彼とダーウィンほど私に大きな影響を与えた人物はなかった。私たちは神学や社会の掟に反抗し、あらゆるものを否定しようとする。私は幸い、偉大な思想家たちの著書によって反省し、謙虚な気持に立ち戻ることができた。私は、太陽の表面に現われる小さな塵の一点かもしれない。いや、この壮大な、不可知な、また神秘的な宇宙の中では、それよりももっと小さなものかもしれない。私はますます自分を卑下してしまう。しかし、ベンジャミン・フランクリンがいったように「神を礼拝する最高の態度は、人類への奉仕である」というのを、真理だと考える。しかし、そうだからといって、人間の絶えない永生への希望を妨げるものではない。

26 政界の友達

交友によって人柄が判断できるというが、また、その人が語る話によって人柄がわかるというのも事実である。私の友人ジョーゼフ・G・ブレーンは、私の知っている人たちのうちでも、最も話の上手な一人であった。生来機知にたけたほがらかな性格で、どんな場合でもユーモアに富んだ、その場にぴたりとあてはまる話をもち合わせていた。私は、彼からきいたたくさんの面白い話を思い出すのであるが、その中でも次の話が一番私の興味をひいた。

まだ奴隷制のあったころで、南部の黒人奴隷たちが地下連絡によってよく逃亡した時代である。

ガリポリイスに近いオハイオ川の岸に、民主党員で、フレンチという判事が住んでいた。奴隷反対の友人たちに河を渡って来る逃亡奴隷を自分のところに連れて来るよう頼んでおいた。なぜなら、フレンチ判事は、なぜ奴隷が逃げるのかわからなかったからである。それで、つかまった奴隷と判事の間に次のような会話がかわされた。

判事　君はケンタッキーから逃げて来たんだってね。悪い主人だったたんだろう。

奴隷　いやいや、判事殿、とってもいい人でした。親切なお方でしてね。

判事　ひどくこき使われたんだろう。

奴隷　いいえ閣下、一日だってひどくこき使われたことはござんせん。

判事　では食物を十分にくれなかったんだろう。

奴隷　ケンタックで食べものに不足するんですって、どういたしまして。食べきれないほどありますだい。

判事　衣類が足りなかったんだろう。

奴隷　判事殿、わっしにとっては立派すぎるほどでした。

判事　住み心地の悪いところに押し込められていたんだろう。

奴隷　まあ判事殿、あのケンタックの小さなかわいい小屋を思い出すたびに、わしは泣けて来てしかたがないです。

これをきいて判事は首をかしげ、ちょっと考えていたが、

判事　君はいい親切な主人に仕えて、こき使われたこともなく、食べ物も十分与えられ、

着るものにも不自由せず、いい家に住んでいたっていうんだ。では、一体全体どうして逃げ出そうと考えたんだい。さっぱり訳がわからんじゃないか。

奴隷　おっしゃる通りですだい。あそこの私の場はいま空いておりますだい。あんた、すぐ急いで行けば、仕事にありつけますがねえ。

判事はようやくなぜ奴隷が逃亡するかわかった。どんなによい待遇を与えても、自由がなくては人間は満足できないのである。こんなに多くの黒人があらゆる危険を冒して自由を求めるということは、彼らが共和国の市民となる資格を備えているという最もよい証拠であると思う。

スコットランドの私たちの別荘で、ブレーン氏はほんとうに愉しそうであった。また少年時代に帰ったように、私たちは踊ったりはねたりしてよく遊んだ。蚊《か》ばりでつりをしたことがないというので、私はロック・ラガンに連れていった。最初はどうもうまくいかなかったが、これはだれでも同じことなのである。しかし、彼はまもなくコツをおぼえて上手になったが、はじめて一匹つった時のその喜びようといったら、私はあの光景を一生忘れないであろう。

「あなたは、人生の新しい愉しみを私に教えてくれたのです。私のよく行くメーン州にはたくさん入江があるんですよ。これからは休みにはそこへいって、ニジマスつりをやりましょう」

と、彼はいった。

六月のスコットランドには夜がないといってもよい。私たちは芝生の上で、夜おそくまで踊った。スコットランドの民謡を歌い、スコッチ・リールという軽快な踊りをおどった。

二週間を私たちが楽しく過ごしている間に、アメリカでは大統領選挙の年で、政党は候補者を指名するのでごった返していた。ブレーン氏も一部の人たちから推されていたが、副大統領にオハイオ州出身のシャーマン氏が立つのでなければといって、立候補を断った。私たちが馬車でスコットランドの北部を旅行している間に、ハリソンが大統領、モートンが副大統領に指名された、というニュースが入った。

これで、ブレーン氏が合衆国で最高の地位を占める機会は失われてしまった。しかし、彼は国務長官としてハリソン内閣の閣僚にあげられ、彼の汎南米会議は画期的な成功であった。私はこの時はじめて公職についたのであるが、それは、この会議に合衆国の代表の一員として出たのである。この経験は、私に南米の共和国と、その国々がもっているいろいろの問題を理解するのに役立ち、非常に面白かった。ある朝、新しい憲章が発表され、ブラジルが第十七番目の共和国として、汎南米連合に加盟した、と報じられた。私が今、この自叙伝を書いている時には、二十一の共和国になっている。ブラジルの加盟が宣誓されると、会場には拍手がおこり、急に活気づいて、新しい代表を迎えた。

南米諸国の代表は、兄貴としてアメリカ合衆国がなにを考えているのか、なにか企みがあるのではないかと疑っているのを、私は発見した。彼らの独立の精神はこまかい点によく現われていたので、それを認め、尊重するのは私たちの義務であった。この点、私たちは成功した。しかし、アメリカ政府は今後、近隣である南米共和国の感情をそこなわないよう細心の注意をもって行動しなければならない。彼らを支配するのではなく、平等の立場に立って、友好的な協力という態勢をとらなければならないのである。

会議で私は、マニュエル・クィンタナの隣に席を占めたが、彼は後にアルゼンチンの大統領になった。彼は会議の運びかたにたいへん深い関心を示していたが、ある日、些細なことに苦情を申したて、それがもとで、彼は、議長のブレーン氏と激しいやりとりを始めた。論戦の原因はどうも通訳が間違った訳をしたことからきている、と私はみた。それで、私は席を立ち、演壇の議長のうしろを通った時、そっと「休憩を申し出るなら、意見の相違はすぐ調整できるだろう」と小声でいって、壇を下りた。彼はうなずいた。私は自分の席に帰って、休憩を提案した。休憩している間に、意見の違いは調節され、その後はすべて順調に運ばれた。

その日、会議が終って退場しようとしている時、私は代表席の横を通ると、一人の代表が私に抱きついてきた。そして、片方の腕を私の腰に、片方を私の胸において「カーネギーさん、あなたはここよりも、こっちのほうが温かいんですねえ」といって、ポケットを指した手を私の胸にもって来た。私たちの南方からの兄弟たちは、じつにはっきりと自分の感情を表現する術を心得ている。温和な気候は、温かい心を育てるといいたい。

一八九一年、私は、ハリソン大統領を案内してワシントン市からピッツバーグ市に向かった。私がアリゲニー・シティに贈ったカーネギー・ホールと図書館の献堂式に列するためであった。私たちは汽車でいったが、沿道の風景を大統領はとくによろこばれた。夕方暗くなってからピッツバーグに着いたのであったが、まっ赤に燃える溶鉱炉と幾条もの濃い煙と焔の柱は、大統領を驚かせた。市の近くにある丘の上から見おろすと、ピッツバーグは「地獄の釜《かま》の蓋を開けた」みたいだとよくいわれていたが、大統領はまさにその通りだと思ったらしい。ピッツバーグを訪ねた大統領は、これまでに一人もなく、ハリソンがはじめてであった。しかし、大統領の祖父で、また合衆国の大統領であったウィリアム・ヘンリー・ハリソンは、ワシントン市へ行く途中、蒸気船で運河を下る際、ここを通過したことがある。

大統領が来られたので、献堂式にはたくさんの人が集まり、万事うまく運んだ。次の朝、大統領は、私たちの製鋼所を見たいといわれたので、私は案内し、工員たちから大いに歓迎された。一つの部門からほかに移るにつれ、私は、部長を大統領に紹介した。最後に、私が共同出資者であるシュワーブ氏を紹介すると、大統領は私のほうを振り返って、

「カーネギーさん、これはいったいどうしたことなんです。君は、工員だけを私に紹介するのではないですか」ときいた。

「そうですよ、大統領。ですが、この工員たちがどんな人物かお気づきになりましたでしょう」と、私はいった。

「そう、すごい腕前の人物だ。みんなそろってね」と、彼は答えた。

その通りなのである。世界中探したってこの工場にいるような若い人たちを見つけることはできないであろう。彼らは工員として出発し、パートナーというか、共同出資者の地位に昇格した人たちなのである。会社は冒険も、むだな出資もしていない。みんなが責任を分け合い、純益をみんなで分けているのである。彼らをパートナーにしたのは、高い俸給を支払って、外から会社の経営者を雇って来るのとはまったく違うやりかたなのである。

大統領がピッツバーグではなく、河をへだてたアリゲニー・シティを訪問されたという事実は、一ついそうよい結果をもたらした。さきに私がピッツバーグ市に図書館と公会堂を寄贈したいと申し出た時、市会議員たちは断った。その時、アリゲニー・シティがこ

ちらに下さらないかと申し出たので、私は承諾した。すると、大統領が、図書館と公会堂の献堂式にアリゲニーを訪問し、ピッツバーグ市は完全に無視されてしまったのをみて、たまらなくなったのであろう。式のあった翌日、市の責任者たちが私を訪ねて来て、改めてピッツバーグ市に申し出たことを再生させてくれないかと頼んで来た。もしそうしていただけるなら、市はその維持費として多額の予算を組み、立派なものにしたい、というのであった。私はもちろん喜んで、その申し入れを受け、さきには二百五十万ドル寄付するといったのであるが、今度は一千万ドル提供することにした。私の考案は拡大されたのである。このようにして、ピッツバーグ市のカーネギー協会が発足したのである。

ピッツバーグ市の有力な人たちは、芸能部門に力を入れ、多額の金を支出している。この工業の中心地は、過去数年間にわたってすばらしい交響楽団を育てて来た。現在、アメリカで誇りとするに足るオーケストラをもっているのは、ボストンとシカゴだけである。自然観察者のクラブもできたし、美術学校も創設された。今度、公共図書館、美術館、博物館、音楽堂——大きな殿堂にこの四部合奏が成立するというのは、私の生涯にとって一つの大きな満足であった。これは、私の記念碑である。なぜなら、ここに私は幼年時代を送り、ここで人生への門出をしたのである。今日、心の底の深いところで、私はこの古い煙でおおわれたピッツバーグ市を熱愛するひとりなのである。

ハーバート・スペンサーがピッツバーグの私の家に滞在しているとき、市が私の最初の寄付を断ったので、彼はそのいきさつをよく知っていた。それで、三度目に私が寄付の申し出を受けて、それを承諾したというのをきいて、どうして私がそんなことをしたのか解らない、自分だったらけっしてそんなことをしない、市はそれに値しない、と書いてよこした。そこで私は、この哲学者に次のような手紙を書いた。もし私が最初の寄付を申し出た時、市民から感謝され、恩をほどこすためであったなら、私はたぶん彼が思っているように感じ、再度の申し出を断ったであろう。しかし、私は自分の名誉のためとか、自分の記念のためにとかを考えていたのではなく、ひたすらにピッツバーグ市の人々のためにと思ったからであった。私はこの人たちの間にあって産をなしたので、彼らのうちに崇高なものに対する大きな憧れを残したいと思っただけで、それ以外のなにものもたくらんでいたわけではない。今、運命の親切な配慮によって、その願いがかなえられたのである。ピッツバーグ市は、自分の手でそれをよくやってくれた、と。

27　ワシントンの外交

ハリソン大統領は元軍人であったため、大統領としていつも強腰で、戦争も辞さないという態度を見せる傾向があった。このような態度を友人たちの一部ではたいへん心配していた。ベーリング海の漁業権の問題で、カナダの指令にしたがってイギリスのソールズベリー卿が、ブレーン協定を撤回しなければならなくなった時、大統領は調停に応じようとせず、悪くしたら極端な手段方法に出てもよいという態度を示した。しかし、温厚な意見が効を奏した。南米対策についても、武力に訴えてもかまわないという気構えを見せていた。

チリとのいざこざが起きた時には、一時、大統領が強硬手段をとるのは避けられないのではないかと、みんなをはらはらさせた。そんなことをしたら、戦争は避けられなくなるからである。チリの首脳者たちは、大統領の行動について非常に不謹慎な声明をたびたび発したので、彼は個人的にひどく腹を立てていたのは事実である。このようにひどくいきり立っている二国の首権者たちをなんとかして和解させることができないかと、私はワシントンへ出かけていった。なぜなら、第一回汎南米会議の代表の一人として、私は南米の人たちと親交を結び、仲よくなっていたからである。

首都に着いて、ショーラム・ホテルに入ろうとすると、ちょうど運よく、ミズーリ州選出のヘンダーソン上院議員とばったり出会った。彼も会議の代表の一人だったのである。彼は立ち止まって、私たちはあいさつをかわした。そして、通りの向こう側を見て、

「大統領があそこにいる。君に来いといっている」といった。

私は通りを横ぎって、出かけていった。

「ハロー、カーネギー、いつ着いたんだい」と、彼はいった。

「たった今です、大統領。ホテルに入るところだったんです」と私は答えた。

「なんのためにだい」と、彼は荒っぽくいった。

「閣下とお話しするためにです」

「そうか、では来なさい。歩きながら話ができる」と、彼はいった。

大統領は私の腕をとって、私たちは夕暮のワシントンの町を約一時間ばかり歩いた。その間に活発に論議を戦かわせた。私は、大統領にこれまでのいきさつをくり返して説明し、

南北両アメリカ大陸の家族としてもし意見の食い違いがあるなら、平和的協定によって片づけるという心構えを育てて来た。それなのに、今となって大統領は別の手段をとろうとし、つまらぬ紛争をたてにちっぽけなチリを武力によっておさえつけようとしているのではないか。自分は驚くと同時に、たいへん残念だと思っている、と告げた。

「君はニューヨーク人だから、商売とドルのことだけしか考えないのだ。それがニューヨーク人の常套手段なのだ。共和国の威厳とか名誉とかは、君たちにとってまったく意味のないものなのだ」と、大統領はいった。

「閣下、ちょっと待って下さい。私は、戦争が起きれば合衆国で一番金のもうかる人のひとりなんですよ。最大の鋼鉄業者として何百万ドルがたちどころに、私のポケットに転がり込むんです」

「そうか、君の場合にはたしかにそうだろうね、すっかり忘れていたよ」

「大統領、よくきいて下さい。もし私が戦争をおっぱじめるなら、だれか自分と同格の相手を選びますね」

「ううん、ではね、国がちっちゃければ、だれが軽蔑し、威信を失することをしてもだまっているというのかね」

「大統領、私を辱かしめ、私の名誉を汚すものは、私自身で、そのほかの誰でもないんです。不面目というものは、自分が自分にもたらすものなんです」

「君も知っているように、チリの町でアメリカの水兵が襲撃され、そのうち二人が殺されている。それでも我慢するというのかい」と彼はきいた。

「閣下、酔っ払った水兵たちが喧嘩するたびにアメリカ合衆国の名誉が傷つけられると、私は考えないのです。その上、あの水兵たちはアメリカ人ではありませんよ。名前がはっきりさせているように、彼らは外国人なんです。私でしたらあの船の船長を処罰しますね。町に暴動が起きていて、公共の秩序が混乱しているというのに、水兵の上陸を許すなんてけしからんですよ」と、私はいった。

　このように私たちは議論を続け、とうとうホワイトハウスの入口に着いたときには、もう暗くなっていた。大統領はその夜、食事に招かれているが、次の日、夕食に来てくれといった。家族のものだけで食事をするのだから、ゆっくり話ができる、とつけ加えた。

「光栄に存じます。では明晩お目にかかります」と私はいって、別れた。

　次の朝、私は、当時国務長官であったブレーン氏を訪ねていった。彼は席を立って、両手を差し出して私を迎えてくれた。

「なぜ昨晩、家へ食事に来てくれなかったんです。大統領が家内にカーネギーさんが町に来ているといった時、家内は〝あらまあ、そうなんですの。ここに席が一つ空いているのに、なんて残念なんでしょう〟といっていたんです」

「そうですか、ブレーンさん。しかし昨日お目にかからなかったほうが、都合がよかったかもしれませんよ」と、私は答えて、大統領とのいきさつを私は彼に話した。

「そうですね。たしかに運がよかったですよ。大統領は、私たち二人共謀したと思ったかもしれませんからね」と、彼はいった。

私が長官の部屋で話している時、ブレーン氏の親友で、また大統領の側近者でもあるウエストヴァージニア州選出のエルキンズ上院議員が訪ねて来た。彼はたった今大統領に会って来たところであるが、昨夜、チリの問題で私と激論を戦わし、ひどくやっつけられたといっていた、といった。エルキンズ議員は、

「ですがね、大統領、カーネギーさんは遠慮してものをいっていたに相違ありませんよ。私たちにいうときにはずいぶんずばずば切り込んで来るんです。ですがね、このチリの問題については、あの方はたいへん心配しています。それでも、大統領ですから多少遠慮していたことでしょう」といった、と報告した。それに対し大統領はそんな気配は少しもなかった、といっていたということであった。

チリの問題は、ブレーン氏の和平工作によって、ことなく解決した。これだけでなく、ほかにもいろいろ、彼の外交手腕によって、アメリカが外国のいざこざに巻き込まれずに

すんだ例を、私はたくさん知っている。彼は攻撃的に出るという非難もあったが、積極的にことを運ぶためにはあのような手段をとらなければならなかったのであろう。

大統領と食事をともにした夜、私は長時間にわたって、いろいろな問題をしんみりと話した。しかし、彼はどうも健康がすぐれないように見受けられた。休養する必要があると私はいって、なにをさておいても静養するようにすすめた。大統領も数日間、税務署の監視船に乗って休暇をとるつもりにしていたが、最高裁判所のブラドレー判事の急死によってとりやめにし、後継者を探さなければならないのだ、といった。私は、つりの友達で、長年の親友であるから、自分で推薦するのは遠慮したいが、ピッツバーグ市のシラースという人物がいる。調べてみたらどうか、といった。長くつき合っていると、お互いに相手を正しく評価することができなくなるものである。大統領はすぐに調査して、彼を最高裁の判事に任命した。この任命は各界を通じてたいへん評判がよかったが、ハリソン大統領はだれが推薦したって、自分でよく調べ、納得がいくのでないなら承知するような人ではない。シラース氏は、彼が求めていた人物であったのだ。

28 ヘイ国務長官とマッキンレー大統領

ジョン・ヘイはイギリスでまたスコットランドでたびたび私の家の客となってくれた。一八九八年にスキボーの私の別荘に来ることになっていたその夜に、マッキンレー大統領に至急帰国するよう命ぜられ、国務長官に挙げられた。国務長官として彼ほどすばらしい記録を残した人はほかにない。彼の誠実さはあらゆる人を説得し、大衆の信頼を獲得し、彼の目ざすところはすべて高潔なものであった。戦争を極端に嫌い、戦争とは人間で最も野蛮な、また最も致命的な愚挙であるといったが、そう固く信じていたのであった。

一八九八年の秋、私はニューヨークへ行く途中、ロンドンに立ち寄り、ヘイとヘンリー・ホワイットに会った。ホワイットは当時、ロンドンのアメリカ大使館の事務官で、後にフランス大使になった。そのころ、フィリピンのアメリカ帰属がさかんに論じられていたが、これについて私たちの意見が一致したのは嬉しかった。もし併合するようなことになると、アメリカの伝統である国家の領土は北アメリカ大陸内に限るという政策から離れてしまうことになるし、遠方に、遊離した領土を所有するのは、どう考えても望ましくない。とくに、それを軍国主義の渦中から救うということは不可能に近いことであった。この問題について、同年八月、私は『北アメリカ評論』に「遠隔の領土――政策の岐路」という論文を発表した。私たち三名は、ヘイのロンドンの事務所で固く手を握り、意見の一致を喜んだ。ヘイの当時の立場として、自分の意見をはっきりと公けにすることはできなかった。それに、問題はかなり進行していたので、アメリカがここで手を引くことができるかどうか疑問であった。しかし、ロンドン駐在のアメリカ大使としてこの問題について直接の責任がないのをひそかに喜んでいた。しかし、不思議な運命の悪戯《いたずら》によって、彼はまもなく国務長官に就任し、その責任をとらなければならぬような羽目に追い込まれたのであった。

中国に義和団の暴動が起きた時、最初、ヘイだけが中国側に友好的な態度をとっていた。そして、事件が終了したとき、中国に有利な和平条約を結ぶように努め、成功した。彼の友邦としてのイギリスに対する信頼は根深いものであって、この点、マッキンレー大統領も彼を支持していた。アメリカがキューバ島の問題について、スペインと戦うようになったとき、ヨーロッパ諸国はスペインに味方したけれども、イギリスだけはアメリカを支持してくれた。ヘイはもちろん、大統領もこれについてイギリスに恩義を感じていた。

パナマ運河の建設は、最初フランスの会社が着手したが、一八九八年に破産した。それで、一九〇一年にヘイ＝ポンスフォート条約によって、合衆国は運河の建設独占権をイギリスに承認させた。しかし、この条約はアメリカにとって有利なものではなく、私たちはいろいろ不満があった。英国はこの運河の建設に当たって、アメリカの次に得をするのであるにもかかわらず、建設の費用はアメリカが全額を負担するというのである。合衆国の議会は条約の修正を要求し、とうとう独占使用権を獲得するのに成功したが、このため、ヘイは非常に心労を重ね、その結果として健康を害し、再起不能になったのである。

私が最後にヘイに会ったのは、彼の家で昼食をご馳走になったときで、上院で修正された仲裁条約をルーズヴェルト大統領が検討していたころであった。この条約修正に参加した人たちは、大統領がそれを受諾するようしきりに勧告していた。私たちも、大統領はこれに対して好意をもっていると考えていた。しかし、ヘイ長官と話してみると、もし大統領がこれを承認するようなことになると、彼はひどくがっかりするということが、私によくわかった。ヘイにとって上院は仇敵で、許すことができなかったのである。大統領がこの条約を承認しなかったのは余命の少ない自分の親友ジョン・ヘイの心証を傷つけないためではなかったかと思われるのである。もし私であったら、たとえ至難の業であっても、同様のことをしたであろう。彼の家を辞してから、私は妻にもう生きて再び会えないかもしれない、といった。結局、これが最後の別れとなったのである。

ワシントン市のカーネギー財団は、発足の時からヘイを理事と理事長に挙げ、彼の協力と賛助を得ていた。財団は、彼の賢明な勧告に負うところが多いのであった。政治家として彼は短時間に名声を博し、確信をもってことに当たり、的を射ていた。友情に厚く、公職にある人として彼ほど、友人に誠意をもって接した人はないといっても過言ではない。彼が逝《い》ってから、私にとってこの世の中はほんとうに味気ないものになってしまった。

一八九八年に始まった米西戦争は、国民が感情の波に足をすくわれた結果として起こったものであった。それは、キューバ島に起こった革命が人道にもとる残虐きわまるものという報道に端を発したのであった。マッキンレー大統領は戦争を避けるために力を尽した。スペイン大使がワシントンを引き揚げてからは、フランス大使が代理として和平工作に骨折った。スペインは、キューバ島の自治を認めると申し出た。大統領は「自治」とはなにを意味するのかしらないと答え、キューバのために彼が望むのは、キューバが持っている権利を全面的に認めることであった。フランス大使はこれをよく了解した。スペインはこれを認めたという電報が入って、フランス大使はこれを大統領に見せた。これで万事円満に解決した、と思った。とにかく、事実そうであった。

私がニューヨークにいる時にはいつも日曜の朝、下院議長のリード氏が訪ねて来ることになっていた。この年も、私がヨーロッパから帰って来るとまもなく、彼の訪問を受けた。彼のいうところによると、これまで一回も議場の統御権を失ったことはなかった。キューバの問題が論じられている時、彼はちょっと議長席を離れて議席に帰り、実情を説明して、いきり立っている議場を静粛にもどそうとした。彼は一所懸命になって、大統領はスペイン政府からキューバの自治制の保証を受け取ったということを説明しようとしたが、むだであった。悲しいかな、おそすぎたのである。

「一体全体、スペインが大西洋でなにをしているんだ」と、議会はいきりたって叫んでいるのである。共和党員の中でかなりの多数が、民主党員に参加して、宣戦布告を採決するのに同意してしまった。ちょうどそのころ運が悪く、ハバナ港で碇泊中のアメリカの戦艦メーン号が爆発して沈没したのであるが、それがスペインのやったことだという噂がぱっとひろがってしまったのである。

戦争は開始された。上院ではプロックター議員がキューバで見て来た捕虜収容所の残虐な光景を語り、大衆はこれでひどく興奮してしまった。「スペインはアメリカの沿岸でなにをしているのか」という叫びが、全国にひろがった。マッキンレー大統領と彼の平和政策は、これでまったく宙に浮いてしまったのである。もう大勢についてゆくほかとる途がなくなってしまった。そこで政府は、この戦争は領土的侵略の意図はまったくないことを声明し、キューバの独立を約束したのである。この約束は忠実に守られた。私たちはこれを忘れてはならない。なぜなら、これだけがこの戦争の記録に残してよい点だからである。

フィリピン群島の占領は、アメリカの歴史に一つの汚点となった。これは、単に領土の取得ということではなく、不本意なスペインからそれを無理に奪いとり、二千万ドル支払ったのである。米西戦の際、比島人は私たちの味方としてスペインと戦ってくれた。大統領の指揮の下に、閣僚は、フィリピンに給炭港を要求することに意見が一致し、パリにいっている講和委員に電報によって、そのような指令を送ったといわれている。マッキンレー大統領はそのころ、西部を遊説していたが、至る所でアメリカの勝利について演説し、もちろん拍手をもって迎えられた。そして、比島から撤退するのは大衆の意思に反するという印象を受けて首都に帰り、これまでの政策を撤回したのである。閣僚の一人は後に閣僚はみんなこぞってこの撤回には強く反対した、と私に告げた。講和委員の一人であったデー判事は、パリから強硬な抗議文を書き送ったが、これはじつに立派な文章で、ワシントン大統領の告別の辞とならんで、歴史に残るべき記録である、と、一上院議員は私に語った。

このような時、重要な閣僚の一人で、また私の友人であるコルネリアス・N・ブリス氏が私を訪ねて来て、ワシントンに急行し、この問題について大統領に会ってくれといった。彼はこういうのである。

「君は大統領を考えなおさせることができる。西部から帰ってからでは、われわれにはもうどうにもならないのだ」

私はワシントンへ行って、大統領に会った。しかし、彼は頑として動かない。撤退するなら、国内で革命が起きるというのである。それでとうとう閣僚も、これは一時的の駐留であって、将来なにかの口実をつくって撤退するというのを条件にして、いちおう了承した。

大統領は、コーネル大学の学長シューマン氏を招いて、彼を比島調査派遣団の団長に任命した。彼は、比島合併に反対した一人である。次に、比島の占領は、アメリカの政策に違反するものとして強く反対したタフト判事を初代の比島総督に任命した。判事は、公然と併合に反対した人物を総督に任命するなんておかしいじゃないかというと、大統領は、反対したからこそこの仕事をやってもらいたいのだ、と答えた。それはそれでよいであろう。しかし、併合せず、しかも多額の金を支払って買収した領土をまた手離すというのは、別の問題で、これはアメリカにとって長い間、頭痛の種となったのである。

それはともかくとして、本国から数千マイル離れたところにある植民地というのは、マッキンレー大統領にとって珍しいことであり、正直なところ、あらゆるアメリカ政治家にとっても同様であった。これがどのような困難と危険をはらむものであるか、彼らはなにも知らなかったのである。ここに、アメリカ合衆国ははじめて、重大な国際的な過ちを犯したのである。この誤りが、結局、この国を国際的な軍国主義の渦中に投じ、またそれが強力な海軍の建設というところに追い込んだのである。その後、アメリカの政治家たちは、自分たちの考えをまったく変えてしまわなければならなくなったのであった。

数週間前（一九〇七年）私は、ホワイトハウスでセオドア・ルーズヴェルト大統領と夕食をともにしたとき、「もし君が合衆国で、一日も早くフィリピンから引き揚げたいと考えている二人の人物を見たいなら、その人たちはここにいる」といって、大統領は自分とタフト長官を指差した。「ではなぜそうなさらないんですか」と私は答えて「アメリカ人は心から喜ぶでしょう」とつけ加えた。

しかし、大統領もタフト長官も、アメリカの義務は、まず比島が自治制を確立するように指導しなければならないのだと考えているようであった。「泳げるようになるまで、水に飛び込んではいけない」ということなのである。しかし、早晩飛び込まなければならぬであろうし、その日もあまり遠くないのを希望する次第である。

29　ドイツ皇帝に謁見する

私は祖国スコットランドのセント・アンドリュース大学の名誉総長に挙げられたので、はじめて学生に就任の講演をした。その記録をドイツの皇帝が読まれ、バリン氏を通じて、一語残らず熟読したといって来られた。皇帝はまた、皇太子の立太子式になされたあいさつの写しを一部、バリン氏を通じて送って下さった。次に謁見の招待状がとどいた。そのころ私はニューヨークにいたので、そのままになっていた。しかし、いちおう用件も片づいたので、一九〇七年六月に、私はアメリカを離れることができた。妻と私はキールに行った。ドイツ駐在のアメリカの大使タワー夫妻は、私たちを出迎え、よくお世話して下さった。キールに三日滞在している間に、大使夫妻を通じてたくさんの著名な人たちに会うことができた。

第一日の朝、大使は私を皇帝のヨットに案内し、記帳を行なった。私は、皇帝にお目にかかるなんて考えてもいなかった。しかし、皇帝は甲板に上って来られ、タワー氏を見つけ、どんな用件でこんなに朝早くヨットに来たのかときかれた。タワー氏は、記帳のために私を案内して来たので、カーネギー氏は乗船しているのだ、といった。すると、

「では今、紹介したらよいでしょう。お目にかかりたい」と皇帝はいわれた。

私はその時、会議のために集まって来ていた海軍大将たちと話していたので、タワー氏とそのうしろについて来られた皇帝にも気がつかなかった。だれか肩をついたので振り返ると、

「カーネギーさん、皇帝です」

一瞬、私は、皇帝が自分の前に立っていられるのに気がつかなかったのである。気がつくと、私は両手を高くあげて、

「うわあ、これはすばらしい。こうあって欲しいと私が常々考えていたことが、実現したのだ。儀礼ぬきで、運命の人が雲の上から下りて来られたのだ」と叫んだ。

それから、私は形を改めて、

「陛下、ご丁重なご招待をいただきまして、ご拝謁をいただくため、二日二晩、旅を続けて参ったのでございます。王冠を戴いたお方にお目にかかるのは、今回が初めてでございます」と私は言葉を続けた。

すると、皇帝は笑顔で——それはまたなんと人をひきつける笑顔であろう、こういわれた。

「ああそう、そう。私はあなたの本を読んでいますよ。あなたは王侯が嫌いなのだ」

「左様でございます、陛下。私は王侯を好きません。しかし、王の背後にほんとうの人間があって、もし私がその人柄を発見できるなら、その人物は好きでございます」

「ああ、あなたの好きな王さまを私は知っている。それはロバート・ブルースというスコットランドの王さまなのだ。ブルースは、私の幼少時代の英雄なんです。その話を私はよくきかされてきましたよ」

「そうでございます、陛下、私もご同様、ブルースの物語によって成長して来たのです。王は、私の生まれ故郷であるダムファームリンの寺院に埋葬されています。少年のころ、私はよく、寺院の空にそびえる四角の記念碑のまわりを歩きました。〝ロバート・ブルース王〟と、大きな石に一字ずつ刻まれている字を指でなでました。ちょうど、カトリックの信者が数珠《じゅず》の一つ一つをつまぐるように、熱情をかたむけて、その字をなでたものです。しかし、陛下、ブルースは王さま以上の人物でした。彼は、民族の指導者だったのであります。ですが、彼は最初の偉い人ではありません。民衆の英雄であるウォーレスがさきにきます。私は、今、ダムファームリンにあるマルコム王の塔を自分の所有としているのであります。陛下は、この人からスコットランドの血を受け継いでいられるのです。陛下は、すばらしい昔の民謡〝サー・パトリック・スペンス〟をご存じだと思いますが、

王さまはダムファームリンの塔に座して
赤いお酒を飲んでいる

という句があります。いつか、陛下をスコットランドの先祖の塔にご案内し、お参りしていただきたいと思います」

「そうしたいものですね。スコットランド人はドイツ人にくらべて遥かに敏捷で、利口だ。ドイツ人はのろのろしていてだめですよ」といわれた。

「陛下、スコットランド人に関する限り、陛下を公平な審判者としてお認めするのは遠慮しなければなりません」と私はいった。

皇帝は笑われ、別れの手を振りながら、

「今夜、いっしょに食事をしてもらおう」といって、集まった提督たちに会うため、甲板を歩いて去った。

その夜の晩餐会には六十名ばかり出席していたが、じつに楽しいつどいであった。皇帝と向かいあって席についた私に、陛下は杯をあげて乾杯して下さった。

その後、ある夜、ゴイレット夫人のヨットで食事をした時、皇帝も出席された。私は、

ルーズヴェルト大統領がアメリカの慣習が許すのであったらちょっと外国へ行き、皇帝に会いたいといっていた、と告げた。じっくりと話し合うことができるなら、なにかよい結果がうまれると大統領は考えていたからである。自分もそう思うと、私はつけ加えた。皇帝もこれに同意し、ぜひお目にかかりたい。いつかドイツに来て下さるとよいが、といわれた。私は、皇帝が外国の旅行に出かけるのをさまたげる憲法上の規定がないのであるから、アメリカに渡り、大統領に会って欲しい、といった。

「ですがね、国事多端なんです。国を離れるなんて、どうしてできますか」

私は次のように答えた。

「ある年、休暇をとって外国へ出かける前に、私は工場に行き、役員たちにあいさつしたんです。みんなが暑い太陽の下に、汗を流して働いている時、自分だけ休みをとるのは本意ではない。しかし、近ごろは年一回休暇をとらなければいけないというのを発見した。どんなに疲れ果てていても、船の舳先《へさき》に立ち、大西洋の波を切って猛進しているのを眺めるとき、私はすっかり元気を回復するのだ、といったのです。ところが、私のところに、とっても面白いジョーンズという支配人がいましてね、〝うわあ、すてきだね、鬼のいない間の昼寝だ！〟とぬかすんです。陛下だって同じことですよ」

皇帝は幾度もお腹をかかえて大笑いされた。今まで考えてもみなかったことなのであったのだ。彼はもう一度くり返してルーズヴェルト大統領に会いたいといわれた。

「そうですね、陛下と大統領がお会いする時には、私もご一緒にしていただかなくてはと思うんです。お二人だけですと、どんなことをおやりになるかわかりませんからね」

皇帝はまた笑い、

「ああ解りましたよ。君は、私たち二人をドライブして追いまわしたいんだね。よし、君がルーズヴェルトを先頭に立て、私がついて行くというなら、承知しよう」

「いやいや、それはいけません。私は元気にはやる仔馬二頭を御そうなんて、そんな無茶なことは考えません。お二方を仲よくならべて、手綱をしっかりと握っているんですね」

と答えた。

私はこれまで皇帝のように、じつによく相手の話をきき、それを楽しまれる人に会ったことがない。じつによい話相手で、また世界の平和と進歩を心がけている真面目な方であると思う。彼自身もたえず平和のために尽力しているのだ、といっている。二十四年間の統治になるのであるが、一回も血を流すような出来事は起こっていない。皇帝は、ドイツの海軍はあまりに貧弱で、英国を脅かすようなことは考えられない、また、一度も競争しようと考えたこともない、といわれた。たしかに、いわれる通りであるが、将来、ドイツが海軍を拡張し、強化するのは賢明でもないし、また必要だとも思わない。フォン・ビュ一ロー殿下もこのようなお考えらしい。であるから、ドイツが世界の平和を脅かすようなことはないと、私は固く信じるのである。この帝国の関心は平和と産業の発展に向けられている。これはまことに望ましいことであり、この両分野は確実に進展しているのである。

帰国してから私は、ドイツ大使フォン・スターンバーグ男爵を通じ、皇帝に『ルーズヴェルト政策』と題した一書を献呈した。この本の序文は私が書いたのであるが、大統領はたいそうよろこばれた。皇帝からは感謝状に添えて、ご自分の銅像が贈られた。私はこれを大切にして持っている。皇帝は単に一国の元首というだけではなく、なにかもっと崇高なものをもっている。現状を改善してもっと住みよい社会をつくるために力を入れ、禁酒を推進し、決闘を根絶するために努力すると同時に、国際平和を招来するため、たえず努めている有為な人物だ、と私は固く信じている。

長い間、正直にいってドイツ皇帝は運命の人であるという感じに私は悩まされてきたのである。世界の歩みを変える宿命を負わされた人物という意味である。数回お目にかかる機会を与えられて、私はいっそうこの感を深くした。将来この人がなにかほんとうによく、また偉大なことをするであろうと、私は大きな期待をもっている。彼は、人類の歴史に不朽の地位を獲得するような大きなことをやるかもしれない。一九〇七年に会った時、皇帝は二十年の平和な統治といわれたが、その記録も今は二十七年となった。積極的な行動によって文化国家の間に平和を確立させる権力をもつ人物は、これからこの記録以上になにか大きなことを期待されても、無理ではない。自国を平和に統治するというだけではなく、その大きな事業に成功した人が、世界の指導的立場にある文化国家に檄《げき》を飛ばし、あらゆる国際紛争を処理、調停する機関を設けるのを提案するならば、喜んでそれに応ずるのではなかろうか。皇帝が単に自国内を平和に保持した人としてか、あるいは、世界の文化国家のうちに平和の使徒として自分に課された使命を果たして、歴史に残る偉大な人物となるか、未来がそれを語るであろう。

一昨年（一九一二年）のことであるが、私は、ベルリンの宮殿で皇帝の前にたち、流血の惨事なしに二十五年の平和な治世を続けられたことについて、アメリカを代表して祝いのあいさつを述べた。祝辞を入れた箱をお渡しするため、私は皇帝の前に進んだ。すると、彼は私だとわかって両腕を前に差し出し、

「カーネギー、二十五年の平和、そして、もっともっと長く続くのを念願しよう」といわれた。私は、

「そして、この最も崇高な使命を実現するために、陛下は、私たちの重要な盟友なのであります」と答えたのであった。

祝典が始まってから私が登場するまで、皇帝は不動の姿勢で王座に坐し、一人の将校か

ら祝辞を手渡されると、それを反対側に立っているもう一人の将校に渡し、テーブルの上に置くという動作をくり返しているだけであった。当時の討議の主な課題は世界平和であって、もし、皇帝がはっきりした態度をとったなら、平和を招来できるのだ、と私は考えていた。しかし、王座に生まれたものの宿命というのか、皇帝は軍人階級にとりまかれて、動きがとれないのである。軍国主義が征服されるまでは、世界平和はあり得ないのである。

一九一四年の今日、私は自分の書いたこれまでの記述をみて、情勢の変化に驚くばかりである。歴史に例をみない大戦争に、この世界は巻き込まれてしまったのである。人間が野獣のように人間を殺しあう！　しかし、まだ私は絶望することはできない。最近私は、もう一人の統治者が世界の舞台に登場して来たのに気がついている。この人物は、私たちの待望する不朽の人となるかもしれない。パナマ運河の通行権に関する紛争で、勇敢に自国の名誉のために戦った人で、彼は現在、アメリカ合衆国の大統領である。彼は不屈の魂をもった天才である。天才にとって不可能ということはあり得ない。ウィルソン大統領に注目していただきたい。彼の脈中にはスコットランド人の血が流れているのである。

（ここで自叙伝は急に終っている）

解説

亀井俊介

一九世紀の後半、共和制度の国アメリカに、日本人が好んで「王」と呼ぶ人たちが輩出した。その代表者を生没年とともにあげてみると、「鉄道王」コーネリアス・ヴァンダービルト（一七九四―一八七七）、「鉄鋼王」アンドリュー・カーネギー（一八三五―一九一九）、「金融王」ジョン・ピアポント・モーガン（一八三七―一九一三）、「石油王」ジョン・D・ロックフェラー（一八三九―一九三七）といった具合だ。その周辺には、もっと小型の「王」たちもたくさん現われた。

この四人のうち、ヴァンダービルトだけはいささか年長だが、あとの三人はほぼ同じ頃に生まれ、南北戦争（一八六一―六五）の時に二十代を過ごした。彼らはこの動乱期にうまく立ちまわって資本を築き、戦後のアメリカ産業の未曽有の成長期に億万長者へとのし上がった。ヴァンダービルトを筆頭にして、彼らやその末流たちは利益獲得のためのえげつない収奪行為を展開、アメリカでは「王」よりもむしろ「強盗貴族《ロバー・バロン》」と呼ばれることが多い。

こういう成金たちが一世を風靡した南北戦争後から十九世紀の末までを、アメリカ史では「金めっき時代」という。アメリカは農業主義から産業主義へと急転換し、広大な西部にも機械文明を押しひろげ、全国に鉄道網をはりめぐらし、この時代の終わりまでにイギリスをしのぐ世界一の工業国になった。ただしこの間に、世の中は金銭万能主義にとりつかれ、人々は投機熱に狂奔し、精神的な価値は忘れ去られていった。アメリカ文化は金めっきを塗ったようにきらびやかに輝いたが、それは表面だけで、中身は真鍮のような卑金属にすぎない。というわけで、この風潮を諷刺したマーク・トウェインの小説（一八七三年出版）の題を借りて、「金めっき時代」という呼び名が定着したわけだ。

さて、しかし、まさに金めっき的な輝きを発して、「強盗貴族」と呼ばれながらも時代の立役者となった新興成金たちの中で、本物の金の中身を養い、またその輝きを発した人もいなかったわけではない。その代表がアンドリュー・カーネギーだった。彼もまた時代の子であったことに変わりはない。利益追求の努力も、またそれを実現するための能力も、他に抜きん出ていた。しかし彼の生き方の基本は、ベンジャミン・フランクリン以来のアメリカ人の望ましい伝統ともいうべき勤勉力行であった。小説『金めっき時代』の最後で、みずからもこの時代の子であったマーク・トウェインは、富の価値を認めながら、投機などによる一攫千金に夢中になるのではなく「自分の苦労と汗とで繁栄を築く」べきことを説いている。カーネギーが行なったのは、まさしくそれだった。

しかもカーネギーは、もうひとつ、他の追随を許さぬことをやってのけた。富を築いた成金たちは、晩年、さまざまな方面に富を分配し、慈善家の名を獲得することが多かった。だがカーネギーは、それを早くから実行し、真剣さにおいても、金額の大きさやその分配の実質においても、他を圧していた。彼はフランクリンのような政治活動こそしなかったが、公共の福祉、教育や文化の向上、国際平和の推進などをめぐる社会的活動の活潑さは、フランクリンと比べても遜色なかった。

それからさらに、アメリカ独立時代のフランクリンと、その百年後の「金めっき時代」のカーネギーを並べてみたくなる重要な共通点は、両者が言論、文筆の人だったことである。二人はともに貧しい育ちで、十二歳で実社会に出、従って学校教育は小学校レベルを出なかったが、働きながら熱心に読書し、労働の中で文章を表現することの意義と喜びを見出し、社会的発言を盛んにするようになった。しかも両者は、それぞれ流に、自分の理想と信じる思想をわかりやすく訴えかけた。カーネギーはこうして、彼の時代の精神の最もすぐれた表現者の一人となったともいえる。

カーネギーは経済的に成功してから、故国のスコットランドやヨーロッパを盛んに旅し、『アメリカ人の馬車の旅』(一八八三)や『世界一周』(一八八四)などの旅行記を書いたが、思想家としての彼の思いを打ち出して歴史的な証言ともなったのは、『北アメリカ評論』(一八八九年六月)に発表した論文「富」(イギリスでは『ペル・メル・ガゼット』誌に「富の福音」と題して掲載)である。富を獲得した者は、その富を公共のために賢明に分配する社会的責任を負うという信念を語って、「金めっき時代」の資本家の良心とでもいうべきものを示している。このエッセイは後に単行本『富の福音、およびその他の時事論集』(一九〇〇)に収められたが、ほかにも『民主主義の勝利』(一八八六)、『ビジネスの帝国』(一九〇二)など、注目すべき彼の著作は多い。

そういう中で、『自伝』(一九二〇)は、カーネギーの文学的な代表作というべきものだろう。これは夫人の序文にあるように、彼が晩年、閑暇を得ると執筆に情熱を燃やしていたが、一九一四年の第一次世界大戦勃発とともに中断してしまった遺稿を、死の翌年に整理出版したものである。従って未完ではあるが、これまた約一世紀前に出て、アメリカの自伝文学の最大の古典とされるベンジャミン・フランクリンの『自伝』(アメリカ版、一九一八年)と並べて評価したい作品だ。フランクリンがアメリカ独立時代の代表的人物の「生」の姿を生き生きと描いているのに対して、こちらは「金めっき時代」を大きなスケールで生きた人間の成長と活躍と心の中の思いの展開とを語って、やはり読む者を強くひきつけるのである。

アンドリュー・カーネギーは一八三五年十一月二十五日、スコットランドのダムファームリンという町に生まれた。エディンバラに近く、市内の有名なベネディクト寺院には、彼が少年時代に英雄と仰いだロバート・ザ・ブルースなど、スコットランド王たちが葬られている。この町はまた織物の産地として知られ、アンドリューの父も手織工だった。アンドリューはこの故郷、あるいはスコットランドの風土や質実な人情への愛着を、折あるごとに強調している。

だが産業革命の進展により、「手織機から蒸気ばた機にかわった」ことが父の仕事への打撃となり、一八四八年、一家はアメリカに移民した。アンドリューは満十二歳で、これ以後、学校教育をうけていない。父はピッツバーグ郊外のアリゲニー・シティ（いまはピッツバーグ市に併合）の綿織工場に職を得、アンドリューも糸巻きの仕事をもらって家計を助けた。週給一ドル二十セント——後の億万長者のこの人生出発は、彼のあらゆる伝記が喜んで記すところだ。

その後のカーネギーの経済的発展のあとを見ると面白い。アメリカの経済的発展と軌を一にするのだ。一八五〇年、アンドリュー少年はピッツバーグで電報配達の仕事を得（週給二ドル五十セント）、電信の技術を身につけ、電信技手（月給二十五ドル）となり、一八五三年、ペンシルヴェニア鉄道会社の地区主任であったトマス・A・スコットに見出され、その個人秘書兼通信技手（月給三十五ドル）に雇われ、一八五九年、スコットが会社の副社長になると、ピッツバーグ地区主任（年俸千五百ドル）に登用された。

アメリカの産業革命は伝達技術の革命をうながし、一八四四年にサミュエル・モースがワシントン＝ボルティモア間の電信に成功すると、電信はあっという間に全米にひろまった。カーネギーは時代の先端をいくその事業に入り、そこからやはり発展の真最中であった鉄道事業に加わったのだった。後の「発明王」トマス・エジソン（一八四七―一九三一）が、列車内の新聞売り子から電信技手となり、電信機の改良に夢中になっていった時代である。

南北戦争になると、電信や鉄道の重要性は飛躍的にたかまり、カーネギーはそれに深く関与する。だが彼は同時に、投資の妙味も味わい出した。戦争による鉄の需要の増大と、製鉄から鋼鉄へと進む技術革命に目をつけた彼は、鉄橋建設などにも腕をふるいながら、製鉄事業に乗り出していく。南北戦争後に発展する石油事業にも早くから手を染めた。こうして彼は、一八六五年三月、遂にペンシルヴェニア鉄道会社を退いて、「自分の事業に全精力をつぎ込む」ことにした。そしてしだいに鉄鋼事業に専心し、一八七三年、恩人であるペンシルヴァニア鉄道社長の名をとってJ・エドガー・トムソン製鋼会社を設立、それ以後も見事な組織力を発揮して事業を拡大統合し、一八八九年にはカーネギー製鋼会社を設立、「鉄鋼王」の地位を築いた。そして一九〇一年、金融王のJ・P・モーガンらが鉄鋼業の大合同を計り、アメリカ最初の資本金十億《ビリオン》ドル企業である合衆国製鋼会社（USスチール）を設立すると、彼はこれと争うよりも、会社を一括して格安の四億五千万ドル（『自伝』では五億ドル）でこれに売却し、引退した。

以上見てきただけでも、カーネギーの活動が、先に言及した「金めっき時代」の「王」たちのすべての活動分野と、深く結びついていたことが分かる。彼の『自伝』は、その有様をエドガー・トムソン会社設立の頃までは比較的こまかく語っているが、それ以後については あまりふれていない。事業が拡大しすぎて、展望が難しくなったのかもしれない。あるいは、それは自伝よりもむしろ歴史に属することという思いがあったのかもしれない。

そういう中で唯一、彼がこまかく語っているのは、一八九二年のホームステッド製鋼所でのストライキ事件だ。カーネギー自身はスコットランド旅行中のことで、彼の協力者で工場長だったヘンリー・フリックのいささか性急な対応から、十人の死者が出る惨事となり、歴史的にもこの頃たかまった労使の衝突の象徴とされる事件である。それまで労資の協調を説き続け、また実行しているという自負のあったカーネギーとしては、無念の思いがあったに違いない――結局は、彼も資本ないし経営者の立場を守るのであるが。『自伝』は、いつしか「身代をつくる」よりも、富を公共のために役立てる「事業」の記述に重点を移していく。これが引退後のカーネギーの最大の関心事であったから、当然のことともいえる。彼自身が恩恵を蒙った公共図書館への全国的規模の寄付を始めとして、教育機関や文化施設や国際平和運動などへの援助の有様や、そのそれぞれへの彼の思いがつぶさに語られる。それはまことに多方面にわたり、私たちのよく知る音楽の殿堂、ニューヨーク市のカーネギー・ホール（一八九一年開設）などは、小さなものというべきか、言及もされていない。なにしろ総額三億五千万ドルといわれる大事業なのだ。

自伝は当然、著者の生涯と事跡を語って読者に訴えるものであるが、カーネギーの自伝にはさらにさまざまな要素が加わって、歴史的あるいは文学的な価値をたかめている。カーネギーは資本家の良心を訴え、それを見事に発揮しただけでなく、政治的にも文化的にもリベラルな精神の持主で、それでもって同時代の社会や人間をよく観察していた。彼は成功後、多くの著名人と出会い、また知り合った。『自伝』には、そういう人物の生き生きとした描写があふれている。リンカーンやグラントといった政治家から、黒人指導者のブッカー・T・ワシントン、あるいは作家のマーク・トウェインにいたるまでが、エピソードをまじえて語られ、的確な判断を下されている。イギリス人から例をとっても、この時代最大の教養人といえたマシュー・アーノルドや、生存競争、適者生存、功利的努力の勝利といった社会進化論を説いて「金めっき時代」の思想に大きな影響を与えたハーバート・スペンサーとの交流ぶりなどは、彼らの個人的裏面なども描き出して、興味津々たる証言となっている。

『自伝』には、また、著者による人生の教訓の表現がたっぷりある。これはフランクリン自伝の場合も同様で、功成り名遂げた人の自己満足的なお説教と嫌う向きもあるかもしれないが、心を開いて読めば、人間や社会の真実の洞察にあふれている。しかもそれがきわめて日常的な言葉で語られている――「陽の当たる場所へ出ようではないか」「人間の苦悩の大部分は想像のなかにあるだけで、笑ってふきとばしてしまえるものが多い」といった具合だ。時には、やはりフランクリンと同じで、教訓話がユーモアをもって語られもする。自分の事業を鉄鋼業に集中したことに関連して、「一つの籠に手持ちの卵をみんな入れてはいけない」という諺を紹介した後、「よい卵をみんな一つの籠に入れて、その籠から目を離さない」というのが正しいといってのけたりする。

ただし、ひとつ、カーネギーの『自伝』にはフランクリンのそれと大きく異なる点がある。一八八七年、カーネギーは五十二歳でずっと若い女性と結婚したが、それ以前の彼の女性関係は自伝中でまったくふれられず、それ以後も幸せな夫婦生活を強調するだけである。フランクリンが自分の女性関係の失敗や純潔の難しさなどを平然と明かして、かえって人間味を躍如とさせているのと対照的だ。これはもちろん両者の性格の違いにもよるだろうが、時代の違いも反映していると思われる。フランクリンの生きた十八世紀は人間性の解放の時代で、フランクリンは「自由」のチャンピオンだった。それに対して「金めっき時代」は、文化的素養のない新興階級がヨーロッパ文化を崇拝し、風俗的にはイギリスのヴィクトリアニズムを真似て道徳的秩序を重んじ、「上品な伝統」が確立した時代だった。カーネギーはわれ知らず、そういう「秩序」をも代表していたといえる。

カーネギーの『自伝』は、これらさまざまな要素を含んで、「金めっき時代」の人間と社会を見事に描き出しており、アメリカ自伝文学のもう一つの古典というべき作品であろう。アメリカ自伝文学の歴史では、普通、フランクリン自伝に並びうるものとして、『ヘンリー・アダムズの教育』(一九〇七)があげられる。著者のヘンリー・アダムズ(一八三八—一九一八)は、カーネギーとほとんどまったく同時代の人といってよい。ただしカーネギーと違って、曽祖父と祖父は大統領、父は副大統領候補になったという、アメリカ最高の名家の出で、みずからはハーヴァード大学で歴史を教え、カーネギーもしばしば寄稿した『北アメリカ評論』の編集もした、当代きっての知識人だった。その彼の自伝は、「金めっき時代」が推し進めた産業主義の文明に否定的で、みずからの「教育」(精神の発展)は「失敗」であったときめつけた。彼のこういう懐疑的世界観は、二十世紀の知識人をひきつけた。

これに比べるとカーネギーの『自伝』は、「成功」という大衆の夢、いわゆるアメリカン・ドリームの実現者の生きた姿を、終始明るく堂々と語っている。そしてみずから「賢い人は徹底的に楽天的なのである」というように、楽天的世界観を展開している。知識人好みの本ではないかもしれない。しかしこれこそ、生々発展する人間の創造力を表現したフランクリン自伝の姿勢を直接的にうけつぎ、新しい時代における新しい創造力を打ち出して、アメリカ自伝文学の歴史に正統の地位を要求する作品であったといえるだろう。

(かめい・しゅんすけ　東京大学名誉教授、アメリカ文学者)

(中公文庫『カーネギー自伝』より再録)

新版付録

カーネギー三題

渋沢栄一

この新版付録は渋沢栄一によるカーネギーに関する文章を三篇、発表年順に収録した。読みやすさを考慮して、漢字は新字体に、仮名遣いは新仮名遣いに改めた。底本にルビは付されていないが、難読と思われる語にはルビを付し、句読点を補った。

国家的観念の権化カーネギー氏

余が米国を漫遊したのは明治三十五年と四十二年の両度《りょうど》であったが、此《こ》の前後二回の旅行に際し、現大統領タフト氏を始めとして前大統領ルーズヴェルト氏ハリマン氏〔エドワード・ハリマン。実業家〕、ロックフェラー氏〔ジョン・ロックフェラー。実業家〕、ジェームスヒル氏〔ジェームス・ヒル。実業家〕、バンダリップ氏〔フランク・ヴァンダーリップ。銀行家〕等《ら》あらゆる朝野《ちょうや》の名士に会見して、親しく談話を交換することの出来たのは、自己の光栄なるのみならず、また亦甚《またはなは》だ愉快に感ずるところであった。然《しか》るに不幸にして前後二回とも、彼《か》の有名なるカーネギー、モルガン〔ジョン・モルガン。モルガン財閥の創始者〕の二氏に会見の機会を得なかったのは甚だ遺憾とする所である。

偖《さて》、余は此等《これら》政治界、又は実業界に傑出したる人々に逢い、中には極めて匆《そう》卒《そつ》の間に唯《ただ》一言《げん》の談話を交換したるに過ぎぬ人もあるが、しかし多少議論を上下した人もないではない。而《しか》して多くの米国人に接触して得たる所の米人気質なるものを一言《げん》すれば、総じて所謂《いわゆる》、直情径行、敢為《かんい》の気性、或《あるい》は雄大の智力に富み、思うたことは必ず果《はた》すという気風を持って居《お》る。これ実に開国以来の歴史が余り長くないにも拘《かかわ》らず、偉大なる国力を扶殖《ふしょく》し、国光《こっこう》を萬邦《ばんぽう》に宣揚《せんよう》して居る所以《ゆえん》であろうと思う。

余が逢うた人物の中にも各々《おのおの》特長がある。例えば政治家でも、ルーズヴェルト氏とタフト氏とは大に性格が相違して居る。ル氏は何と評してよいか。漢語の短句を以《もっ》てああいう大偉人を評し尽《つく》すことの出来ぬのを遺憾とするが、要するに自己の欲することは毫《ごう》も忌《き》するところなく成し遂げずんば止《や》まぬという大決心を抱持《ほうじ》し、極めて闊達《かったつ》に、極めて雄大に、其《そ》の全力を其の事柄に傾注し、渾身《こんしん》これ国家的観念の凝結《ぎょうけつ》であるように思われた。又《また》現大統領タフト氏は、如何《いか》にも温厚玉《たま》の如《ごと》く頗《すこぶ》る謙徳に富んで居るが、併《しか》し乍《なが》ら威容は自《おのづか》ら其の間《あいだ》に備《そなわ》り、凜乎《りんこ》として犯すべからざるの風采が見える。尚未《なおいま》だ年齢に富めるにも拘《かか》わらず、合衆国全土の声望《せいぼう》を担《にな》うて大統領の位置に就かれたのは所以《ゆえん》あることで、其の施設に就《つ》いては、或《あるい》は合衆国民の希望を満足せしめ得ぬ点があるかも知れぬが、大体に於《おい》て称讃すべき長者であると見受けた。殊《こと》に人に接遇する其《そ》の応対振りなぞは愛嬌があって、俗にいう如才のない人と言ってよい。又頗《すこぶ》る記憶のよい人と見え、我が実業団一行に接遇せられたる時の如《ごと》き、一度《ひとたび》相逢《あいお》うた人は一々記憶して居《お》られ、銘々に彼《か》の事業はどうの、此《こ》の事業は斯《こ》うのと、其の長所を捉えて一言《いちげん》づつ称讃の辞《ことば》を応対の中《うち》に取交《とりか》える所抔《ところなど》は、親切で且《か》つ注意の敦い人とも思われた。

ハリマン氏には米国でも、又《また》日本へ来られた時にも逢《お》うて言葉を交わしたが、亜米利加人《あめりかじん》としては体格の小さい方《ほう》である。併《しか》し全身総《すべ》て知慧で固めたような人で聊《いささ》かも抜目がない。而《しか》も極めて敏速に大体を談話してゆくとは実《じつ》に巧《たく》みなもので、例えば第一銀行の事業に就《つ》いての質問の如き『当時預金はどの位ありますか』『概略五千万円あります。米国の銀行に比すれば小規模たるを免れぬが、併《しか》し第一銀行は日本の銀行界では相当の地歩《ちほ》を占めて居ります』というと、ハリマン氏は『日本の国で五千万円の預金を持つということは中々《なかなか》有力な銀行でしょう』というて、其の預金の種類は如何《いかん》、商売人の差引尻《さしひきしり》が多いか、但《ただ》しは金持の預金が多いか、貸金《かしきん》の相手は如何という様《よう》なことを抜目なく尋ね、僅《きん》少《しょう》の談話中にも其《そ》の真相を知らんことを力《つと》めて、話が無駄にならぬよう心掛ける人と推測された。

同じ実業家でもハリマン氏とジェームスヒル氏とは大《おおい》に様子の変《かわ》った点がある。余は四十二年の旅行のとき、セントポールでヒル氏に会見した。如何《いか》にも温和な君子らしい一点張りで、才鋒穎脱《さいほうえいだつ》という風は毫も無く、言語も花やかでない。誠に質朴な、至って実着《じっちゃく》の人であるように見受けた。ヒル氏はいずれかといえば寧《むし》ろ東洋風を帯びた方《ほう》で、其の言葉も極く平和に、亜米利加流儀に己《おのれ》の欲するところを人に施すというようなことはなく、相当に遠慮もあれば謙遜もある。殊《こと》に余《よ》が深く氏に感心したのは、例の米国風の放縦《ほうじゅう》突飛《とっぴ》なる経営を嫌忌《けんき》して自国の前途を憂慮せる点で『最《も》う少し米人《べいじん》の上走《うわはし》りの気性を引締《ひきし》めて、一般人民が実着に農業に力を尽《つく》すようにならねば自国の将来は想いやられる』とまで極論し、且《か》つ地方人が農業を捨てて都会に集中し、商業若《もし》くは工業に移ることは、米国の為に甚《はなは》だ憂う可《べ》き現象である』と論じて居られた。また日本に対する感想に就いても、氏は余と対話中に『どうも米国人は我儘《わがまま》だから日本人からは嫌われるであろうと心配する。凡《およ》そ世の中は勉強から権力を生ずるもので、それこそ天帝の命というてもよい。現《げん》に日本が満洲に対する関係は、前後二回の大戦争という勉強から得たところ、而《しか》して地理上よりも当然と認むべく、謂《い》わば一番の先着者である。しかるに米国民を初め他《た》の国々が、日本の優先権を持つことを嫌うが如《ごと》く論ずるは、却《かえっ》て論ずるものの無理であろう。二度の大戦争に於《お》ける労力と費用とは容易ならぬものである。それに対して幾分かの報酬を得《う》るのは自然の約束ではないか』と語られた。他の米人《べいじん》でも皆《みな》日本に対して好《よ》い感情を持って居《お》るらしく、日本の武勇を誉《ほ》め、日本の進歩を称揚したが、談《だん》満洲の事に入《い》ると、中には暴《ぼう》を以《もっ》て暴に代《か》えてはいかぬという忠告的の言葉が無いでもなかった。然《しか》るにヒル氏に至っては全くそれと反し、衷心《ちゅうしん》公平に云《い》われた様に感じた。是等《これら》は誠に其の人の道理に明《あきら》かにして、且《か》つ公平無私の性格であるということを証し得られるように思う。

更《さら》に進んで本問題たるカーネギー氏の事を述べ度《た》いが、前に述べたる如く余は未《いま》だ一回も氏に邂逅したことが無いから、或《あるい》は想像論に陥るような点が有るかも知れぬ。しかし氏の著書を通して余《よ》の感じた所を二三述べて見ようと思う。カーネギー氏の経歴を見ると、氏は学問から身を起《おこ》した人ではない。始め蘇格蘭《スコットランド》のダンファームラインという処《ところ》の機屋《はたや》に生《うま》れたのであったが、次第に精巧なる機械機《きかいはた》が発明されるに従い、旧式の機屋は自然に衰微するようになり、遂に一家を維持することが出来なくなった。そこで一千八百四十八年一家を挙げて米国に移住し、ペンシルバアニア州のピッツバーグ市に些《いささ》かなる家を借受《かりう》け、父と共に紡績工場の糸巻小僧に傭《やと》われ、一週一弗《ドル》二十仙《セント》の賃銀を受くるようになったのは十三歳の時であった。後間《のちま》もなく転じて矢張《やはり》紡績工場の火夫《かふ》となり、次《つ》いで十四歳の時ピッツバーグ市電信局の配達夫となり、傍《かたわ》ら電信技手たるの技術を修めたが、偶々《たまたま》一技手の知遇を得て、電信技手に抜擢さるるに至ったのであった。

然《しか》るにカーネギー氏は電信技手としても評判が好《よ》かったので、当時ペンシルバニア鉄道会社の支配人たりし同郷人スコット氏に知られ、遂に同社に入ることとなった。後同会社《のちどうかいしゃ》の増株《ぞうかぶ》募集に応じて十株の株主となり、それから次第に蓄財して、ストレイファムの石油坑を四万弗《ドル》で買収したが、余程幸運の人と見えて、その一ヶ年の利益配当が百万弗《ドル》に上《のぼ》ったことが有るという。而《しか》して此《こ》の時《とき》氏は纔《わずか》に三十一才の一壮年に過ぎなかったのである。その後同会社《のちどうかいしゃ》の主任に昇進したけれども、鉄橋架設の事あるに際して、活眼《かつがん》なる氏は将来鉄材の需要無限ならんとの見込《みこみ》を付けて会社を辞し、直《ただち》に鉄材供給事業の独立経営に着手し、爾来《じらい》専心に奮勉精励して終《つい》に十数億弗《ドル》の富を造るに至ったという。以上はカーネギー氏の略伝であるが、余は更《さら》に氏が美《うる》わしき精神に就《つ》いて少しく述べ度《た》いのである。

氏に就《つ》いて如何《いか》にも感ずべき点は、自《みずか》ら十幾億弗《ドル》という財産を身に付けて居《お》りながら、それを殆《ほとん》ど意に介して居らぬらしく思われることである。氏は、其《そ》の財産其の富を得たというものは、己《おのれ》が世に立って尽《つ》すべき責任を尽した結果で、事業経営に全力を注いだのは、一に天帝の使命によるかの如く考え、其の使命に基いて蓄積し得たる其の富は、如何《いか》に使用すれば国家社会の為になろうか。それを完全に果《はた》さぬ以上は、決して人が此《こ》の世に立って其の本分を完《まっと》うしたとは言えぬと云《い》うが如《ごと》き崇高の観念を持って居る。凡《およ》そ世人一般の考《かんがえ》としては、自《みずか》ら働いて蓄財すれば、それは自分の勉強、自分の知恵から儲出《もうけだ》したものであるから我が物と思うのが世の常である。然《しか》るにカーネギー氏の所論《しょろん》を見ると全くそれに反し、其の所有せる財産は殆《ほとん》ど我物《わがもの》であることを忘れて居るかのように見える。

其の所論中《しょろんちゅう》に『富は目的に非《あら》ず』と題し、大略次の如《ごと》き意味が説いてある。『世人《せじん》動《やや》もすれば富を以《もっ》て人生の目的であるかのように考えるのは誠に厭《いと》う可《べ》き事柄である。惟《おも》うに其《そ》の日暮《ひぐら》しの労働者が金銭を得《う》ると否《いな》とは直《ただち》に死活問題に関するが故《ゆえ》に、金銭を以《もっ》て万能なる者とし、金銭の前には何人《なんびと》も膝を屈して来るものと判断するは無理もない。併《しか》し彼《か》の貧乏なる世襲貴族が、其の身分を忘れて只管《ひたすら》金銭に媚びるは、蓋《けだ》し金銭無ければ彼等が華美《かび》の生活を維持し、其《そ》の尊栄を衒《てら》うことが出来ぬからであるが、其の如きは殆《ほとん》ど言うに足らぬ。更《さら》に進んで今の世、其の賢愚を問わず富める女子を迎えて妻と為《な》し、以《もっ》て黄金《おうごん》の余《よ》沢《たく》に浴《よく》せんとするが如き、其の心事の陋劣《ろうれつ》なること言外《げんがい》と言わざるを得ぬ。元来自己に何等《なんら》の勲功もない癖に、父祖《ふそ》の余勲《よくん》に依頼して社会に其の地位を占め得べしと思うのは、誤《あやまり》の甚《はなはだ》しきものである。試みに見よ。医師の如き、弁護士の如き、裁判官の如き、将《は》た発明家、建築家、工業技師、科学者の如き、若《も》しくは大学総長、教授、小学教員の如き、或《あるい》は詩人、著述家、経世家の如きは、富の偶像を拝したり黄金の魔力を持って万能なりと為《な》し、これを得《う》ることを畢《ひっ》世《せい》の目的一世《せ》の名誉、終生の事業とする者ではない。其《そ》の眼中には富の偶像よりも、黄金の魔力よりも、層一層《そういっそう》高尚なる目的物あればこそ、進んで此等《これら》の職業を択《えら》んで従事して居《お》るではないか云々《うんぬん》』と。是即《これすなわ》ちカーネギー氏の心事であるが、斯《かく》の如《ごと》き心を以《もっ》て貯えた金こそ真に国家社会の公益となるのである。

古人《こじん》の言葉に、『君子財多ければ其の徳を損じ、小人《しょうじん》財多ければ其の過《あやまち》を増す』ということがあって、これは小人が沢山《たくさん》富を有《ゆう》すれば必ず過失が之《これ》に伴《ともな》うものであるが、君子人《くんしじん》たりとも亦動《またやや》もすれば富の為に其の徳を損ぜらるるようなことがあるとの意味を述べたものである。然《しか》るにカーネギー氏は『遺産は子孫をして恥多からしむるものなり』との理想を抱き、曽《かつ》て『吾が資産四億万弗《ドル》を如何《いか》にすべきか』という大提案を発表して世界を驚かしめた。而《しか》して学校、病院、図書館其の他《た》の建築又は各種の保護、奨励等に寄付した金《かね》は莫大の額であるという。実に氏の如《ごと》きは財産愈々《いよいよ》多ければ其の徳愈々発揮するものであると称揚するも過言であるまいと思う。今日《こんにち》米国が世界の富強国として雄《ゆう》飛《ひ》し、尚《なお》発展を継続しつつあるは、前に述べた如き幾多《いくた》偉大なる人物が興《あずか》って力あることは云《い》う迄《まで》もないが、殊《こと》にカーネギー氏の如く、懦夫《だふ》をして起《た》たしめ、頑夫《がんぷ》をして覚《さ》さしむる底《てい》の崇高なる精神を以《もっ》て世に処《しょ》しつつあるのは、余の最も欣羨《きんせん》敬慕して措《お》く能《あた》わざる所である。

『自分が若《も》しあれ位《くらい》の金持《かねもち》になれば、慈善事業公共事業に惜《おし》まず金を出すが今の金持は云々《うんぬん》』とは、よく世間の金の無い人の云《い》う言《こと》である。然《しか》るに金持は亦《また》『五千万円の財産がなければ六千万円に仕度《した》い。六千万円になれば七千万円に仕度いと思うが人情の常だ。兎角《とかく》放慢のことは金の無い人だから云《い》えるのである』と冷笑する。所《ところ》がカーネギー氏はそんな蝸牛角頭《かぎゅうかくとう》の争《あらそい》よりは超然たるもので、根底から富は自分の力のみで出来るものでないと信じて居《お》る。それ故《ゆえ》孜々《しし》として蓄積した幾億の金を、如何《いか》にせば世の為、国の為に価値ある費消《ひしょう》が出来ようかと苦心したのであろう。次の一節を見ても氏が心の底から、富は其の人の力のみに依《よ》りて成《な》るもので無《な》いという理想を窺うことが出来るのである。

氏は『富は如何《いか》にして成《な》るや』と題して次の如《ごと》く論じて居る。『富の分配平等ならずして貧富の懸隔《けんかく》を生ずるは、蓋《けだ》し人々各々《おのおの》其の性質事情を異《こと》にせる結果で、また已《や》むことを得ざる浮世の成行《なりゆ》きである。併《しか》し乍《なが》ら富は決して一個人の財産にあらずして、社会共同の産物なることを忘れてはならぬ。其の一例を示さんか、茲《ここ》に二人《ににん》の兄弟があって、仮に兄は王子附近に、弟は大森附近に、地価《ちか》も反別《たんべつ》も将《は》た周囲の事情も、寸毫相違なき同一の地所を父より譲られたるものとせよ。而《しか》して此《こ》の兄弟は其の働きも家庭の状態も同一にして、社交界に於《お》ける地位も亦相遜《またあいゆず》らずとせよ。然《しか》るに十年後に至り、東京の市街が南に向って拡張された結果、終《つい》に弟は富豪となったにも拘《かかわ》らず、兄は依然たる一農夫に過ぎぬとしたら如何《どう》であろう。弟の富豪となったのは兄に優《まさ》る特殊の労働を土地に加えたのではなく、全く都会に於《お》ける人口増加といえる偶然の賜《たまもの》ではないか。這《こ》は固《もと》より仮設的の例に過ぎぬけれども、事実有《あ》り得《う》べきことであるから、是《これ》に依って富は社会の産物であることが了解されよう。即《すなわ》ち地所の所有主が眠れる間も覚めたる時も、小止《おや》みなく土地の価《あたい》が次第に高まって行った結果である。故《ゆえ》に其の富を造《つく》らしめたる社会は、其の所有主の死後其の富の一半を譲り受くるの権利ありと云《い》うとも、必ずしも正義の大法《たいほう》に背《そむ》くものではない。併《しか》し乍《なが》ら其の富には個人の手腕経営も亦与《あずか》って力《ちから》あるが故《ゆえ》に、社会は彼等の生前其《そ》の富を造ることに干渉せず、恰《あたか》も労働蜂《ばち》をして日々怠らず蜜を採集せしむるが如く働かしめ蓄えしめ、而《しか》して是等《これら》の労働蜂の死せる時、国家は其の蜂の巣の中に遺《のこ》れる蜜、否、富の大部分を国庫に収むるの政策なるに若《し》かない云々《うんぬん》』と。実に感歎すべき高潔の心事《しんじ》ではあるまいか。

氏の著書に論じたる所に依りて見れば、氏は彼の如《ごと》き十幾億の富を蓄積し得《え》たるは、我が知恵我が労力のみに因《よ》るに非《あら》ず、社会も亦与《またあずか》って力ある者であると言うて、殆《ほとん》ど其の富《とみ》を我《わ》が専有物とせず、其の大部分は国家のものと思惟《しい》して居《お》る。其の崇高清潔なる心事は誠に欽慕《きんぼ》に堪《た》えぬのである。斯《かく》の如き人が多数あったなら、其の国は必ず黄金国《おうごんこく》となるであろう。由来《ゆらい》拝金宗《しゅう》の国民と称せられたる米国に於《おい》て、斯《かく》の如き人を見ることを得《う》るは実《じつ》に余が痛快に感ずる所である。此等《これら》の人こそ真《しん》に渾身国家的観念の権化として称揚すべきであろうと思う。

余は平素東洋の哲理を以《もっ》て事《こと》を律《りっ》するの癖が有るが、顔淵《がんえん》が孔子の問《とい》に対して『善に伐《ほこ》ること無《な》く、労《ろう》に施《ほどこ》すこと無けん』と答えた言葉や、又《また》子《こ》貢《こう》が『如し博《ひろ》く民《たみ》に施《ほどこ》して能《よ》く衆《しゅう》を済《すく》うことあらば如何《いかん》、仁と謂うべきか』との問に対し、孔子は『何《なん》ぞ仁《じん》を事とせん、必ずや聖《せい》か、尭舜《ぎょうしゅん》も其れ猶諸《なおこれ》を病《や》めり』と答えられた如《ごと》きは、彼《か》のカーネギー氏の心事に相添《あいそ》うものであろう。氏が少《しょう》時《じ》より巨億の資産を蓄積する程に苦心惨憺《さんたん》し、事業に勉強したるに拘《かかわ》らず、今《こん》日《にち》に及んで聊《いささ》かも善に伐《ほこ》らず、博《ひろ》く民《たみ》に施《ほどこ》し衆《しゅう》を済《すく》うという其の殊勝にして高潔なる心事は、所謂聖賢《いわゆるせいけん》の域に達したる人と謂うも決して過賞《かしょう》ではあるまい。氏は真に世界的偉人たるを失わぬのである。

（『青淵百話　乾』　明治四十五年　同文館刊）

＊ルビは『青淵百話　縮刷』（大正二年　同文館刊）を参照。〔　〕内に編集部による注を記す。

カ氏の未亡人

青淵先生「米国訪問談」より

本編は去二月十三日より廿四日に亘り「米国に使して」と題して中外商業新報に連載せられたる青淵先生の談話なりとす。(編者識)

夫《それ》からカーネギー氏の未亡人にもお目に掛《かか》った、非常に佳《よ》い家で此処《ここ》では大変結構なお茶を出して呉《く》れた、未亡人は「夫は未《いま》だお前とはお目に掛ることが出来なかったが、私は夫《それ》を非常に残念に思う、然《しか》しお前が今度来て呉れたのを深く喜ぶ」と云《い》うて写真等を呉れた。私は彼の人の教典をカーネギー教典として本にしようと思って、ヴァンダーリップ氏にも話をして今序文に就《つ》いて多少研究して居《お》るのである。彼の人の事業に対しての経営振は悉《ことごと》く経済学の本則に叶《かな》った筋道を行った人と思う、カ氏の富は何十億と云うのであったろうが、夫《それ》は決して子孫の為に蓄えられたのでなく、必要に応じては心良く之《これ》を散じ、そして其散じ方も誠に公明正大、偏《へん》せず謬《あやま》らず誠に宜敷を得て居るように思う。

（「竜門雑誌」第四〇七号　大正十一年四月／『渋沢栄一伝記資料』第四十八巻）

『アンドルー・カーネギー自叙伝』序

「アンドルー・カーネギー」氏は米国財界の偉人にして其《その》意志の剛健なる事業の雄大なる輓近《ばんきん》の斯界《しかい》に匹儔《ひっちゅう》を観る能《あた》わざる所なり、想うに十九世紀以来、世界産業の顕著なる発展は素《もと》より慶すべしと雖《いえど》も、其余弊《そのよへい》たる人心自ら義を忘れて利に趨《おもむ》き、極端なる物質主義漸《ようや》く坤輿《こんよ》に充満せんとす、此時《このとき》に当《あた》りて氏は少年米国に移住し、精励刻苦、明敏の資質と抜群の胆略《たんりゃく》とを以《もっ》て無比の大工業を画策し、経営宜を得て其富《そのとみ》米国に冠たるに至るや、決然其財産を挙げて之《これ》を人類永遠の幸福に捧げ、四海兄弟の平和状態を永劫に維持せん為《た》め「カーネギー」平和財団を組織して「ヘーグ」(八)に平和殿を創建し、又知識を進めて文化の向上を図り、特に欧米諸国の各都市に多数の図書館を建設し、其《その》蓄積せる鉅億《きょおく》の資財を以《もっ》て子孫の為《た》めに美田を買わず、一家の福利を犠牲として世界人類に貢献せしは、千古《せんこ》に渉《わた》りて史乗《しじょう》の載《さい》する所、口碑《こうひ》の伝うるところ、未《いま》だ曽《かつ》て此《こ》の如《ごと》き壮挙あるを聞かざるなり。

是《これ》を以《もっ》て余は、氏の此《この》壮挙を彼の政治界に絶大の名声ある「ジヨージワシントン」氏の偉業に酷似する所ありと為《な》す、蓋《けだ》し「ワシントン」氏の新大陸に於《おい》て自由国を創立するや、毫《ごう》も天下を家とするの私心なく、懇切なる告別の名文章を国民に残して三回の大統領就職を辞し、米国将来の大憲を定めたるは其《その》心事の高潔なる用意の深厚なる千載《せんざい》の後人《こうじん》をして之が堅操と温情とに感泣せしむるものあり、「カーネギー」氏の事績が、此《この》絶倫なる政界の偉勲《いくん》に対して容易に評隲《ひょうしつ》すべきにあらずと雖《いえど》も、同じく米国に於《おい》て政財両界に此尊重すべき道義的模範を垂れられたるは実に奇遇というべくして、而《しか》して二者の理想は全然公共的なるのみならず、共に自己の開拓せし功績を以て普《あまね》く世界人類に及ぼし、恒久に平和親愛を実現せんとするに在《あ》れば、其途《そのみち》を異にするも其揆《はかりごと》は一なりと謂うを得べし、古《いにしえ》より興国安民の大業を為したる政治家、鉅億《きょおく》の富を積みたる実業家は、其人《そのひと》に乏しからずといえども、崇高の理想と卓絶の才識とを以て能《よ》く之《これ》を実際に現出したるは、蓋《けだ》し此《この》二者あるのみ。

余や不敏なりといえども、東洋固有の道徳に拠りて生産殖利の事に任し、拮《けっ》据《きょ》経営茲《ここ》に四十余歳、晩年財界を退きて聊《いささ》か社会公共の事に奉仕せんとす、夙《つと》に「カーネギー」氏の盛名を聞きて欽慕《きんぼ》措《お》く能《あた》わず、常に臂を把って一堂に相語らんことを期せしも遂に其《その》機会を得ざりき客年第四回の米国行を為《な》すに当《あた》りては、既《すで》に幽明界を異《こと》にす、豈千歳《あにせんざい》の恨事《こんじ》と謂わざるえけんや、然《しか》りと雖《いえど》も余の衷情《ちゅうじょう》已《や》み難《がた》きものあるを以《もっ》て、紐育《ニューヨーク》なる氏の故宅を訪い未亡人《おとな》に請いて、氏が「スキボ」の別墅《べっしょ》に在《あ》りて記述せる自叙伝を得、今之《これ》を邦訳して我邦《わがくに》の後進に紹介し以て其遺範《そのいはん》を同志に伝えんとするも亦是《またこ》れ余が社会奉仕の一端というを得べき歟《か》。

大正十一年四月　　　青淵　渋沢栄一識

（『アンドルー・カーネギー自叙伝』小畑久五郎訳　大正十一年五月　冨山房刊
／『渋沢栄一伝記資料』第四十八巻）

新版解説

渋沢栄一から見たカーネギー

鹿島 茂

渋沢栄一は一八四〇年生まれで、一九三一年に九十一歳で没しています。いっぽう、アンドリュー・カーネギーは一八三五年に生まれ、一九一九年に八十三歳で他界しています。

二人はほぼ同時代人と見てよく、しかも、その経歴にもよく似たところがあります。渋沢は深谷《ふかや》の一農民として生まれ育ち、時代の激流に翻弄されながら一橋家家臣、幕臣となり、渡仏も経験。維新政府では大蔵官僚に転じ、下野した後は、国立第一銀行を始め、数々の株式会社を設立し、日本資本主義の制度設計者となりました。晩年は東京養育院を始めとする社会活動に身を捧げるかたわら、自らの道徳経済合一説に基づく商業倫理の啓発に努めたり、日米の民間外交に尽力したりします。

これに対し、カーネギーはスコットランドのダムファームリンで手織り職人の長男として生まれましたが、機械化の進展で父が失職したため、一家を挙げてアメリカに移住しました。家計を助けるために十三歳のとき週給一ドル二十セントで糸巻きボーイとして働き始め、ピッツバーグの電報配達から身を起こしてペンシルヴァニア鉄道に転じ、出世の糸口をつかみました。独立後は鉄橋会社と製鉄会社を創業、「鉄鋼王」と呼ばれるまでになりますが、一九〇一年には、モルガン財閥に全株式を売り払い、以後は慈善活動に全生涯を捧げます。

では、この出自もキャリアもよく似た二人の人生行路はどのように交錯したのでしょうか？

一九〇〇年に還暦を迎えた渋沢はその二年後の一九〇二年、後半生をブラッシュ・アップするために兼子《かねこ》夫人を伴って欧米視察の旅に出ます。表向きの理由は、全国商業会議所から委託された日本の商工業界と欧米のそれとの意思疎通というものでしたので、アメリカの西海岸と東海岸で有力なビジネスマンや政治家と交流を深めました。しかし、このときにはカーネギーはすでに引退して、五億ドル近い資産をどのように活用して慈善活動を展開しようかと、アメリカとヨーロッパで精力的に活動中でした。そのため、カーネギーが手塩にかけて大企業に成長させたピッツバーグのホームステッド社の工場を渋沢が訪れたときには、故郷のスコットランドに出掛けていて不在でした。しかし、渋沢は工場見学をしただけでカーネギーのアメリカ的合理主義に深い感銘を受けたようです。
「殊に私が意外に感じたのは、夫等工場の事務所は極めて使用人を減じて小さくし、工場の方が大きい事であつた。（中略）有名なカーネギーの創設したホームステッドの鉄工場などでも、私等一行六人許り行くと事務所にはもう坐る所がなく、三人は立つて居て話をしなければならなかつた。又従事して居る処の事務員も僅かの人数であり、而も極く壮年で、壮年と謂はんよりは寧ろ青年であつた。（中略）之れに反して此の工場の壮大なることは、皮の薄い中実の豊富にして、幾ら食べても食べ切れぬ果物のやうで、而も其の果物は甘味と云ふやうであつた」（『青淵回顧録』）

思うに、渋沢という人は徹底的な帰納法思考の人間であり、スエズ運河開削工事を見て株式会社という資本主義の原理を知ったほどですから、この工場見学により、ただちにカーネギーという鉄鋼王の超合理主義的な思考を見抜くことができたにちがいありません。同時に、その人となりもまた工場の雰囲気や従業員の態度から感じ取ったはずです。つまり、事務所の経費を「冗費」と見なしてこれをギリギリまで削ることによって浮いた金を、工場において製造する製品（橋梁のための鉄骨）の品質向上に当てるというカーネギーの近代資本主義的スピリッツをそこにはっきりと見たのです。

そして、これは私の想像ですが、この工場見学のさいに、カーネギーの著作、とりわけ一九〇〇年刊の『富の福音』と一九〇二年に出たばかりの『実業の帝国』をおみやげに手渡されたのではないかと思われます。渋沢自身は英語をまったく解しませんでしたが、英語力抜群の秘書が同行していましたから、その内容については直ちに理解したものと考えられます。そして、富は社会のおかげで得たものであるから、富豪となったらこれを正しく社会に還元しなければならないという、カーネギーの主張に強く共鳴したにちがいありません。

ですから、一九〇九年に渡米実業使節団を率いた第二回渡米においても、また第一次世界大戦中の一九一五年にサンフランシスコで開かれたパナマ運河開通記念万国博覧会見学を兼ねた第三回の渡米においても、渋沢はカーネギーとの会談を熱望しました。カーネギーもまた政財界の友人たちから渋沢の素晴らしさを聞かされていましたので会談を心待ちにしていたようですが、どちらのときもカーネギーの都合がつかなかったらしく、両者の会談は行われませんでした。しかし、渋沢のカーネギーに対する評価はいささかも揺るがなかったようで、一九一一年に刊行された『青淵百話』ではわざわざ「国家的観念の権化カーネギー氏」（本書収録）という項を立てて、カーネギー論を展開しています。

このカーネギー論を私なりに要約すると次のようになります。

カーネギーは、自分が全力で働いて富を得たのは、天から与えられた使命を果たそうと努力したためであり、社会が力を貸してくれた結果にすぎないと考えている。だから、運よく目的とした富を得たならば、次には、いかにすればその富を国家社会のため役立てられるかをよく考えて、正しい再配分を心掛けなければならない。富というのは一個人の専有物では決してなく、社会共同の財産なのだから、社会から得たものは社会に還元しなければならない。ただし、その再配分に当たっては、いかにすれば最も多くの人々の幸福を増やすことができるのか、あるいは国家のためになるかということもしっかりと考えなければならない。富を得るのと同様、富を散らすのにも創意工夫が必要なのである。

この要約がそれほど間違っていないことは、『青淵論叢』の中の講演「経済と道徳の合一を信念とせよ」で渋沢が次のように述べていることからもあきらかです。

「カーネギーはその後、勤勉努力して世界的大富豪となったのです。ところが大富豪となってから、その富をどういう風に用いたら最も有効であるかと考えた結果、これを経済界に散じ、世界の経済界の発展を図るのが、自分の富を積んだ本旨に添うものであるという結論に到達しました。それでカーネギーは晩年になってから、世界の経済界の発展を図るには、平和ということが最も必要であるという見地から、平和殿を造ったり、各所にカーネギー・ホールを作ったり、あらゆる公共事業に富を散じて社会のために貢献しました」（拙訳　渋沢栄一『青淵論叢　道徳経済合一説』講談社学術文庫）

さて、このように渋沢のカーネギー観をまとめてみると、読者が『カーネギー自伝』のどこに注目して読むべきかがはっきりしてくるのではないでしょうか？

すなわち、十三歳のカーネギーが週給一ドル二十セントの糸巻きボーイから身を起こして、全米でも有数の大富豪となる立身出世物語の前半もさることながら、むしろしっかりと読み取るべきは、一九〇一年にモルガンに事業を売却したのを契機に、第二の人生として慈善活動家の道を選択した後半なのです。カーネギーが全資産をどのように散じれば最も効率的に社会と国家に貢献できると考えているのか、その社会設計のアイディアを正しく理解しなければならないのです。

では、社会設計者としてのカーネギーがまっさきに資金をつぎ込もうと考えた分野はどこなのでしょうか？　本書を読むと、それが知識の分野であったことが示されています。「スコッティッシ・アメリカン」という新聞で「神々は巣を張るために糸を贈ったのである」という一行を見つけたカーネギーはこう決意したのです。

「私はすぐ、最初の巣を張る仕事に着手することにした。神々の贈られた糸は、ニューヨーク市の公共図書館を代表するJ・S・ビリング博士という人物となって現われたのであった。私は一気に六百二十五万ドルを出して、ニューヨーク市に六十八の公共図書館の分館を建てる約束をした」

　この図書館分館の建設のために寄付するという発想は、故郷のダムファームリンで赤貧洗うがごとき生活をしていながら、自分の手元にあった本を他の四人の仲間とともに持ちより、町の図書館をつくった父親の足跡にしたがったものですが、しかし、それだけではありません。カーネギーは自分の蓄財の礎石となったのは本から得た知識であることをはっきりと自覚していたのです。この信念により、カーネギーはスコットランドやアメリカのさまざまな総合大学や単科大学に寄付を行い、博物館、美術館、工業学校、女学校、黒人の教育機関などの創立に力を貸しました。しかし、「すべては知識から生まれる」というカーネギーの信念を最もよく現すのは、老齢の大学教授たちのために設けた年金基金ではないでしょうか？

「あらゆる職業のうちで、たぶん教職ほど最高の地位におかれていながら、最も不当に、また最も酬いられることの少ないものはないであろう。高い教育を受け、青年を教えるために一生を捧げている人たちは、ほんの涙金をもらうにすぎない。（中略）彼らが老後に備えて貯えをもつことなど、考えられないのである」

　私は思わず、この一節を読んでカーネギーとはなんという偉人だろうかとつくづく感じ入りました。なぜなら、私もまた「老後に備えて貯えをもつことなど、考えられない」元大学教授だからです。

このように、本当にカーネギーが偉いのは、慈善事業を行うにも論理的思考が不可欠であり、その論理的思考をもって慈善の対象を何にすればよいかを考えたなら、それは知識獲得を援助すること以外にはないと結論づけたことにあります。

そして、カーネギーは、そこからさらに一歩進んで、社会の理想的な発展のための公共投資、すなわちより良き未来を生み出す基礎となるものは何なのかを徹底的に考えぬいて、次のような最終的結論に達したのです。

貧困と不平等を防ぐための最高の社会的防波堤は「平和」しかないということです。平和が失われ、戦争状態が続くことこそが人類にとっての最悪の事態なのです。よって、平和の確立にこそ金を使うべきだと考えたのでした。

そのことは本書の「平和のために」という章に書かれています。

一九〇七年、ニューヨークで平和協会の創立を目指す友人たちがカーネギーの会長就任を懇請してきましたが、カーネギーは多忙を理由にこれを断ってしまいます。しかし、すぐに、激しく後悔します。

「もし自分が平和のためによろこんで自分を犠牲にするのでないならば、なんのために身を捧げるつもりなのか。自分はなんのために生きながらえているのであろうか」

こう考えたカーネギーは翻意して会長を引き受け、資産を平和協会のために費やすことにしたのです。

渋沢栄一はその著作を通して、こうしたカーネギーの姿勢に大きな感銘を受けました。そこで、カーネギーが一九一九年に没した後、一九二一年から翌年にかけての四回目の渡米を行ったさいには、ニューヨークのカーネギー邸を訪れ、ルイス未亡人を見舞いました。このとき、ルイス夫人から一九二〇年に刊行された『カーネギー自伝』を贈られ、渋沢は日本での翻訳出版を誓いました。約束はさっそく実行されました。渋沢に英文秘書役として随行していた小畑久五郎《おばたきゅうごろう》の翻訳による日本語版が、冨山房から一九二二年に出版されたのです。渋沢はこれに本書収録の「序文」を寄せています。

最後になりましたが、カーネギーと渋沢のどこが違っていたのかも、指摘しておく必要があるでしょう。

カーネギーは投機には手を染めなかったものの、鉄鋼業を始めとする多くの事業に成功して巨万の富を築いた後には、富を社会に再配分することに情熱を注ぎました。渋沢はというと、資本主義の制度設計を第一の任務とし、蓄財はむしろこれを回避していましたので、その財産は同時代の実業家たちには遠く及びませんでした。カーネギーのような巨万の富を築くには至らなかったのです。そのため、第一線引退後には社会に散らすべき資産もありませんでした。しかし、富の社会的再配分という点に関してはカーネギーに強く共鳴していたため、蓄財に成功した財界人にはカーネギーを見習うよう強く勧めたり、あるいは、東京養育院を始めとする社会福祉事業を無報酬で引き受けたりと、カーネギーと同じような道を歩んだのです。

カーネギーと渋沢。この二人は蓄財についての思想は異なっていましたが、散財についてはまったく意見を同じくしていました。もし、二人がいなかったら、日米ともに歴史はかなり異なったものになっていたにちがいありません。

二十一世紀になってふたたび厳しい格差社会を迎えようとしている今日、私たちは、より痛切に二人の偉人の不在を嘆かざるを得ない状況に置かれているのではないでしょうか？

（かしま・しげる　作家、フランス文学者）

『鉄鋼王カーネギー自伝』一九六七年　角川文庫
『カーネギー自伝』二〇〇二年　中公文庫

編集付記

一、本書は中公文庫版『カーネギー自伝』（七刷　二〇一六年四月）を底本とし、新版付録「カーネギー三題」、新版解説「渋沢栄一から見たカーネギー」を収録した。明かな誤りと思われる箇所は訂正し、難読と思われる語には新たにルビを付した。

一、本文中には今日の人権意識に照らして不適切と思われる表現があるが、作品の時代背景および著者・訳者が故人であることを考慮し、底本のままとした。

中公文庫

カーネギー自伝《じでん》
——新版《しんぱん》

2002年2月25日　初版発行
2021年8月25日　改版発行

著　者　アンドリュー・カーネギー
訳　者　坂西《さかにし》志保《しほ》
発行者　松田陽三
発行所　中央公論新社
〒100-8152　東京都千代田区大手町1-7-1
電話　販売 03-5299-1730　編集 03-5299-1890
URL http://www.chuko.co.jp/

DTP　嵐下英治
印　刷　三晃印刷
製　本　小泉製本

Published by CHUOKORON-SHINSHA, INC.
Printed in Japan　ISBN978-4-12-207105-6 C1123

定価はカバーに表示してあります。落丁本・乱丁本はお手数ですが小社販売部宛お送り下さい。送料小社負担にてお取り替えいたします。

各書目の下段の数字はISBNコードです。978－4－12が省略してあります。

中公文庫既刊より

フ-13-1
藁のハンドル
ヘンリー・フォード
竹村健一 訳
20世紀初頭、自動車産業に革命をもたらしアメリカ社会を一変させたヘンリー・フォードが、その経営思想と大衆社会への夢を情熱溢れる筆致で紡ぐ自伝。
203985-8

た-5-3
高橋是清自伝（上）
高橋是清
上塚司 編
日本財政の守護神と称えられた明治人の足跡。海外を流浪した青年時代、帰国後大蔵省に出仕するも飽きたらず、銅山経営のため南米に渡るまでを綴る。
206565-9

た-5-4
高橋是清自伝（下）
高橋是清
上塚司 編
失意の銅山経営から帰国後、実業界に転身。やがて日本銀行に入る。そして日露戦争が勃発、祖国の命運を担い、外債募集の旅に赴く。〈解説〉井上寿一
206566-6

い-108-6
昭和16年夏の敗戦 新版
猪瀬直樹
日米開戦前、総力戦研究所の精鋭たちが出した結論は「日本必敗」。それでも開戦に至った過程を描き、日本的組織の構造的欠陥を衝く。〈巻末対談〉石破茂
206892-6

き-46-1
組織の不条理 日本軍の失敗に学ぶ
菊澤研宗
個人は優秀なのに、組織としてはなぜ不条理な事をやってしまうのか？ 日本軍の戦略を新たな経済学理論で分析、現代日本にも見られる病理を追究する。
206391-4

と-18-1
失敗の本質 日本軍の組織論的研究
戸部良一／寺本義也／鎌田伸一／杉之尾孝生／村井友秀／野中郁次郎
大東亜戦争での諸作戦の失敗を、組織としての日本軍の失敗ととらえ直し、これを現代の組織一般にとっての教訓とした戦史の初めての社会科学的分析。
201833-4

マ-2-4
君主論 新版
マキアヴェリ
池田廉 訳
「人は結果だけで見る」「愛されるより恐れられるほうが安全」等の文句で、権謀術数の書のレッテルを貼られた著書の隠された真髄。〈解説〉佐藤優
206546-8